新疆维吾尔自治区社会科学基金项目
伊犁师范学院学术著作出版基金资助
伊犁师范学院中国新疆与周边国家合作发展研究中心资助

西北边疆经济文化研究丛书

国际经济合作与地方经济发展研究

刘国胜 王友文 等 / 著

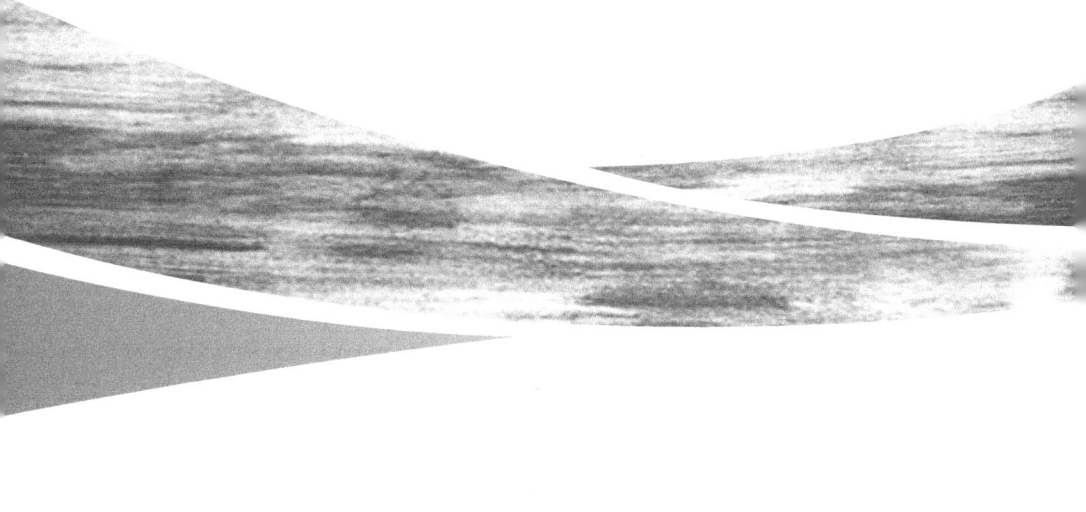

知识产权出版社
全国百佳图书出版单位

图书在版编目（CIP）数据

国际经济合作与地方经济发展研究/刘国胜等著. —北京：知识产权出版社，2016.6

ISBN 978-7-5130-4212-3

Ⅰ.①国… Ⅱ.①刘… Ⅲ.①区域经济合作—国际合作—研究—中国 Ⅳ.①F125.5

中国版本图书馆 CIP 数据核字（2016）第 117046 号

责任编辑：齐梓伊　　　　　　　　责任校对：谷　洋
　　　　　　　　　　　　　　　　　责任出版：孙婷婷

国际经济合作与地方经济发展研究
——中哈霍尔果斯国际合作中心功能及前景预测分析

刘国胜　王友文　等著

出版发行	知识产权出版社有限责任公司	网　址	http://www.ipph.cn
社　址	北京市海淀区西外太平庄55号	邮　编	100081
责编电话	010-82000860 转 8176	责编邮箱	qiziyi2004@qq.com
发行电话	010-82000860 转 8101/8102	发行传真	010-82000893/82005070/82000270
印　刷	北京中献拓方科技发展有限公司	经　销	各大网上书店、新华书店及相关专业书店
开　本	720mm×960mm　1/16	印　张	21.5
版　次	2016年6月第1版	印　次	2016年6月第1次印刷
字　数	316千字	定　价	58.00元

ISBN 978-7-5130-4212-3

出版权专有　侵权必究

如有印装质量问题，本社负责调换。

目 录

导 论 1

一、背景分析 1

二、概念界定 2

三、研究范畴 3

四、理论框架 3

五、研究方法 8

六、特色与创新 8

七、预期价值 10

第一章 中哈霍尔果斯国际合作中心建立的基础与指导思想 12

第一节 合作中心建立的区域基础 12

一、霍尔果斯口岸的发展现状 12

二、霍尔果斯口岸基础设施建设初具规模 14

三、霍尔果斯口岸成为中亚油气东输的重要通道 14

四、霍尔果斯口岸未来规划发展趋势 15

第二节 合作中心建立的国内外环境基础 16

一、合作中心建立的国际环境 16

二、合作中心成立的国内环境 25

第三节 合作中心建立的战略意义 31

一、促进中国与周边国家加强区域合作 32

二、促进新疆跨越式发展和长治久安 35

第四节 合作中心发展的指导思想和基本原则 37

一、合作中心发展的基本思路 37

二、合作中心发展的基本原则 38

三、合作中心发展的基本方针 39

第二章　中哈霍尔果斯国际合作中心的建立及其发展现状 42

第一节　合作中心的筹备与建立 42

一、最初建立国际边境合作中心构想的提出 42

二、中哈两国政府的协商与决策 47

三、合作中心的成立 47

四、合作中心政策及特点 50

第二节　围绕合作中心发展口岸经济和产业基础 51

一、霍尔果斯口岸工业园区的开发建设初具规模 51

二、霍尔果斯口岸商贸物流业平台建设和经营产能全面提升 54

三、会展业助推国际国内两大市场聚集合作中心 57

第三节　合作中心的开发建设和发展状况 60

一、中哈两国政府对合作中心的制度安排和管理模式的确定 60

二、合作中心的发展规划 64

三、合作中心的建设进程 67

四、加快推进合作中心发展建设的对策建议 68

第三章　中哈霍尔果斯国际合作中心在开拓中亚市场中的功能定位与前景 73

第一节　合作中心在开拓中亚市场中的功能定位 73

一、区域性国际商品集散中心功能 73

二、区域性国际进出口商品加工区功能 75

三、区域性国际仓储物流中心功能 76

四、区域性国际商务会展中心功能 78

五、区域性中亚国际金融中心功能 79

六、区域性国际文娱休闲服务中心功能 81

七、欧亚区域性国际旅游中转基地功能　82
第二节　中国在开拓中亚市场中与中亚国家经贸合作发展总趋势　85
　　一、经贸合作发展趋势　86
　　二、边贸发展趋势　89
　　三、经济技术合作项目发展趋势　90
第三节　合作中心在开拓中亚市场中的发展前景预测　93
　　一、开拓中亚农牧产品及加工业市场前景预测　93
　　二、开拓中亚机电产品、化工产品、矿业产品市场预测　96
　　三、开拓中亚家电、家具和建材产品市场前景预测　100
　　四、开拓中亚轻工和纺织工业产品市场前景预测　103
　　五、开拓中亚能源和废旧金属市场前景预测　106

第四章　依托中哈霍尔果斯国际合作中心发展伊犁州外向型经济　109

第一节　伊犁州依托合作中心实施外向型经济发展战略的主要思路　109
　　一、借助合作中心打造伊犁州出口加工基地和国际大通道　109
　　二、充分做好发展中亚市场前景预测研究，为伊犁州开拓中亚市场做好准备　111
　　三、积极利用合作中心促进产业结构优化升级，以优质产品开拓中亚市场　112
　　四、依托合作中心实施外贸强州战略　113
　　五、依托合作中心与中亚各国联手发展国际旅游业　114
　　六、依托合作中心整合中亚研究力量，努力做好中亚市场调查和信息服务　114
第二节　伊犁州依托合作中心发展外向型经济的对策措施　116
　　一、进一步优化伊犁州区域外向型经济的发展条件　116
　　二、进一步扩大实际对外开放度，优化商品进出口结构　117
　　三、加紧培养和引进外向型经济人才　119
　　四、优化投资环境，提高对外开放服务质量　121

第五章 依托中哈霍尔果斯国际合作中心开拓中亚农畜产品市场 123

第一节 伊犁河谷依托合作中心开拓中亚农畜产品市场的前景预测 123

一、伊犁河谷经济区面向中亚市场发展外向型农牧业前景分析 123

二、伊犁河谷经济区外向型农业开发潜力分析 125

第二节 伊犁河谷依托合作中心开拓中哈农畜产品市场的主要思路 126

一、外向型农牧业经济的界定 126

二、开拓中哈农畜产品市场的主要思路 127

三、发展外向型农牧业开拓中亚市场的主要任务 129

四、发展外向型畜牧业开拓中亚市场的主要措施 130

第三节 伊犁河谷依托合作中心开拓中亚农畜产品市场的对策 131

一、开拓中亚农畜产品市场发展战略和方向 131

二、加快发展外向型现代农业的基本方略 132

三、加快发展外向型现代畜牧业的基本方略 135

四、建立外向型农牧业生产基地 137

五、实施外向型农牧业产业化人才战略 143

六、树立以中亚市场为导向发展外向型农牧业新理念 144

第六章 将中哈霍尔果斯国际合作中心建成亚欧区域性国际旅游中转基地 146

第一节 霍尔果斯口岸依托合作中心发展国际旅游业的条件分析 146

一、合作中心国际旅游业发展机遇分析 147

二、霍尔果斯口岸国际旅游业发展优势分析 149

第二节　将合作中心建成亚欧区域性国际旅游中转基地　150
　一、树立区域合作的"大旅游"经营理念，开展区域合作和联合促销　151
　二、实施品牌战略，打造具有国际吸引力的旅游产品　151
　三、开发中亚旅游具体规划　152

第七章　中国企业依托中哈霍尔果斯国际合作中心进入中亚市场　156

第一节　中国企业进入中亚市场的投资环境　156
　一、中亚国家的投资环境　156
　二、中国企业可以与中亚国家经贸合作的方向　162
第二节　中国企业依托合作中心进入中亚市场的对策　166
　一、依据法律政策开拓中亚前沿市场　166
　二、中国企业进入中亚市场应做好的主要工作和可采取的主要生产方式　169

第八章　将中哈霍尔果斯国际合作中心建成区域性中亚国际金融中心　170

第一节　创建霍尔果斯中亚国际金融中心的主要思路　170
　一、提高创建霍尔果斯中亚国际金融中心战略意义的认识　170
　二、树立敢为天下先的观念，改革开发区的金融体制　173
　三、推进外汇管理重点领域改革，培育功能较为完善的外汇市场　175
　四、健全和完善口岸金融机构体系，合理布局口岸金融机构营业网点　177
　五、整治口岸社会信用，优化口岸金融生态环境　179
第二节　创建霍尔果斯中亚国际金融中心的对策建议　180
　一、依托合作中心加快口岸金融事业发展　180
　二、发挥政府主导作用，努力推进霍尔果斯中亚国际金融中心

建设 *183*

三、银行业应加强金融服务，有效支持口岸企业发展 *185*

四、建议引进东亚银行为创建霍尔果斯中亚金融中心发挥重要作用 *186*

第九章 依托中哈霍尔果斯国际合作中心实施文化兴边战略 *188*

第一节 伊犁州依托合作中心实施文化兴边战略的主要思路 *188*

一、以科学发展观为指导，解放思想，树立开放型文化发展新理念 *188*

二、伊犁州依托合作中心发展开放型文化的基本方略 *192*

第二节 伊犁州依托合作中心实施文化兴边战略的建议 *193*

一、依托合作中心大力开展文化国际交流与合作 *193*

二、精心打好清代伊犁将军历史文化牌，推进伊犁州开放型文化产业 *199*

三、积极保护和利用伊犁州非物质文化遗产，为发展开放型文化服务 *203*

四、推进伊犁州开放型文化与旅游开发融合发展的主要措施 *206*

第十章 依托中哈霍尔果斯国际合作中心发展新疆兵团外向型经济 *208*

第一节 兵团与中亚五国经济合作之劣势与优势分析 *208*

一、兵团与中亚经济合作的劣势分析 *208*

二、兵团与中亚五国经济合作的优势分析 *211*

第二节 兵团利用合作中心加快发展外向型经济的思路与对策 *213*

一、兵团利用合作中心发展外向型经济的战略定位、战略方针和战略布局 *213*

二、兵团利用合作中心发展外向型经济的对策 *214*

三、兵团利用合作中心发展外向型经济的建议 *223*

第十一章　中哈霍尔果斯国际合作中心与霍尔果斯经济开发区互动发展新路　226

第一节　开发区的区划范围和功能定位　226
一、开发区的模式和范围　226
二、开发区的发展思路　229
三、开发区的战略定位　229
四、开发区的功能定位　231

第二节　开发区超常规发展的战略选择　232
一、中国（新疆）—中亚经济圈发展战略　232
二、生态立区发展战略　236
三、"三依托"融合经济发展战略　243
四、西部国际大通道发展战略　244
五、向西开放根据地发展战略　247
六、"一小时"经济圈发展战略　248

第三节　开发区政策高地建设的总思路和建议　249
一、开发区目前的政策框架　250
二、开发区法律地位和法制保障的制度安排建议　251
三、制定开发区税收优惠政策和制度安排　254

第四节　开发区超常规发展的对策措施　259
一、充分利用上合组织机制和优惠政策，加快开发区发展　259
二、在实施中国—中亚经济圈发展战略中，充分发挥开发区的重要作用　260
三、充分用足用好国家和自治区的优惠政策，加快开发区发展　262
四、利用好全国东部省市援疆力量，加快开发区发展　264
五、利用伊犁州全州地县市合力，加快开发区发展　267
六、利用好新疆生产建设兵团力量，加快开发区发展　271
七、依托开发区的全面发展，充分发挥合作中心的功能和作用　272

第十二章　中哈霍尔果斯国际合作中心向中哈自由贸易区发展的可行性分析 274

第一节　自由贸易区的含义及其在全球发展趋势 274
　　一、自由贸易区的概念 274
　　二、区域经济一体化在全球的发展趋势 275
　　三、世界上成功的自由贸易区典范 276

第二节　建立中哈自由贸易区的重要意义 278
　　一、加强中国与周边国家之间睦邻友好关系 278
　　二、促进西部大开发和新疆跨越式发展 280

第三节　创建中哈自由贸易区的前景分析 284
　　一、中亚市场前景广阔 285
　　二、综合发展前景广阔 286

第四节　提升合作中心为中哈自由贸易区的法律政策依据及框架设置 290
　　一、合作中心成立和运行的法律依据 290
　　二、合作中心法律框架体系及其不足 292
　　三、为建设中哈自由贸易区创设良好的法律框架体系 298

第五节　创建中哈自由贸易区可参照借鉴的国际国内法律及运作模式 302
　　一、国际自由贸易协定 302
　　二、国内涉外法律法规 313
　　三、建议制定《中哈自由贸易区双边条约》 318

参考文献 324

后　　记 330

导　　论

一、背景分析

中华人民共和国（以下简称中国）和哈萨克斯坦（以下简称哈国）两国共同建立的中哈霍尔果斯国际边境合作中心（以下简称合作中心），面对的是与中国新疆相邻的哈国、乌兹别克斯坦（以下简称乌国）、吉尔吉斯斯坦（以下简称吉国）、塔吉克斯坦（以下简称塔国）、土库曼斯坦（以下简称土国）（上述五国以下简称中亚五国）。中亚五国的国土面积有400多万平方公里，人口6200多万，如算上上海合作组织成员国的面积和人口，该区域的土地面积和人口都将占到全球陆地面积和总人口的四分之一强。在这一区域内，中国的经济保持30年的高速增长。独联体国家自2000年摆脱解体以来的经济衰退和低迷境况后，开始焕发活力，保持高速增长。

从地理位置看，合作中心处在中亚经济圈的中心位置，因此，它有望发展成中亚的经济、金融、物流、文化中心。目前，中哈两国领导人对合作中心的定位已形成共识，即要把该合作中心建设成为中亚和上海合作组织区域的投资自由、贸易自由、人员出入自由，高度开放的综合性国际贸易中心；建成集区域加工制造、区域中转、区域采购、金融服务和旅游休闲等功能为一体的国际贸易自由港。

合作中心在全世界范围内尚为一项新事物。它既不是世界上传统意义的"自由经济区"和"自由贸易区"，也不同于我国东南沿海的经济特区；它是国际经济贸易中两国加强经贸合作的新尝试，是在大胆探索中稳步向中哈自由贸易区过渡和发展的重要组织形式。其中有许多新问题需要加紧深入研究和探索。

合作中心的建立和运营，绝不仅仅是新疆的事情和责任，而是中国和哈国两国的大事，是中、哈两国中央政府的责任。我们一定要把合作中心的发展、建设和作用发挥，放到经济全球化和中国开放型经济大环境中来谋划、布局和组织实施，让合作中心这块试验田充分发挥示范带动作用，促进我国特别是新疆与中亚各国区域经贸合作协调健康发展，有力推动我国西部大开发战略顺利进展。

二、概念界定

针对理论体系研究，作者提出一些重要概念，需要对其明确界定。

1. 中哈自由贸易区：中哈自由贸易区是指中哈两国共同建立的以贸易为主、发挥工商业多种功能的自由经济区；在贸易区内，取消两国之间的关税壁垒，但对区外第三国仍保持各自的关税制度。

2. 中亚自由贸易区：中亚自由贸易区是指中国与中亚五国共同建立的以贸易为主、发挥工商业多种功能的自由经济区；在贸易区内，取消成员国之间的关税壁垒，但对区外第三国仍保持各自的关税制度。

3. 中西亚自由贸易区：中西亚自由贸易区是指中国与周边的中亚、西亚国家共同建立的以贸易为主、发挥工商业多种功能的自由经济区；在贸易区内，取消成员国之间的关税壁垒，但对区外第三国仍保持各自的关税制度。

4. "一小时"经济圈：指以伊犁河谷的中心城市伊宁市为核心、以一小时通勤距离为半径的圈层区域。在这个一小时经济圈内，核心城市伊宁市（边境经济合作区）与卫星城霍城县城及清水河开发区、霍尔果斯口岸及合作中心、伊宁县城及伊东工业园区、察布查尔县城及伊南工业园区、都拉塔口岸紧密统一的经济圈、工作圈、生活圈。

5. 中国（新疆）—中亚经济圈：指以合作中心和霍尔果斯经济开发区为核心，以中国和哈国为主体，在上海合作组织框架内建立的中国与中亚的哈国、乌国、塔国、土国、吉国五国联合形成的中国（新疆）—中亚经贸市场一体化的国际经济合作区域。

6. 向西开放前沿根据地：指国内地区或企业为了开拓中亚市场，在进入中亚国家前，将霍尔果斯口岸及其伊犁州区域和基础条件作为赖以存在、保障需求、了解中亚市场，并由之发展对外经济贸易合作与交流行动的基地和基础。

三、研究范畴

本书提出的合作中心在开拓中亚市场中的功能及前景预测的研究范围，从地域上讲，在国内包括合作中心所在地的中国霍尔果斯口岸、伊犁州及其支撑合作中心的新疆区域；在国际上包括合作中心所在地的哈国霍尔果斯口岸、支撑合作中心的哈国及吉国、塔国、乌国、土国。从研究方向上讲，包括合作中心的功能所设计的范围；对合作中心在开拓中亚市场中的政治、经济、社会等诸方面发展前景的预测分析。

四、理论框架

本书主要借助于以下经济理论：

（一）区域经济理论

区域经济学是由经济地理学逐步演化而来的。从区域经济学的未来发展趋势看，区域经济学以空间资源配置的合理性为基础，形成了日益规范的空间分析经济学。区域分工贸易理论是区域经济学理论的一个理论部门。分工贸易理论，最先是针对国际分工与贸易而提出来的，后来被区域经济学家用于研究区域分工与贸易。早期的分工贸易理论主要有亚当·斯密的绝对利益理论，大卫·李嘉图的比较利益理论以及赫克歇尔与奥林的生产要素禀赋理论等。

绝对利益理论认为，任何区域都有一定的绝对有利的生产条件。

若按绝对有利的条件进行分工生产，然后进行交换，会使各区域的资源得到最有效的利用，从而提高区域生产率，增进区域利益。

比较利益理论解决了绝对利益理论无法回答的问题，认为在所有产品生产方面具有绝对优势的国家和地区，没必要生产所有产品，而应选择生产优势最大的那些产品进行生产；在所有产品生产方面都处于劣势的国家和地区，也不能什么都不生产，而可以选择不利程度最小的那些产品进行生产。这两类国家或区域可从这种分工与贸易中获得比较利益。比较利益理论发展了区域分工理论，但它不能对比较优势原理的形成做出合理的解释，并且与绝对利益理论一样，它是以生产要素不流动作为假定前提的，与实际情况并不相符。

赫克歇尔与奥林在分析比较利益产生的原因时，提出了生产要素禀赋理论。他们认为，各个国家和地区的生产要素禀赋不同，这是国际或区域分工产生的基本原因。如果不考虑需求因素的影响，并假定生产要素流动存在障碍，那么每个区域利用其相对丰裕的生产要素进行生产，就会处于有利的地位。

经济全球化的发展使得区域经济理论发展出现了新的趋势，"经济全球化可以定义为区域经济集团之间不断增长的相互依赖性和经济活动的跨界功能一体化，是一个经济活动的地理范围不断扩大和国际联系不断加深的过程"。全球化发展过程中的主要表现是贸易扩张、资本流动、新技术浪潮和区域一体化。在区域经济发展新趋势的推动下，区域经济学不断吸收主流经济学的新理论和研究方法，区域经济学的研究出现了新的研究方向：一是借鉴和运用主流经济学的分析工具，进行区域问题的分析；二是注重研究区域经济的微观活动；三是促进了应用区域经济学研究的领域在不断扩展。在应用区域经济学的研究方面，区域市场问题、区域基础设施问题、区域贫困问题、地方税收和地方公共支出问题等都成为其研究的重要关注点，故对研究中哈霍尔果斯国际边境合作中心在开拓中亚市场中的功能及前景预测问题，具有非常积极的现实意义。

（二）国际经济合作理论

国际经济合作是指各国借助生产要素国际间直接移动和重新组合

配置而建立起来的经济协作关系。国际经济合作的理论依据主要有：

一是生产要素理论。生产要素（Factor）是生产的基本元素，即生产过程中使用的各种资源。劳动、资本、土地、企业家都参加了生产过程，四者是一切时代生产的四个要素。现代经济学家又增加了技术要素、管理要素和经济信息要素。生产要素的国际移动是改变原有的生产要素的配置而实现一种新的配置。在现代经济社会中，随着科学技术的发展，这种新的配置是一种优化的配置。

二是经济一体化理论。经济一体化包括两层含义：从宏观层次上看，世界各国经济彼此开放，相互联系、相互依存，一个开放的世界经济体系的形成是世界经济一体化；从具体的经济联系方式看，区域经济一体化的形成既是一个过程，又是一种目标，而目标则是运动过程的结果。目前区域经济一体化的表现形式有：自由贸易区、关税同盟、经济同盟、共同市场等。通过实现区域经济一体化，使区域内生产要素实现最佳组合和优化配置，促进了区域内经济贸易的发展。

三是"两缺口模型"理论。"两缺口模型"分析来自于宏观经济学，是说作为一个发展中国家在经济发展过程中，如果国内存在着投资储蓄差，有投资不足，存在投资缺口；对外存在着进出口差，有外汇不足，存在外汇缺口；这时，国家可以考虑引进外资以弥补国内投资不足，待国内投资不足得到补充后，生产发展了，出口增加了，从而又弥补了外汇的不足，最后使投资和外汇两个缺口都能得到弥补。

四是国际经济合作规律。经济竞争、经济矛盾、经济协调、经济合作是国际经济合作的规律，简称为国际经济合作的"4C规律"。

国际经济合作主体是各国政府、企业及国际经济组织，通过生产要素在不同国家间的相互转移，使一种生产要素从具有优势的国家流向在这方面不具有优势的国家，与当地具有优势的其他生产要素重新组合与配置，达到生产要素的优化组合。各国根据比较优势原理参加国际分工和国际经济协作活动，力争获得最佳的经济效益。无论以何种形式和类型出现，国际经济合作的内容都是围绕着生产要素国际移动展开的。国际投资合作主要研究资本要素在国际间的移动，国际科技合作主要研究技术要素跨国间的转让，国际劳务合作主要研究劳动力要素在国际间的移动等。

(三) 经济一体化理论

区域经济一体化是指地理位置相近的两个或两个以上的国家，通过某种政府协定，或通过制定统一的对内对外经济政策，消除区域内国家间的贸易障碍，实现区域内国家互利互惠、协调发展和资源优化配置，最终形成一个组织经济高度协调统一的有机体。区域经济一体化目标的实现，主要是通过区域经济组织来实现的。按照区域经济一体化的程度，即根据区域内商品和生产要素跨国界移动的范围和程序，可以分为以下6种：(1) 特惠关税区；(2) 自由贸易区；(3) 关税同盟；(4) 共同市场；(5) 经济同盟；(6) 完全经济一体化。

关税同盟理论是经济一体化理论的组成部分，其中有两个重要的概念：贸易创生和贸易转向。这个理论通过关税同盟对内对外不同的贸易政策对贸易和福利产生两种相反的效果，即对内实行自由贸易产生的积极效果和对外实行排他性的、歧视性的贸易保护措施产生的消极效果。两者相较、得失相抵后，以反映在社会福利上的提高或下降来衡量一体化组织对世界经济的有利或不利。贸易创生效应大于贸易转向效应，将有利于世界经济的增长；反之，则将带来不利的影响。

"贸易创生"是指在关税同盟内实行自由贸易后，国内成本高的产品为成员国成本低的产品所代替，从成员国进口增加，新的贸易得以"创生"。"贸易转向"是指由于关税同盟对外实行共同关税，对第三国进口形成歧视壁垒，导致外部进口减少，转向从成员国进口，发生贸易"转向"。

大市场理论是经济一体化理论的组成部分，它强调进一步建立统一大市场，实现生产要素的自由流动，这是经济一体化的基本目标。该理论主要从两个方面阐述了经济一体化的动态效应：一是只有通过大市场才有可能获得规模经济，从而实现技术利益；二是依靠因市场扩大化而使竞争激烈化的经济条件来实现上述目的。两者的关系是目的与实现目的的手段关系。具体来说，由于实现大市场，生产扩大、新技术的应用、竞争的恢复，再加上取消关税，所有这些因素都会使生产成本和销售价格下降，促成购买力增加和实际生活水平提高。购买某种商品的人数增加之后，又可能促进这种消费和投资进一步增加。

(四) 可持续发展理论

可持续发展概念是以挪威首相布伦特兰为主席的联合国世界与环境发展委员会于1987年发表的《我们共同的未来》报告中正式提出的，且对可持续发展给出了定义："可持续发展是指既满足当代人的需要，又不损害后代人满足需要的能力的发展。"并以此为主题对人类共同关心的环境与发展问题进行了全面论述。该概念受到世界各国政府、组织和舆论的极大重视，并在1992年联合国环境与发展大会上得到与会者共识。

若着重于从经济属性定义，则认为可持续发展的核心是经济发展。在《经济、自然资源、不足和发展》一书中，作者 Edward B. Barbier 把可持续发展定义为"在保持自然资源的质量和其所提供服务的前提下，使经济发展的净利益增加到最大限度"。

可持续发展的生态学理论根据生态系统的可持续性要求，提出了人类的经济社会发展要遵循生态学三个定律：一是高效原理，即能源的高效利用和废弃物的循环再生产；二是和谐原理，即系统中各个组成部分之间的和睦共生，协同进化；三是自我调节原理，即协同的演化着眼于其内部各组织的自我调节功能的完善和持续性，而非外部的控制或结构的单纯增长。

当代人们使用可持续发展概念时，已经认识到传统的国民生产总值（GNP）作为宏观经济增长指标是不能保证环境状况良好的增长的。在 GNP 的核算中，应将由于经济增长而带来的对环境资源的消耗和破坏造成的影响及其对生态功能、环境状况的损害考虑在内。

对一个国家或一个地区的可持续发展水平和可持续发展能力的衡量，产生了可持续收入的概念。可持续收入的基本思想是由希克斯在其1946年的著作中提出的。可持续收入定义为不会减少总资本水平所必须保证的收入水平。这个概念的基础是：只有当全部的资本存量随时间保持不变或增长时，这种发展途径才是可持续的。

综上所述，可持续发展理论是处理好国家和地区范围内同代人的公平、国家间的公平、代际间的公平与经济效益、生态效益和社会效益之间的关系的理论原理，对研究中哈霍尔果斯国际边境合作中心在开拓中亚市场中构建资源节约型和环境友好型和谐国际社会，具有一定的指导意义。

五、研究方法

本研究采取"七结合一统筹"新方法。"七结合"即项目研究中采用了实地调查研究与学术信息资料查询相结合，高校及科研机构专家教授与实际部门党政干部相结合，地方专家与兵团专家相结合，宏观经济研究与微观经济研究相结合，定性分析与定量分析相结合，国际问题研究与我国向西开放政策问题研究相结合，基础理论研究与应用性可行性研究相结合的方法。"一统筹"即项目研究中采用了以建立中国（新疆）—中亚经济圈提升中国与中亚国家区域合作水平与质量为目标，统筹综合研究了合作中心在开拓中亚市场中的功能和前景预测、合作中心与霍尔果斯特殊经济开发区互动发展新路径、合作中心向中亚自由贸易区发展构想三大核心问题。综合采用"七结合一统筹"的新方法开展国际问题类课题研究，使研究成果具有了多维视角和立体感。

六、特色与创新

本研究最鲜明的特色有三点：

一是开创性。课题在国内外开创性地首次将合作中心与精伊霍铁路贯通、霍尔果斯特殊经济开发区启动三大因素相融合，提出中哈霍尔果斯国际边境合作中心在开拓中亚市场中的功能及前景预测学术观点和战略对策的新成果，在国内均属领先水平。

二是前瞻性。课题在科学分析论证的基础上，对中亚国家、中亚市场、合作中心、霍尔果斯经济特区、中亚自由贸易区等相关领域的新问题提出了一些前瞻性的思路、对策、构想和建议，可以为专家学者的再研究和各级党委、政府及各级领导干部提供决策咨询参考。

三是实用性。这一研究成果是伊犁州、自治区部分专家教授和党政干部集体智慧的结晶，结合中亚国家和国际市场的现状，对中哈霍尔果斯国际边境合作中心在开拓中亚市场中的功能发挥、合作中心和霍尔果斯经济特区互动发展战略提出了许多操作性很强的思路对策。

本研究理论创新主要有：

一是在国际问题和中亚研究领域首次提出了合作中心在开拓中亚市场中的"七功能说"理论体系，即合作中心在开拓中亚市场中将发挥区域性国际商品集散中心功能、区域性国际进出口商品加工区功能、区域性国际仓储物流中心功能、区域性国际商务与会展中心功能、区域性国际中亚金融中心功能、区域性国际亚欧旅游中转基地功能、区域性国际文娱休闲服务中心功能七大功能。

二是在国际问题和中亚研究领域首次提出了合作中心在开拓中亚市场中的"前景预测"理论体系，即中哈霍尔果斯国际边境合作中心在开拓中亚农牧产品及加工业市场的前景预测，在开拓中亚机电产品、化工产品、矿业产品市场的前景预测，在开拓中亚家电、家具和建材市场的前景预测，在开拓中亚轻工和纺织工业产品市场的前景预测；在开拓中亚能源和废金属市场的前景预测五大方面。

三是在国际问题和中亚研究领域首次提出了合作中心与霍尔果斯特殊经济开发区互动发展的理论体系。

四是在国际问题和中亚研究领域首次提出了合作中心向中亚自由贸易区发展构想的理论体系。

五是提出了合作中心向中亚自由贸易区发展的构想和可行性研究，具体提出了提升合作中心为中亚自由贸易区的法律政策依据及框架设置、创建中亚自由贸易区可参照借鉴的国际国内法律及运作模式。

六是提出八项重要对策。即依托合作中心加快伊犁州发展外向型经济的对策，伊犁河谷利用合作中心开拓中亚农畜产品市场的对策，把合作中心建成亚欧区域性国际旅游中转基地的对策，中国企业利用合作中心进入中亚市场的对策，把合作中心建成区域性中亚国际金融中心的对策，伊犁州依托合作中心实施文化兴边战略的对策，伊犁州实施兵地融合发展战略共建中国向西开放前沿根据地对策，新疆兵团利用合作中心加快发展外向型经济对策。

七、预期价值

本研究成果的理论学术价值主要体现在：一是使用地缘政治学、区域经济学、国际关系学、涉外经济学等多学科理论原理，结合中亚政治、经济、法律等国际问题和新疆对外开放等实际问题，在全国学术界首次提出合作中心在开拓中亚市场中的"七功能说"理论体系，具有较高的学术价值；二是根据国际生产分工理论、国际经济一体化理论、外向型经济带动理论等新的理论体系，通过合作中心的国际贸易自由港作用、国际大通道作用，在全国学术界首次提出合作中心未来的发展走向、前景预测五个方面的理论体系，具有较高的学术价值；三是在全国学术界首次提出合作中心与霍尔果斯特殊经济开发区互动发展的理论体系，具有较高的学术价值；四是在全国学术界首次提出了霍尔果斯经济特区依托合作中心超常规发展的六大战略选择，即中国（新疆）—中亚经济圈发展战略、生态立区发展战略、"三依托"融合经济发展战略、西部国际大通道发展战略、向西开放根据地发展战略、"一小时"经济圈发展战略，并对每一战略的含义、任务、运行方式、意义给出了定义并进行了科学论证；五是首次提出了合作中心向中亚自由贸易区发展构想的理论体系，具有较高的学术价值，特别是提出了提升合作中心为中亚自由贸易区的法律政策依据及框架设计，为国内外学术界原创；六是课题的阶段性成果在全国学术刊物上发表的 10 篇论文和公开出版的 2 部著作都具有较高的学术价值。

本研究成果的应用价值主要体现在：一是深入贯彻落实科学发展观，贯彻落实中央新疆工作座谈会关于"加大实施沿边开放力度，努力把新疆打造成我国对外开放的重要门户和基地"重要指导方针，研究提出了充分发挥合作中心这块试验田的示范带动作用，促进新疆与中亚各国区域经贸合作协调健康发展的思路对策；二是提出了合作中心的功能定位和发挥功能作用的思路对策，坚持向西大开放，有力推动伊犁州和新疆大开发战略顺利进展具有很高的应用价值；三是提出了通过充分发挥合作中心的国际贸易自由港作用，探索伊犁州和新疆通过欧亚大陆桥纽带和合作中心的经济贸易自由港，走向工业化、现代化的有效途径；四是在合作中心与霍尔果斯特殊经济开发区互动发展新路径中，提出了霍尔果斯经济特区政策高地建设的五项思路和超常规发展的七条对策措施，有很强的可操作性和很高的应用价值，将为自治区、自治州党委、人民政府领导新疆对外开放事业和合作中心、霍尔果斯特殊经济开发区跨越式发展科学决策提供咨询参考；五是对合作中心封关运营后所能发挥的功能和作用，将对新疆进一步开拓中亚市场，拉动新疆经济社会发展有更深远的影响，期间提出的应对的思路、对策、措施、建议，具有较高的应用价值。

第一章 中哈霍尔果斯国际合作中心建立的基础与指导思想

合作中心的建立是以霍尔果斯口岸为基础建设的，因此在研究合作中心的基本功能和前景预测时，首先要厘清霍尔果斯口岸作为合作中心建设的核心区域基础；即使本书倡导的中哈自由贸易区建设，也不能脱离霍尔果斯口岸而单独存在。因此把霍尔果斯口岸作为核心区域进行简要表述。

第一节 合作中心建立的区域基础

一、霍尔果斯口岸的发展现状

霍尔果斯口岸位于新疆伊犁哈萨克自治州境内、素有"塞外江南"之美誉的伊犁河谷西端，自然条件得天独厚，且与哈国接壤，是我国西部历史悠久、辐射中亚市场区位最优、自然条件最好、综合运量最大、基础设施完善的国家一类公路口岸。它地处欧亚板块的中心位置，国道312线（上海—霍尔果斯口岸）的最西端，陇海—兰新铁路国际新通道的西端。霍尔果斯口岸距新疆首府乌鲁木齐市670公里，距伊犁哈萨克自治州首府伊宁市90公里，距霍城县48公里，距霍城县清水河经济技术开发区和江苏工业园区均为28公里，距哈国的霍尔果斯口岸 1.5 公里，距哈国亚尔肯特市（原潘菲洛夫市）35 公里，距阿拉木图市 378 公里。霍尔果斯口岸是中国与中亚五国及俄罗斯等国家经济、地理联系最为广泛而密切的边疆贸易口岸，也是中国经中亚通往西亚、中东、欧洲陆路捷径的桥头堡。霍尔果斯口岸平均海拔 750～840 米，地势由北向南倾斜，较平坦，地质好，为典型的温带大陆性气候。这里水资源丰富，霍尔果斯河、卡拉苏河和东风干渠均流经口岸。

1998 年，中国实施西部大开发战略，提出要把新疆建设成 21 世纪我国西部重要的经济增长支点。为把霍尔果斯口岸打造成为中国向西开放的桥头堡和中国西部最大的出口商品基地，从 21 世纪初开始，以胡锦涛为总书记的党中央就把对霍尔果斯口岸发展关注开始转为具体行动。2007 年国务院专门出台《国务院关于进一步加快新疆经济社会发展若干意见》重要文件，提出把新疆建设成我国向西开放的重要门户，霍尔果斯口岸迎来了历史最好的发展时期。霍尔果斯口岸以招商引资为主线，以机制创新和服务创新为动力，努力营造优良环境，提高通关速度，提高服务水平，把霍尔果斯口岸建成了我国向西开放的桥头堡和投资兴业的首选宝地。经过十年的全面规划与建设，霍尔果斯口岸已进入全方位发展阶段，基础设施与投资软环境日趋完善，形成了对外贸易、进出口加工、旅游三大功能为主的多功能立体口岸城市格局，展现出强劲的发展势头和美好的前景。

目前，霍尔果斯口岸具有年出入境人次 300 万、进出口货物 200 万吨的通关能力，是我国通往中亚各国客货运量最大的公路口岸，也是新疆向第三国开放的六大口岸之一[1]。是我国与哈国等中亚国家开展经济、文化交流的重要门户和桥头堡，在促进中国与中亚各国之间的区域经济合作及文化交流中发挥着越来越重要的作用。2009 年精—伊—霍铁路全线贯通，于 2013 年与哈国铁路接轨，霍尔果斯口岸将成为中国西部又一个集铁路运输、公路运输为一体的综合性国际联运

---

[1] 何黎明. 我国口岸物流发展现状与趋势 [J]. 中国物流与采购，2006（8）：14～16.

枢纽。霍尔果斯口岸的历史、地理、区位和经济发展状况，为中哈两国在霍尔果斯口岸建立合作中心提供了良好的基础和条件。

二、霍尔果斯口岸基础设施建设初具规模

目前霍尔果斯口岸建成区面积10平方公里，完成各类建筑29.8万平方米，仓库货场12.2万平方米；建成城镇街道和环城公路22公里；建成以整个口岸区为市场的边民互贸市场；常住人口1.5万人，流动人口每日万人左右；常设机关单位45个，各类企业和办事处近500家，个体工商户和私营企业2000余家。城市性质从过去以边贸为主扩大为以商贸、购物、旅游、产品加工和货物中转为主，集贸易、加工、仓储、旅游、市政为一体的边境陆路口岸城市，是新疆面向中亚和欧洲开放的对外贸易区和伊犁州改革开放的示范区和试验区。城镇总体布局由口岸中心区、边民互市区、货物中转储备区、产品加工工业区、居住区五个区构成。预留了城市交通、城市绿化及其他性质的城市用地。霍尔果斯口岸工业园区位于霍尔果斯口岸西南部，规划面积为9.73平方公里，被列为伊犁州三大重点工业园区之一，被国务院批准（国函〔2006〕15号）为支撑合作中心发展的产业基地。新疆自治区、伊犁自治州已将霍尔果斯口岸工业园区定位为面向中亚的进出口加工基地，重点发展轻纺、食品、机电、建材、化工、皮革深加工等产业[1]。

三、霍尔果斯口岸成为中亚油气东输的重要通道

中国与中亚国家共同建设的油气骨干管网国际大通道通过中国新疆霍尔果斯入境，使霍尔果斯口岸担负起我国西气东输油气骨干管网的重要通道功能。

中国—中亚天然气管道西起土国和乌国边境，穿越乌国中部和哈

---

[1] 王友文.聚焦中亚与霍城开放型经济[M].乌鲁木齐：新颖电子音像出版社，2008：27.

国南部地区，在新疆霍尔果斯口岸入境，全长 1833 公里。2009 年 12 月 14 日，中国—中亚天然气管道建成投产。

西气东输二线工程，西起新疆霍尔果斯口岸，东达上海，南抵广州、香港，横跨我国 15 个省区市及特别行政区，全长 8653 公里，设计年输量 300 亿立方米，是中国第一条引进境外天然气资源的大型管道工程。2009 年 12 月 31 日，西气东输二线（西段）工程建成投产；2010 年 1 月 20 日，全长 2745.9 公里的西气东输二线（西段）管线全面达到供气条件。2010 年 12 月 5 日，西气东输二线（东段）中卫—黄陂干线工程建成投产。"西气"提前进入沿线的甘肃、陕西、河南、湖北等省份，广大居民和企业用上了来自中亚的天然气。

数据显示，截至 2015 年 7 月，已建成投产的西气东输工程，已经累计向我国东部地区输送天然气 2600 亿立方米，相当于减少煤炭运输 39 130 万吨，减少二氧化碳排放 14.5 亿吨[①]。霍尔果斯口岸为我国担负西气东输油气骨干管网的重要通道功能，作出了重大贡献。

四、霍尔果斯口岸未来规划发展趋势

交通运输。精河—伊宁—霍尔果斯铁路于 2009 年全线通车，霍尔果斯火车站是乌鲁木齐向西延展的终点站，也是中国铁路通向中亚国家的始发站。哈国政府已经做出决定，规划设计哈国境内萨雷奥泽克市与霍尔果斯铁路并轨对接方案。东起连云港，西至霍尔果斯口岸，全线总长 4325 公里的高速公路（312 国道）已全面通车。

机场建设。霍尔果斯机场也正在规划建设中。目前的伊宁机场距霍尔果斯口岸 88 公里；在霍尔果斯未来规划方案中准备在霍尔果斯口岸与伊宁市之间建设机场，从新机场到霍尔果斯就只有 40 多公里了。

城市发展总体规划。霍尔果斯口岸目前有建成区面积 10 平方公里，加上合作中心的配套区面积 9.7 平方公里，共计 19.7 平方公里。

---

① 马伊宁. 西气东输管道累计输送天然气超 2600 亿立方米 [N]. 中国矿业报，2015 - 07 - 30.

根据规划,预计到 2020 年,霍尔果斯拟建设成一个有 30 平方公里城市面积、200 平方公里控制面积的城市。新疆生产建设兵团批准在霍尔果斯口岸农四师六十二团区域内建立了兵团霍尔果斯口岸工业园区。兵团霍尔果斯口岸工业园区北至精—伊—霍铁路,东至东湖公园以东 3.0 公里处,南至六十二团四连以南 0.8 公里处,西以霍尔果斯河为界,总面积为 32.32 平方公里。其北面有中哈霍尔果斯边境合作中心配套区和六十二团团部。2010 年国家已批准建立霍尔果斯特殊经济开发区,霍尔果斯特殊经济开发区将依托兵团农四师伊犁垦区、伊宁市和霍城县扩大城市区面积,提升口岸城市总体功能。

合作中心是顺应国际国内发展趋势和发展要求的产物。20 世纪最后的 20 年,是世界局势特别是中东地区的局势最纷繁多变、剧烈动荡的一个时期:东欧巨变,苏联解体;美国发动的两次伊拉克战争;经久不息的阿富汗战争;美俄在东欧和中亚的角力以及中国经济保持 20 多年的持续高速增长和实施西部大开发战略,都是这幅世界历史画卷中影响人类历史发展的重要事件。正是由于这种全球性地缘政治经济的分化和重新组合,才使中亚国家与中国加强政治、经济、文化的全面合作成为双方现实的需要。

第二节　合作中心建立的国内外环境基础

一、合作中心建立的国际环境

(一) 中国与中亚五国建立良好的区域经济合作关系

1. 中国领导人高度重视建立中亚五国的睦邻友好关系。

自中亚国家独立后,我国领导人多次到中亚五国出访,加强双边高层接触沟通和联系。中亚五国国家领导人也频繁到我国访问,商讨反恐合作和大力发展经贸关系和经济技术合作相关事宜,形成了良好的高层互动。早在 1994 年 4 月,李鹏总理在访问哈国时就对中国与中亚国家发展经贸关系提出六点主张：一是坚持平等互利原则，按经济规律办事；二是合作形式要多样化；三是从实际出发，充分利用当地资源；四是改善交通运输条件，建设新的"丝绸之路"；五是中国向中亚国家提供少量经济援助是一种友谊的表示；六是发展多边合作，促进共同发展。

2. 中国政府高度关注和帮助中亚五国发展经济贸易。

中亚五国独立之初，都面临轻工业产品严重短缺的境遇；而这一时期，中国轻工业生产却蒸蒸日上，不但满足了国内人民的需求，而且利用自己的劳动力资源成本低廉的优势，开始大量出口，参与国际市场竞争。中亚五国与中国紧密相连，边境线长达 3288 公里，沿线分布有 10 个国家一类口岸。加之中国新疆与中亚五国有 20 多个跨境居住的民族，在语言、文化、宗教、民族习俗等方面具有天然的联系；因此，更加有利于发展与中亚五国的经贸关系。从 1991 年开始，我国政府和经贸部门就开始高度关注同中亚五国发展经济贸易关系，向其出口他们急需的轻工业产品和食品，并从中亚五国进口金属类商品和资源性商品，互通有无。与此同时，旅游购物、易货贸易、边境小额贸易等多种形式的边境贸易迅速开展，促进双边贸易的快速发展①。

3. 中亚五国与中国区域经济合作关系的正式建立。

（1）哈国与中国区域经济合作关系的建立。中哈两国开展合作主要集中在区域经济发展方面。2000 年 7 月，中国和哈国签署了《中哈经济技术合作协定》。2001 年 9 月，双方签署《中哈联合公报》《中国向哈国提供无偿援助的换文》《中哈关于利用和保护跨界河流的合作协定》《中哈避免双重征税协定》《中哈地震研究科学技术合作协定》《中哈卫生和医学领域合作协定》；2002 年 12 月，两国元首签署《中哈睦邻友好合作条约》《中哈打击恐怖主义、分裂主义、极端主义合作协定》《中哈两国政府关于预防危险军事活动协定》；2003 年 6

---

① 王海燕. 经济合作与发展——中亚五国与中国新疆［M］. 乌鲁木齐：新疆人民出版社，2002：64.

月双方签署《中哈联合声明》《中哈 2003 年至 2008 年合作纲要》《中哈教育合作协定》《关于在油气领域开展全面合作的框架协定》《经济贸易合作协定》《中国政府铁道部和哈国政府运输通信部铁路运输合作协定》《中国石油天然气集团公司与哈国国家油气股份公司关于哈国阿塔苏至中国阿拉山口原油管道建设基本原则协定》，9 月双方签署《中国政府和哈国政府关于建立中哈霍尔果斯国际边境合作中心的框架协定》；2005 年 7 月，双方签署了《中哈关于霍尔果斯国际边境合作中心活动管理的协定》《中哈关于地质和矿产利用领域合作的协定》等 8 个双边合作文件。

（2）乌国与中国区域经济合作关系的建立。中国和乌国 1992 年签署了《建交联合公报》《中乌政府经贸协定》《关于建立政府经贸合作委员会的协定》《鼓励和相互保护投资协定》《中国向乌国提供商品贷款协定》《两国外交部磋商议定意向书》《银行合作协定》《关于交换新闻和合作的协定书》《农业合作协定》《科学技术合作协定》《文化、教育、卫生、旅游和体育合作协定》《铁路运输合作议定书》等文件；2000 年 8 月，双方签署了《中国和乌国国防部合作协定》；2003 年双方签署《中国和乌国关于打击恐怖主义、分裂主义、极端主义合作协定》；2004 年 6 月双方签署了《中国政府与乌国政府经济技术合作协定》《中国政府和乌国政府扩大经济贸易、投资和金融合作备忘录》等 10 项协定。

（3）塔国与中国区域经济合作关系的建立。2000 年，中国与塔国签署了《中国政府和塔国政府经济技术合作协定》《中国最高人民检察院和塔国总检察院合作协定》。

（4）吉国与中国区域经济合作关系的建立。2002 年双方签署《中吉睦邻友好合作条约》《中吉公民往来协定》《中吉能源领域合作协定》《中吉避免双重征税协定》《中吉相互承认学历和学位证书协定》和《中吉关于打击恐怖主义、分裂主义、极端主义合作协定》[①]。

（5）土国与中国区域经济合作关系的建立。土国属于不结盟国

---

① 潘志平. 中亚的地缘政治文化 [M]. 乌鲁木齐：新疆人民出版社，2003：106.

家，不属于上海合作组织成员国，但是长期以来也与中国建立了稳固的经济合作关系。中国和土国1992年1月7日签署了《中国政府和土国政府经济贸易协定》，11月21日签署了《中国和土国联合公报》、中国政府和土国政府签署《文化合作协定》《关于互免团体旅游签证的协定》《关于互免公务旅行签证的协定》《关于鼓励和相互保护投资协定》；1998年8月31日签署了《中国和土国关于进一步发展和加强两国友好合作关系的联合声明》《科学技术合作协定》《民用航空运输协定》《关于建立中土政府间经贸合作委员会的协定》《旅游合作协定》；2006年4月3日签署《中国和土国关于打击恐怖主义、分裂主义和极端主义的合作协定》《关于实施中土天然气管道项目和土国向中国出售天然气的总协议》；2007年7月17日签署了《中国和土国关于进一步巩固和发展友好合作关系的联合声明》；2008年8月29日签署《中国和土国联合声明》。

随后，中国和中亚五国又在大力发展经济贸易关系、促进经济贸易合作和经济技术合作方面分别签署了多项联合公报，促进了中国与中亚五国经济贸易合作的健康发展。2008年中国与中亚五国的进出口贸易额达到308.2亿美元。中国新疆维吾尔自治区的外贸总额为222.1亿美元，而与中亚五国的贸易额就高达188.1亿美元左右，占总额的84%以上，占全国对中亚五国贸易额的61%以上，已连续多年占据中国对中亚贸易的主导地位，成为中国对外开放的一个主战场。

（二）上海合作组织为我国与周边国家跨国经贸合作提供新的空间

1. 上海五国会晤机制的建立。中国在促进本国与其他国家和地区经济贸易往来的同时，实施了"与邻为善、以邻为伴"战略，通过"睦邻、安邻、富邻"加强与亚洲邻国的相互信任与合作，努力实现亚洲的和平与安宁。上海合作组织（简称上合组织）是第一个由中国倡导建立的区域性组织，它的发展顺应了这一战略。上合组织的前身是"上海五国"，由中国、俄罗斯、哈国、吉国、塔国五国元首1996年4月发起。"上海五国会晤机制"成员领导人在上海举行第一次会议。会议上中国与俄、哈、吉、塔四国签署《关于在边境地区加强军事领域信任的协定》，奠定了五国合作的基础。1998年7月3日，五国领导人在哈国的阿拉木图举行第三次会晤，着重讨论促进地区和平与稳定、加强五国及地区经济合作问题。会后发表的五国联合声明表示：坚持相互尊重主权和领土完整、平等互利、互不干涉等公认的国际关系准则；坚持通过友好协商解决国家间的分歧和争端；共同打击各种形式的民族分裂和宗教极端势力、恐怖活动、偷运武器及走私和贩毒等本地区公害；本着互利互惠、讲求实效的原则进一步密切五国间的经济关系；与国际社会共同努力制止南亚核军备竞赛，维护国际核不扩散机制等。1999年8月24日，五国元首在吉国首都比什凯克举行的第四次会晤发表的联合声明重申：坚决反对民族分裂主义和宗教极端主义，共同打击国际恐怖主义、走私贩毒及其他跨国犯罪行为。同时强调了在平等互利原则基础上开展经贸合作的重要意义，表示将在继续发展五国合作的基础上积极寻求开展多边经贸合作的途径。上海五国会晤机制的建立为加强五国睦邻友好合作关系、加强五国和亚太地区安全，为在"冷战"后摒弃"冷战"思维，探索新型国家关系，新型安全观和新型区域合作模式提供了重要经验，而且也对世界的和平、稳定与发展产生了积极深远的影响①。

2. 上合组织的成立与发展。2001年6月15日，中国、俄罗斯、哈国、吉国、塔国、乌国六国决定在"上海五国"机制的基础上成立"上合组织"，六国元首举行了首次会议并签署《上海合作组织成立宣言》（以下简称《宣言》），此事标志着上合组织发展进入新时期。在《宣言》中载明："上合组织的宗旨是：加强各成员国之间的相互信任与睦邻友好；鼓励各成员国在政治、经贸、科技、文化、教育、能源、交通、环保及其他领域的有效合作；共同致力于维护地区的和平、安全与稳定；建立民主、公正、合理的国际政治经济新秩序。"上合组织成员国元首并签署了《打击恐怖主义、分裂主义和极端主义上海公约》和《上合组织成员国关于地区反恐怖机构的协定》。

上合组织正式成立以来，形成每年元首的定期会晤制度和相关国

---

① 肖德. 上合组织区域经济合作问题研究［M］. 北京：人民出版社，2009：48.

家高层部门的合作协商机制。2002年6月7日，上合组织6国元首在俄罗斯圣彼得堡举行第二次会晤，将上合组织成员国相互合作扩大到了反恐及政治、经贸等诸多领域。2003年5月，上合组织成员国元首第三次会晤在莫斯科举行，并发表元首宣言。2004年6月17日，上合组织成员国元首在乌国首都塔什干举行的2004年度会议特别强调指出，随着组织进入新的发展时期，要将工作重点逐步转移到开展全面务实合作方面来，要大力推动安全、经贸、人文等各领域合作尽快取得实际成果，造福六国人民。峰会发表了《塔什干宣言》，签署了《上合组织成员国外交部协作议定书》等系列文件。2004年9月23日，上合组织成员国政府首脑（总理）理事会例行会议在比什凯克举行。六国总理批准了《上合组织成员国多边经贸合作纲要》落实措施计划。2005年7月5日，在哈国首都阿斯塔纳举行的上合组织成员国元首理事会会议发表了《上合组织成员国元首宣言》。

2006年，胡锦涛主席在上海召开的上合组织第六次元首峰会上，发表了题为《共创上合组织更加美好的明天》的讲话。他表示，努力把本地区建设成为一个持久和平、共同繁荣的和谐地区，是美好的目标，更是艰巨的任务。为实现这一远景规划，胡锦涛提出：一要加强战略协作，巩固睦邻友好；二要深化务实合作，带动全面发展。会议提出了六国合作的重点，一是加大推动贸易投资便利化力度；二是增强成员国之间的贸易依存度；三是深化经济技术合作，推动优先领域的网络性合作项目；四是适时研究区域经济合作的长远发展目标。

3. 上合组织促进了中国与周边国家的跨国经贸合作。中国和中亚是近邻，拥有多种优势，发展经贸合作具有很大的潜力。双方都在进行经济改革和对外开放，都鼓励双方企业加强合作，这为开展经贸合作提供了良好的机遇。通过上合组织的区域合作平台，中国和中亚国家的经济合作在多个层次上展开，签署了许多政府间经济合作协议。主要包括：经济贸易合作、鼓励和相互保护投资、银行合作、汽车运输、铁路运输合作、对所得避免双重征税和防止偷漏税、石油领域合作协定等。各国还组成了政府间经贸和科技合作委员会，定期就经贸合作问题进行磋商。中国与中亚国家就共同开发一些重大建设项目达成了协议。中亚五国政府都多次表示，希望中国的大企业能够到本国投资办厂或开发当地的资源。中国同中亚国家在资源开发、建筑、轻工业、农业、纺织和日用消费品工业部门等领域不断加强合作。

中国同中亚国家的经济技术合作在许多领域进展顺利，正在向实现新的合作阶段发展；在进一步扩大商品贸易的同时，正在向高层次合作转变，进一步扩大和发展生产、投资、科技、文化等领域的合作；进一步加强对外经济合作的基础设施建设，为加深经济关系创造更加良好的条件。中亚国家积极与中国发展生产性合作，在科技合作方面，中亚国家希望与中国在农业、治理沙漠、利用太阳能、地震等方面进行合作研究。

（三）哈国国家元首倡导建立中哈边境自由贸易区

中国的改革开放和中亚国家的加快发展，使霍尔果斯口岸进入前所未有的快速发展阶段。1992年8月，中哈两国政府同意霍尔果斯口岸向第三国开放，允许第三国人员、交通工具和货物通行，自此霍尔果斯口岸成为了中亚五国最重要的进出口贸易大通道。

与我国新疆接壤的哈国，是一个深度内陆国家，大力开发陆路口岸的潜力就成为哈国发展对外贸易和开展对外经济技术交流合作的首选。而霍尔果斯口岸地处中亚五国和中国的中心位置，交通发达，成为哈国与中国新疆发展对外贸易的重要通道和桥梁。由于中国和哈国的贸易互补性，哈国同中国开展对外贸易、互通有无的领域广阔而深远，为此两国高层领导都高度重视两国经济贸易和霍尔果斯口岸建设。

2003年6月3日，富有远见的哈国总统纳扎尔巴耶夫向中国国家主席胡锦涛提出在霍尔果斯建立跨国自由贸易区的意向。随后，中哈两国高层领导人经过多次协商，最终决定第一步先建立中哈霍尔果斯国际边境合作中心，作为未来跨国自由贸易区的试验项目。为促成该项目建设，此前哈国已先于中方在其1.2平方公里主体区内动工。2004年9月24日，哈国总统纳扎尔巴耶夫访问中国，两国政府签订了《关于建立中哈霍尔果斯国际边境合作中心的框架协议》。2005年7月4日，中国国家主席胡锦涛和哈国总统纳扎尔巴耶夫在阿斯塔纳签署了《中国和哈国关于建立和发展战略伙伴关系的联合声明》，提出了中哈双方加快落实霍尔果斯国际边境合作中心的建设并尽快投入运行的目标和任务。同日，中国商务部和哈国工贸部代表本国签订了《中国政府和哈国政府关于霍尔果斯国际边境合作中心活动管理的协定》，标志着该项目进入了实施和建设阶段。中国建议在该组织框架内率先建立中哈霍尔果斯国际边境合作中心，先行先试，为建立区域内自由贸易区积累经验。这样，哈国国家元首纳扎尔巴耶夫构想的中哈霍尔果斯自由贸易区蓝图开始进入实施阶段。

（四）中国最高领导人倡导构建和谐世界

"和谐世界"这一充满东方智慧的词汇，如今频频出现在重大国际场合，它所描绘的国际关系的理想状态，正得到越来越多国家的理解和赞同。与"和谐世界"相呼应，上合组织已将建设"和谐地区"当作本组织追求的目标。

中国自古以来就是一个爱好和平的国家。新中国的几代领导人为维护世界和平作出了不懈努力。进入21世纪，新一代党中央领导集体以科学发展观的视野和维护世界和平的准则，倡导建立和谐世界。和平发展与构建和谐世界两大思想是中国当前外交战略的基本内容。2004年10月，中国政府在《中俄联合声明》中提出"建立一个和平、发展、和谐的世界"的设想；2005年4月，中国国家主席胡锦涛在雅加达亚非国家首脑会议上明确提出各国"共同构建和谐世界"的思想；同年9月，胡锦涛主席在联合国成立60周年大会上发表《努力建设持久和平、共同繁荣的和谐世界》的重要演讲，并从"坚持多边主义，实现共同安全""坚持互利合作，实现共同繁荣""坚持包容精神，共建和谐世界""坚持积极稳妥方针，推进联合国改革"四个方面系统阐述了中国愿和世界各国一起构建和谐世界的战略思想。

胡锦涛主席和中国政府倡导构建和谐社会，符合全国各族人民的愿望和利益，同样符合世界发展潮流，符合全世界人民的愿望和利益。我国领导人提出构建和谐世界的主张，日益受到世界各国的认同和好评。中国既是和谐世界的积极倡导者，也是实践者。在和谐世界理念的倡导下，中国与世界绝大多数国家都保持着良好的关系和合作，在联合国等国际组织和东盟等地区组织中发挥着重要作用，倡导建立了公正合理的国际政治经济新秩序。

习近平总书记强调，我们的事业是合作共赢的事业。建立以合作共赢为核心的新型国际关系，是我们党立足时代发展潮流和我国根本利益作业的战略选择，反映中国人民和世界人民共同的心愿。面对国际形势的深刻变化和世界各国同舟共济的客观要求，各国应该共同推动建立的合作共赢为核心的新型国际关系，始终不渝地走和平发展道路。按照亲、诚、惠、容观念推进周边外交，着力深化互利共赢格局，统筹经济、贸易、科技、金融等方面的资源，利用好比较优势，积极参与区域经济合作，[1] 强调中国丝绸之路经济带倡议和哈国"光明之路"新经济政策相辅相成，有利深化两国全面合作[2]。

中国是世界上拥有邻国最多的国家，其中有大国、小国、发达国家和发展中国家。构造一个和谐周边，是中国外交战略中很重要的一个组成部分；中国与周边国家关系和谐，就是对和谐世界的重要贡献。为此，中国积极与有关国家谈判解决边界争端问题。1999年以来，中国和俄罗斯解决了4300公里的边界划界问题；与哈国、吉国、塔国解决了边界问题；和越南先后解决了陆地边界、北部湾划界及相关的渔业问题；与印度等接壤国家建立了相互信任的措施，保持了边境地区的和平与安定；在南沙群岛问题上，中国在坚持主权属中方、"搁置争议、共同开发"的前提下，与有关国家达成了共识，减少了因领土争端而导致武装冲突的可能性。中国领导人构建和谐世界的理念成为中哈霍尔果斯国际边境合作中心设立和顺利建设发展的重要背景。

同时，西方国家抢占中亚市场也是促使中国加速同中亚国家进行经贸合作的原因之一。

---

[1] 习近平. 建立新型国际关系——关于国际关系和我国外交战略 [N]. 人民日报，2014-07-15 (13).

[2] 中哈关于全面战略伙伴关系新阶段的联合宣言 [N/OL]. 中国政府网，2015-09-01.

二、合作中心成立的国内环境

(一) 国家决定实施西部大开发战略

1998 年中国提出西部大开发战略，提出把新疆建设成 21 世纪我国西部重要的经济增长支点。国家规划把霍尔果斯口岸打造成为中国西部最大的出口商品基地和国际大通道。从 21 世纪初开始，以胡锦涛总书记为核心的党中央就把中国向西开放、加快建设和发展西部口岸、开拓中亚市场作为发展战略，并作为国家行为付诸实施。

改革开放之初，我国改革开放的总设计师邓小平同志就提出，我国的经济发展要顾全"两个大局"，要分两步走。"两个大局"的战略思想是邓小平发展思想中的一个重要观点。以江泽民为核心的第三代中央领导集体依据邓小平"两个大局"思想，进一步创造性地提出了一系列正确处理东西部地区发展关系的重要观点和方针政策，并紧紧把握新的历史机遇和挑战，作出了西部大开发的重大战略决策。1999 年 9 月党的十五届四中全会正式作出"国家要实施西部大开发战略"的决定，并指出这是一项规模宏大的社会经济系统工程。党中央西部大开发战略的实施，给中国新疆向西开放和合作中心的建立提供了难得的历史机遇；中亚五国在欧亚腹地给我国提供了一个国际大市场，给正在实施西部大开发战略的我国新疆地区提供了全方位对外开放的大好机遇。

(二) 三代中央领导集体作出我国向西开放的战略决策

在苏联后期的 30 年，由于中苏"冷战"对抗，新疆成为我国"反修防修"的前线，同时也成为最封闭的一方国土。1991 年苏联解体后，与新疆相邻的中亚国家需要中国的帮助和贸易合作，新疆遂成为向西开放的最前缘。党中央审时度势，及时作出向西开放的战略决策。江泽民总书记多次到新疆视察工作，他反复强调两点：一是要加强民族团结，旗帜鲜明地反对民族分裂主义和非法宗教活动，搞好新疆的社会稳定；二是要加快新疆经济发展和向西开放工作。胡锦涛总书记多次到新疆视察工作，对新疆的经济发展和对外开放给予了更多的关注，2007年中央专门针对加快新疆发展出台了《国务院关于进一步加快新疆经济社会发展的若干意见》。习近平总书记高度重视我国向西开放工作。2013年9月7日与哈国总统在阿斯塔纳签署《中哈关于进一步深化全面战略伙伴关系的联合宣言》明确提出双方将共同运营为中哈霍尔果斯国际边境合作中心，推动双边经贸合作。2015年8月31日与哈国总统在北京签署《中哈关于全面战略伙伴关系新阶段的联合宣言》。双方再次强调："共同运营好中哈霍尔果斯国际边境合作中心，推动双边经贸合作。"提出以中国"丝绸之路经济带"倡议和哈国"光明之路"新经济政策为契机，进一步加强经贸投资合作。

1. 上合组织为中国新疆实施向西开放战略创造了良好的周边环境。上合组织的前身是由中国牵头成立的"上海五国"会晤机制。在中亚国家独立不久，为了建立和发展睦邻友好的周边关系，为中国实施西部大开发战略和向西大开放战略提供良好的国际环境，由中国国家主席江泽民倡导建立了中国、俄罗斯、哈国、吉国、塔国五国参加的"上海五国会晤机制"。1996年4月，"上海五国会晤机制"成员领导人在上海举行第一次会议，奠定五国合作的基础。2001年6月14日至15日，"上海五国"元首在上海举行第六次会晤，乌国以完全平等的身份加入上合组织，六国元首举行了首次会议并签署了《上合组织成立宣言》。江泽民主席在上合组织成立大会上发表了题为《深化团结协作，共创美好世纪》的讲话。他在讲话中指出："上合组织将严格遵循《联合国宪章》的宗旨和原则，致力于加强成员国的相互信任、睦邻友好，加强成员国在政治、经贸、科技、文化、教育等广泛领域的有效合作，共同维护和保障地区的和平、安全与稳定，推动建立民主、公正、合理的国际政治经济新秩序。不论遇到什么情况，上合组织将始终恪守上述原则宗旨，永远高举和平与合作的旗帜。"上合组织成员国元首《宣言》在积极开展经济贸易合作方面指出："发展经济关系是本组织工作中非常重要的任务。"习近平总书记在2013年至2015年的三届上合组织峰会所作的讲话，都强调"深挖合作潜力，充实务实合作内容"，加强能源、农业、经贸合作，加快推动环保信息平台建设，实施好丝绸之路经济费用欧亚经济联盟对接，促进欧亚地区平衡发展①。

上合组织成立多年来，各成员国之间合作成效明显。2005年，中国与五国贸易额达377亿美元，比上合组织成立时增长21%。中国对五国累计实际投资总额近89亿美元，约为2001年的4倍。成员国之间的相互投资已达150亿美元，各方在油气、交通、电信、电力、化工、建材、承包工程、农业和农产品加工等领域的一批经济合作项目已全面实施。

2. 中国积极参加"亚洲相互协作与信任措施会议"区域合作组织。2002年6月，江泽民主席出席第一届"亚洲相互协作与信任措施会议"（简称"亚信"）领导人的会议，发表了题为《加强对话与合作，促进和平与安全》的重要讲话，强调指出："中国与所有亚洲国家建立和发展友好合作关系，积极参加和促进亚洲区域内的多边合作，包括与有关国家一道创立'上合组织'，参与'东盟'框架内的对话与合作，并为解决地区冲突作出不懈努力。"这是以江泽民为核心的中央领导集体以全面开放的姿态，全方位参与亚洲合作的宣言。这也是我国向西开放、特别是对中亚五国开放的重要信号。

2006年6月，胡锦涛主席在出席第二届"亚信"领导人的会议时，发表了题为《携手建设持久和平、共同繁荣的和谐亚洲》的重要讲话。为实现建设一个持久和平、共同繁荣的和谐亚洲的美好目标，胡锦涛建议重点在以下几方面共同努力：第一，坚持互信协作，建立亚洲新型安全架构；第二，坚持相互借鉴，促进各种文明共同繁荣；第三，坚持多边主义，加强区域内外合作；第四，坚持互利共赢，继续深化经济合作。这表明党中央已全面实施向西开放的战略部署。

2014年5月，习近平总书记出席第四届"亚信"领导人会议发表了题为《积极树立亚洲安全观、共创安全合作新局面》的重要讲话，建议增强亚信的包容性和开放性，既要加强同本地区其他合作组织的协调和合作，也要扩大同其他地区和有关国际的对话和沟通，共同为维护地区和平稳定作出贡献。

---

① 习近平出席上合组织乌法峰会并发表讲话［N/OL］. 央视新闻网，2015-07-11.

进入21世纪以后，在上合组织框架下，中国和俄罗斯以及中亚国家不仅加强了反恐合作，收到良好成效，而且在经济技术领域开展了全面的合作。

（三）改革开放和经济发展需要开拓中亚市场

从地理位置看，中国西部广大区域和中亚国家同处于亚欧腹地，都距离出海口比较远。因此通过出海口来实现对外开放和对外经济贸易交流，与沿海地区相比，明显处于劣势地位，仅运输成本就会大大削弱其商品的竞争力。但是，从另一个方面看，中国实施西部大开发战略以来，国家对西部的发展不但在政策上大大倾斜，而且在财政投入和地方支援等方面亦不断加大力度，形成了西部大开发轰轰烈烈的局面。中亚国家从2000年走出低谷，开始加速发展，使中国西部及中亚、俄罗斯西伯利亚和巴西亚马逊河流域被公认为世界上最具开发潜力的三大地区[1]。经济发展的结果必然出现对外大开放及大规模的国际经济贸易往来与交流。中国西部的发展与中亚国家的发展可以形成一个开放的经济圈而相互促进，共同发展。

中亚各国都十分看重与中国发展友好互助的双边关系。中亚各国领导人在活跃外交活动中往往把取得中国的支持作为突出其国内、国际政治形象的重要途径。为加快经济发展速度，中亚国家积极与中国建立和扩大多渠道的经济合作：一方面利用市场和商品的互补优势，促进各国内部生产能力的恢复；另一方面借助中国经济体制改革的经验，改造各国的旧有国民经济体系。中亚国家地处内陆，中国被他们视为实现资源富国战略最理想的对外经贸通道，因此把对中国开放始终置于至关重要的地位。

（四）新疆外贸强区战略需要加强与中亚国家的深度经贸合作

1. 自治区把向西开放提高到重要的战略位置。《新疆维吾尔自治区国民经济和社会发展第十一个五年规划纲要》中指出：在未来发展中"国际环境总体上对我国发展有利，我区地缘优势进一步显现，作为全国向西开放大通道和桥头堡的作用将会进一步加强"。在未来发

---

[1] 师博. 中亚市场潜力分析[J]. 俄罗斯中亚东欧市场, 2004 (9): 31~35.

展必须坚持的指导思想和指导方针中提出："加快对内对外开放步伐，大力发展外向型经济，不断提高改革开放的水平，为经济社会发展增添新的活力。"提出的扩大对外开放、实施外贸强区战略的任务有：加快以向西开放为重点的对外开放步伐，坚持"东联西出、西来东去"，"引进来、走出去"，充分发挥地缘优势，建立向西出口加工基地、商品集散地和国家能源、资源陆上安全大通道，在加快对外开放上取得重大突破；"实施全方位开放战略，重点推进与中亚、西亚、南亚、东欧及俄罗斯的经贸合作，大力引进有经济实力的大企业、大集团，提高产业聚集度，加快对内对外开放步伐"；建成"向西出口加工基地及现代物流产业体系"。

在对外开放目标上提出："改革开放取得实质性进展。初步建成比较完善的社会主义市场经济体制，对外开放水平进一步提高，外贸进出口总额年均增长18%以上，利用外资年均增长15%以上。"加快以向西开放为重点的对外开放步伐。充分发挥新疆向西开放的国际大通道和桥头堡作用，在更大范围、更广领域和更高层面上参与国内外竞争，全面提升对外开放水平。

巩固中亚等传统市场，大力开拓西亚、南亚、东欧及俄罗斯市场。大力培育和壮大出口优势产业和龙头企业，重点支持优质特色农产品、轻工、机电、纺织、建材、高科技、石化等产品扩大出口，带动出口较快增长。加大国外先进技术、关键设备和资源性产品进口，逐步增加进口产品在区内加工的品种和数量，特别要加大进口原油、木材和其他矿产品的本地加工量，提高经济效益[①]。

在乌昌经济区、博乐—阿拉山口、伊宁—霍尔果斯、喀什—阿图什、塔城—巴克图等地和有条件的口岸，建立若干个进出口加工区，强化其转口贸易、保税业务、进出口加工制造、物流、展示批发和商业服务等功能。加强重点口岸基础设施建设，提高通关能力。依托口岸大力发展边境贸易、旅游购物和边民互市贸易。加快合作中心的建设。

---

① 于树一. 中国与中亚国家经贸合作的特征[J]. 俄罗斯中亚东欧研究，2010（9）：30~37.

2. 国家和自治区高度重视中哈经贸合作高层国际论坛，促进新疆经济健康发展。为促进新疆的向西大开放战略顺利实施，2005年，国家特意把上合组织的经贸部长例会和中国—哈经贸合作高层论坛暨中哈企业家理事会放在乌鲁木齐召开，并由国务院领导人亲自到会主持会议。2005年，新疆自己举办的"中哈贸易论坛"在乌鲁木齐市和伊宁市召开，来自中亚五国等国家的经济专家、商业策划咨询机构300多人参加了会议，对目前中哈贸易的发展现状、双方合作趋势、中小企业规避外贸风险和当前中哈贸易存在的问题等进行了深度探讨与交流。

2006年，中哈经贸合作高层论坛暨中哈企业家第三次理事会在乌鲁木齐召开，时任新疆自治区主席司马义·铁力瓦尔地在致辞演讲中强调指出：加强区域合作，谋求共同发展，实现互利共赢，是世界潮流。作为中国参与中亚区域经济合作的前沿省份，新疆与中亚地区各国山水相连，加强双方之间的区域经济合作有着得天独厚的地缘优势。我们愿进一步加深与中亚地区之间的友谊与合作，努力把新疆建设成为中国面向中亚区域合作的平台。

3. 新疆对外区域经济合作的地缘优势正在显现。新疆在中亚地区所起作用的定位可以用"三个区域"和"三个中心"来概括："三个区域"即新疆是中国与泛中亚、中亚的商品及物资的聚集区域，是中亚地区及新疆各类资源的整合区域，是泛中亚地区制造业的后发区域；"三个中心"即新疆是亚欧腹地的交通枢纽中心，是中亚地区服务业的中心，是中亚地区的经济文化交流中心。新疆地处亚欧大陆腹地，与中亚等周边各国在资源、产业、经济技术和市场需求等方面具有差异性和互补性，积极开展与中亚区域经济多方位合作是中西南亚区域共同发展的关键和重要战略举措[1]。

新疆资源十分丰富，资源地位居全国第一。新疆周边邻国拥有15亿人口，新亚欧大陆桥沿线拥有22亿人口。全方位对外开放政策、

---

[1] 王海燕. 中亚五国与中国新疆经济合作的互补性分析 [J]. 东欧中亚市场研究，2002 (2)：31~35.

西部大开发、全面建设小康社会和建设社会主义新农村，作为中国共产党振兴中华民族，缩小东西差距、协调区域经济和实现共同富裕的重大战略决策，为新疆构建和谐社会、参与世界经济，实现经济腾飞创造了重大发展机遇。

随着我国国力的增强和西部大开发的纵深发展，以及中西南亚和俄罗斯经济的振兴，新疆巨大的开发潜力已被世界逐步深度认知，新疆也以后发市场竞争优势吸引世界经济财团的投资。新疆在21世纪建设成为中国向西开放的出口加工基地和国际商贸中心的蓝图，必将成为现实。

据商务部统计数据，自1992年起，新疆对哈出口贸易取代香港跃居首位，2008年新疆与哈国的进出口货物交易更是达到90.71亿美元，占全国对哈贸易总额的51.7%。2007年，《国务院关于进一步加快新疆经济社会发展的若干意见》对新疆的发展提出了四个重点战略，将新疆定位为向西开放的重要门户，是中国内地和周边国家两个13亿人口大市场的结合部。第二座亚欧大陆桥横贯其间，现有17个一类口岸和12个二类口岸，中、吉、哈铁路即将修建。周边国家有着丰富的能源矿产资源，有许多世界级的特大矿床，仅哈国就有成片的金属矿产，这些与中国有很强的经济互补性。新疆作为中国向西开放和开拓中、西、南亚及欧洲市场的重要枢纽和桥头堡，是其他省区不可替代的。

第三节　合作中心建立的战略意义

改革开放以来，中国坚持独立自主的和平外交政策，发展周边睦邻友好关系成绩显著，周边安全环境得到了极大改善。30多年来，中国经济社会发展能够取得举世瞩目的成就，良好的周边环境是一个非常重要的因素。当前，中国经济社会发展进入新的历史阶段，国际环境也发生了新的变化。为了实现四个现代化和全面建设小康社会的宏伟目标,抵御国际政治、经济、军事、文化等领域的各种风险,通过合作中心的建设和发展,加强中国与周边国家的区域合作,具有非常重要的现实意义和战略意义。

一、促进中国与周边国家加强区域合作

(一)建立合作中心是我国地缘政治规划的需要

1. 建立合作中心对我国具有重要的地缘政治意义。从地缘政治角度来看,一个国家对其他国家的影响力特别是战争力量,受距离和通达性两个因素的影响。随着距离的增加和地理通达困难程度的提高,影响力和战争力量的传输过程必然受到磨损和消弱。因此,邻国对本国的地缘作用最大。一个国家邻国的多少、强弱以及它与这些国家关系的好坏都对这个国家的安全有重要影响。一个对你友好并给你带来利益的国家,会由于它是你的邻国而使这种利益倍增;同样地,一个对你不友好并给你带来损失的国家,会由于它是你的邻国而使这种损害也倍增。因而,任何一个国家在制定本国地缘战略时,无不重视周边地区对本国的影响。

中国地处亚洲,是一个发展中大国。中国的发展和稳定需要良好的周边国际环境,中国的发展和稳定同样也是周边发展和稳定的契机和基础。在中国西部面对的中亚地区,良好的周边国家关系可以使中国与中亚国家获得"双赢",收益倍增;反之则对双方都构成损害。从这个意义上讲,中国与哈国共建跨国的中哈霍尔果斯国际边境合作中心,未来创建中亚自由贸易区,进一步加强中国与中亚国家的区域国际合作,扩大政治互信,不仅是中国地缘政治的需要,也是周边中亚国家地缘政治的需要。合作中心加强中国与中亚国家的区域国际合作,消除周边中亚国家对中国经济发展的疑虑,促进中国与中亚各国战略合作伙伴关系取得实质性的进展。

2. 建立合作中心对中哈两国具有特别重要的地缘政治意义。中哈两国有着共同的地缘政治利益,这不仅表现在国家独立、主权和领土完整、边境地区安全等传统安全领域,也体现在合作打击国际恐怖主

义、民族分裂主义、宗教极端主义以及跨国武器贩运、走私、贩毒、有组织犯罪等非传统安全领域。在中哈边界地区建立合作中心，能够促进两国接壤地区长治久安、共同发展和繁荣。

（二）建立合作中心是维护我国国家安全的需要

1. 中哈共建合作中心有利于抵御美国对我国的战略遏制。冷战结束以后，随着俄罗斯国际地位的降低和中国的日益强大，美国把中国作为潜在的对手，在战略上逐步对中国进行遏制，向中国周边国家渗透的步伐随之加快。美国在巩固美日、美韩、美菲、美澳军事同盟关系的基础上，初步形成了对中国东面海上战略遏制的"军事锁链"。同时，美国不断向中国西部周边的中亚国家渗透，对中国的安全亦构成了潜在的威胁。目前，中国周边的中亚国家处于美中、中俄、美俄关系的夹缝之中，希望在美中、中俄、美俄之间建立一种相互制约的平衡机制。中美关系是影响中国与中亚国家关系的最大变量。中美关系呈积极和友好发展态势，会使中国周边的中亚地区安全趋于稳定和良好；如果中美关系摩擦和纠纷增加甚至出现严重对抗，中亚地区脆弱的安全机制将被打破。在这种情况下，中国周边中亚地区的事态的发展取决于地缘政治因素和中美力量对比。中国日益强大的综合国力、与中亚国家的友好关系将使中亚地区的事态向有利于中国的方向发展。从这个意义上讲，中亚五国已经成为中、美战略争夺的重要地区，通过中哈共建霍尔果斯国际边境合作中心，加强中国与中亚国家的区域国际合作，能够在一定程度上抵消美国渗透所带来的威胁。

2. 中哈共建合作中心有利于维护我国和周边国家的社会政治稳定。"冷战"结束以后，全球非传统安全领域的威胁越来越突出。世界各国对非传统安全领域的威胁的重视程度普遍提高，反对恐怖主义的国际合作为中国打击民族分裂势力、暴力恐怖势力、宗教极端势力创造了有利的国际环境。但是，这些恶势力不会在短期内被彻底消灭，他们与国际反华势力相互勾结，在中国周边中西亚国家秘密活动，对中国西部的社会稳定和经济发展构成了严重的威胁。只有加强与中亚国家在非传统安全领域的合作，共同打击"三股势力"、跨国犯罪，才能彻底清除危及国家安全和边疆少数民族地区稳定的恶势力，维护中国社会稳定。

（三）建立合作中心是中哈两国经济加快发展的需要

1. 建立合作中心有利于促进中国经济加快发展。经过改革开放30多年的发展，中国经济体制、经济结构、经济发展方式都发生了巨变。要实现2020年GDP比2000年翻两番的目标，需要保持年均 **7.2%** 的经济增长率，而扩大对外贸易是实现翻两番目标必不可少的条件。经济强国必然是贸易大国，中国出口产品对美国和欧洲市场依赖较强，不仅容易受到西方发达国家经济周期和金融危机的影响，而且在美国和欧洲发达国家以反倾销为借口对中国商品实行贸易壁垒的逆境中，中国经济和中国企业还会受到巨大伤害。通过合作中心加强中国与中亚国家的区域国际合作，扩大中国与中亚国家及独联体国家的贸易，不仅可以通过贸易主体多元化推进中国经济可持续增长，同时也为中亚国家和独联体国家提供了加快发展的机遇和空间，使中亚国家和独联体国家分享中国经济快速发展所带来的好处。合作中心加强中国与中亚国家的区域国际合作，可以从根本上解决中国经济可持续发展中的资源制约问题。加强中哈在油气资源领域的合作，也是我国实施能源市场多元化战略、实现经济可持续发展的主要举措之一。先期在中哈石油管道邻近地区建立合作中心，进而创造条件建立边境自由贸易区，将有利于加速两国边境地区的经济社会发展。

2. 建立合作中心有利于增进中哈经济贸易合作。合作中心具有明显的地缘优势：向西可辐射两个层次，第一层为人口总计约6200万人的中亚五国，第二层为包括独联体国家以及西亚和中东市场；向东可辐射三个层面，第一层为我国西北五省区，第二层为沿海发达省区，第三层为日本和东南亚国家。哈国是中亚地区的大国之一，也是我国在中亚最大的贸易伙伴。以合作中心为依托，可以为中哈两国及第三国企业提供一个更为自由的"一企两地、一企两国"贸易与投资合作环境，有利于在该区域形成资金、商品、信息、服务、人才集聚的高地，形成辐射中亚、西亚、南亚的商品物流集散中心；有利于中哈双方共同吸收外资、扩大就业、增加财政税收，带动两国边境地区经济发展，实现互利共赢；也有利于以双方龙头企业为主体建立规范的进出口加工交易平台，逐步消除中哈进出口贸易中存在的"灰色海关"，为营造中哈经贸新秩序发挥积极作用，成为中哈商贸国际物流的典范。

二、促进新疆跨越式发展和长治久安

建立合作中心推进新疆向西开放战略，促进新疆经济社会跨越式发展和长治久安。

（一）有利于新疆在上合组织框架内成为区域经济合作的示范区

政治安全与经济合作是上合组织未来发展的两个车轮。2003年9月，在北京签署的《上合组织成员国多边经贸合作纲要》，以及随后签署的《〈多边经贸合作纲要〉实施措施计划》，正式启动上合组织区域经济一体化进程。中方建议确立区域经济合作的长远目标，即逐步建立上合组织自由贸易区。鉴于上合组织区域经济合作的现状，能在上合组织框架内在中国新疆与哈国边境地区率先建立合作中心，先行先试，将为建立上合组织区域内自由贸易区积累经验，发挥示范作用。同时也将促使上合组织其他成员国转变观念、实现体制创新、加快融入全球多边贸易体系，由此将极大地推动上合组织区域经济一体化的进程，推进新疆在上合组织框架内发挥国际区域经济合作示范区作用。

（二）有利于新疆在新亚欧大陆桥运营中发挥重要支撑作用

霍尔果斯口岸是我国西部最大的公路口岸，2009年精伊霍铁路已全线贯通。霍尔果斯口岸将与阿拉山口一同成为新亚欧大陆桥的西部双桥头堡；尤其是它比阿拉山口桥头堡运距更短，自然条件更加优越，基础设施更加完善。因此，在霍尔果斯口岸建立合作中心，将使霍尔果斯口岸在新亚欧大陆桥上的战略枢纽作用得到更充分的发挥。同时，随着口岸城市化、工业化、信息化、现代化步伐的加快，霍尔果斯将成为中国西部的国际运输中心、国际物流中心、国际商贸中心、国际旅游中转中心、国际金融服务中心。它不仅对中国新疆和整个西部地区将产生巨大影响，也会使哈国阿拉木图州等边疆地区乃至整个哈国国家及其他中亚国家得到实际利益。因此，加快建设合作中心，对中哈双方及整个亚欧大陆桥沿线国家经贸合作均具有重要的战略意义和深远的历史意义。

（三）有利于新疆全面实施稳疆兴疆、富民固边战略

新疆是我国经济发展水平较低、国家重点扶贫、少数民族聚居的省区之一。新疆伊犁州及霍尔果斯口岸远离国内经济中心，在全国经济发展区域分布中处在明显的边缘地带；但从中亚的地理分布看，中国霍尔果斯口岸则处于中心地带，中亚国家的主要经济中心城市均在合理经济半径之内。在霍尔果斯口岸建成国际合作中心包括进出口加工园区，有利于增强霍尔果斯口岸及周边区域经济吸引力，有利于充分利用"两种资源、两个市场"，通过口岸地区的工业化、城市化和现代化带动伊犁河谷地区乃至整个北疆地区的快速发展；有利于将该口岸发展成为我国西部出口商品批发集散中心，成为中亚地区的迪拜港；有利于提高边境地区人民生活水平，实现稳疆兴疆、富民固边。

（四）有利于吸引我国东部地区富余产能向新疆转移

合作中心配套区主要是为吸引和承接国内产业转移而配套规划建设的区域。配套区位于霍尔果斯口岸现有工业园区内，以配套区为产业发展基地，并赋予相应的优惠政策，将有利于吸引我国内地的纺织、服装、食品、建材、家电等企业转移，即实现内地富余产能的转移，其产品可就近销往哈国等中亚市场；也有利于我国内地企业利用从哈萨克等中亚国家进口的原材料进行深加工，产品复出口或供应国内市场，真正使新疆成为我国利用境外资源、开辟境外市场最便捷的陆路通道。另外，多年来我国内地的纺织、家电、建材、机械等长线生产企业，对哈直接投资的软环境和投资风险心有余悸。在合作中心配套区内投资建厂，既可规避境外直接投资的风险，又可做到生产与销售两头在外，内外循环，实现投资效益的最大化。这种境内关外的体制机制，将吸引我国内地富余产能和大企业向新疆和中亚边境地区转移。

（五）有利于伊犁州全面实施外向型经济可持续发展战略

伊犁州经济环境和气候条件较好，有条件建设成为向中亚国家出口商品和国内外投资的重要地区，建立起独具区域优势的面向中亚及独联体市场的产业集群。一是利用丰富的水土光热资源和水利基地设施，建设面向中亚国家出口的瓜果、农牧产品生产加工基地。二是以清水河经济技术开发区和江苏工业园区为基础，并依托伊犁河谷经济区现有的伊宁市边境经济合作区、伊宁县伊东工业园区、新源县工业园区、察布查尔县伊南工业园区，建成面向中亚国家的工业品出口加工基地。三是充分开发新疆、伊犁河谷和中亚各国的旅游资源，建成中国和中亚各国的跨境旅游基地。四是利用丰富的劳动力资源加强培训，建成面向中亚国家的劳务输出基地。五是积极发展高新技术产业，把伊宁边境经济合作区工业园区、霍尔果斯口岸工业园区、清水河经济技术开发区和兵团霍尔果斯工业园区建成高新技术产品和高新技术的出口加工基地。这些项目和基地建设的顺利实施，都将有力推进伊犁州外向型经济可持续发展。

第四节　合作中心发展的指导思想和基本原则

一、合作中心发展的基本思路

合作中心的发展要以邓小平对外开放理论和"三个代表"重要思想为指导，以科学发展观统领对外开放发展全局，加快改革开放步伐，转变经济发展方式，提高发展质量，充分发挥作为上合组织框架内自由贸易的试验区、示范区作用，增强自身拓展对外开放广度和深度的能力，依托中亚市场和霍尔果斯特殊经济开发区带动伊犁州乃至新疆提高外向型经济水平，提升工业出口加工能力和外向型农牧业产业化程度，不断加强中亚国家和新疆区域合作，不断增强自我发展能力，开创我国、特别是新疆向西开放的新局面，促进新疆跨越式发展和长治久安。

二、合作中心发展的基本原则

（一）平等互利原则

合作中心是建立在中国和哈国两国边境土地上的国际自由贸易区域，无论是中方还是哈方，无论是中、哈双方与中亚其他国家，无论是在合作中心的中方区域还是在哈方区域内，都要坚持遵循国家间的平等互利原则。

（二）优势互补原则

中国和中亚国家，各有自身优势，中亚国家有能源和重工业等产业优势，中国有轻工业和纺织工业等产业优势，合作中心就要通过自身的桥梁、纽带和中转基地的作用，为双方优势互补搭建平台。

（三）市场机制原则

在经济全球化的今天，中国和中亚市场都是世界市场经济的一部分，必须按市场经济规律办事。合作中心在担负中国与中亚五国市场国际合作与交流职能的过程中，应摒弃原双方国家长期实施的计划经济体制的束缚，不能过度依赖双方政府的包办和经济干预，要坚持市场机制原则，开展平等竞争、互惠互利的经济贸易与合作交流活动，使合作中心的各项建设运作和产业经营活动，形成灵活性、机动性、高效性、便捷性的新机制。

（四）合作共赢原则

中国和中亚国家都是发展中国家，在国际关系上是友好邻邦，在国际市场上既是竞争对手，也是合作伙伴。这决定了合作中心在担负中国与中亚五国市场国际合作与交流职能的过程中，一定要维护双方的共同利益，坚持合作共赢原则，以国际法和双方国家的法律为准绳，调节和服务好双方政府和企业之间的利益，使双方在国际合作中都得到快速发展，为将来在更大范围和更广领域合作奠定基础。

（五）生态优先原则

未来世界经济发展的总趋势是人与自然和谐发展的生态经济、绿色经济和低碳经济，维护生态环境已成为人类社会的第一选择。中国和中亚国家在发展经济合作中，既要加快现代工业的发展步伐，促进各国的现代工业化进程，快速提高各国的综合实力；同时又要把生态环境的保护和建设摆在与国家工业化同等重要的战略地位。这决定了合作中心在促进中国与中亚五国经济社会合作与交流事业中，一定要坚持生态优先原则，把合作中心建成绿色经济和低碳经济示范区，使双方在国际合作中都能免受环境污染的危害，为在更大国际范围和更广泛的产业领域建成绿色经济和低碳经济的社会经济新秩序，为人类生态文明作出应有的贡献。

三、合作中心发展的基本方针

（一）坚持在对中亚五国开放中实现合作中心的跨越式发展

要突出提高对外开放和经济发展的质量和效益。把跨越式发展作为第一要务，充分利用合作中心的政策和功能，在对中亚五国全面开放中，通过科学发展逐步解决伊犁和新疆面临的重大社会矛盾和问题。着力转变经济社会发展方式，推进科技进步和创新，调整结构，合理布局，节约资源，保护环境，在推进新疆和中亚五国区域经济合作中，使合作中心切实步入科学发展、和谐发展和跨越式发展的轨道。

（二）坚持在对中亚五国开放中夯实合作中心的长远发展基础

首先要突出搞好已经两国批准的合作中心内的基础设施建设、生态环境建设；抓紧落实搞好合作中心的配套加工区。要立足当前、放眼长远，巩固建设好伊犁现有的奎屯—独山子石化工业园区、霍尔果斯口岸工业园区、清水河江苏工业园区、伊宁边境经济合作区工业园区、伊东工业园区、伊南工业园区、新源工业园区七大工业园区的基础设施重点工程项目，并以这七大工业园区为后方出口加工基地，巩固成果、稳步推进，建设外向型经济体系和环境友好型国际社会，为合作中心充分发挥向中亚市场全方位辐射功能，提供坚实的出口加工产品物资保障。

(三）坚持以合作中心为龙头推进霍尔果斯经济特区外向型经济优先发展

国务院批准建立霍尔果斯特殊经济开发区，为合作中心的发展注入了新的更加强大的助推力。要借助这个东风，加快发展口岸出口加工业，利用合作中心连接中亚市场优势尽快形成规模。在天山北坡经济带、环天山经济圈、乌（鲁木齐）伊（宁）霍（尔果斯）铁路经济带和伊犁河谷经济区选择重点，优先扶持特色优势产业基地加快发展。发挥资源和劳动力等优势，增强自主创新能力，提升整体技术水平、综合竞争力和经济实力。依托合作中心加快培育和发展霍尔果斯口岸有资源、有市场、有效益的特色优势产业，做大、做优、做强口岸外向型经济，带动伊犁河谷经济区外向型经济超常规发展。

（四）坚持以合作中心为动力统筹伊犁河谷区域城乡一体化发展

针对中亚市场需求，霍尔果斯口岸要与伊犁河谷兵地单位密切合作，充分利用合作中心对外开放功能，积极发展现代外向型农牧业，提高农牧业综合生产能力和农牧产品加工增值能力。以深化改革，扩大开放为动力，大力推进农村牧区外向型农牧业产业化，通过加工出口提高农畜产品的附加值，稳定提高农牧民非农产业收入。以劳动力向中亚市场输出为重点，配合伊犁河谷地区加强农村劳动力涉外产业就业创业培训，合理引导人口有序向非农产业、口岸经济区和中亚市场转移，促进城镇化健康发展，加快伊犁河谷经济区城乡一体化进程，破除城乡二元分割的体制障碍。

（五）坚持以实施科教兴边战略保障合作中心的人才基础和智力支撑

合作中心和霍尔果斯口岸要引领伊犁河谷和新疆加快发展外向型经济，必须以人才队伍建设和科技创新为支撑。要坚持实施科教兴边战略，加强教育、科技、卫生、文化和人才开发等社会发展的薄弱环节。认真落实伊犁州教育、科技"十二五"发展规划目标，更加重视优先发展教育科技，提高霍尔果斯口岸劳动者素质，依托伊犁河谷地区大力开发人力资源。加强教育国际交流与合作，为伊犁州开拓中亚市场、发展国际贸易培养大批外经贸人才。通过党政人才、经营管理人才、专业技术人才、社会工作人才、实用技能人才队伍建设，加强民族团结，维护安定团结的政治局面和稳定发展的社会环境，加强边境地区和口岸的公共安全，实现口岸和边境地区跨越式发展和长治久安。

（六）坚持以合作中心体制机制创新为目标深化改革和扩大开放

面对全球经济一体化局势，在加快合作中心和霍尔果斯经济特区的建设中，各级领导干部要进一步解放思想，更新观念，坚持用"杀出一条血路"和敢为天下先的大无畏精神大胆试验，以大开放促进大改革的方式，加快完善市场经济体制，撬动伊犁州超常规跨越式发展。要以市场经济的要求和体制创新的目标着力建设服务政府、责任政府、法治政府。促进国有经济深化改革，大力鼓励和促进非公有制经济加快发展，加快形成有利于转变经济发展方式、促进全面协调可持续发展的口岸运行机制。用新理念、大手笔全力办好合作中心和霍尔果斯经济特区，进一步拓展对内对外开放的广度和深度，创造有利于实施"东联西出，西来东去"向西开放战略，为发展伊犁州和新疆对外经济贸易创造良好的社会人文环境。

第二章 中哈霍尔果斯国际合作中心的建立及其发展现状

第一节 合作中心的筹备与建立

中哈霍尔果斯国际边境合作中心（以下简称合作中心）是建立在中哈两国霍尔果斯口岸的跨境经济贸易区和国际区域合作项目，是我国与其他国家建立的首个国际边境合作中心，也是上合组织框架下区域合作的示范区。

一、最初建立国际边境合作中心构想的提出

2004年3月10日，哈国阿拉木图州副州长塔克诺夫率领项目工作组访问霍尔果斯口岸与中方进行对口会谈时，向中方提交了一份《哈方准备在霍尔果斯口岸与中方合作建立"国际边境合作中心"的构想》（以下简称《构想》），共包括十个方面的内容。

《构想》中提出，哈国和中国依据上合组织的决议开展新时期的边境合作。包括支持和鼓励"各种形式的地区经济合作，促进贸易投资便利化，逐步实现商品、资本、服务和技术的自由流动"。哈国边境地区的发展潜力是由该地区投资环境的特点、开发市场的生产性消

耗成本、过境费用、运输条件以及过境通道和海关的基础设施条件所决定的。所有这些因素决定了哈国必须改变对待边境合作的观念，以提高作为国家和地区社会经济发展整体组成部分的边境区域的经济发展水平。

《构想》中提出了边境合作应优先关注的三个问题：一是边境地区的发展不仅对于提高国家参与世界经济的效益，而且对于加大地区经济的比重都有重大意义；二是边境地区本应具有发展相互间的经济、科技和文化的中介功能，这也是边境地区发展的主要因素之一；三是各边境地区中，那些位于繁忙的边境通道、国际中转运输走廊和保障国际地区合作的交通枢纽附近的地区，具有更为优越的发展条件。

（一）对边境合作现状的分析

《构想》对边境合作现状作了以下八点分析。（1）哈国具有积极促进边境合作的客观要求。（2）基本的合作方向是地区社会与经济相互关联的可持续发展，以及对环境的保护；科工企业、科技合作、运输和旅游部门都得到发展；充分利用促进和保障区域内投资的体制发展双边经济合作。（3）哈国对外经济和国际合作活动的发展激活了中哈边境霍尔果斯口岸的客货运输，成为发展海关和边境基础设施的促进因素。（4）两国边境地区客观上就存在着整顿非组织贸易的必要性。（5）中哈两国都认为有必要加强经常性的边境合作。（6）中国为发展双边经济关系和实施中西部地区大开发计划，提议在霍尔果斯口岸地区创建占地约181平方公里的国际贸易区。这一规划无论是从对外贸易和投资方面，还是从运输、文化和人文的方面来说，都是中亚地区一个规模相当宏大的项目。（7）哈国方面要研究组织该边境地区活动的相应措施。（8）霍尔果斯口岸具有组建边境合作中心的优越条件：它位于国际汽车中转运输走廊上，具有正式的国际地位，其公路的过货量和贸易额大大超出了其他运营中的边境口岸，并且还有中国全年运营的边境城市霍尔果斯与之接壤。

（二）对组建合作中心的有关根据

《构想》中提出，对在霍尔果斯口岸组建边境合作中心的根据主要有：(1)《上合组织成员国多边经贸合作长期纲要》第 1 号决议；(2)《关于确认落实哈国总统 H. A. 纳扎尔巴耶夫 2002 年 12 月 22～25 日对中国进行国事访问期间所达成的协定和协议的措施计划》第 311 号决议；(3) 哈国政府《关于发展哈国国际运输走廊的构想》第 566 号决议；(4) 哈国政府《关于 2004～2005 年度进一步发展多斯特克—阿拉山口国际铁路边境通道、阿克托盖—多斯特克铁路段和科尔加斯国际公路通行口岸的措施》。

(三) 哈中两国发展边境合作的基本原则和方向

《构想》中提出，哈国和中国接壤地区进行边境合作的原则是指：在同中国西部地区的地方政权机关、城市、组织和公民进行双边国际项目和规划的框架下，该地区所有致力于发展和鼓励建立直接的、长远互利联系的各级国家政权机关、地方政权机关、经营主体、社会组织、科学、文化、旅游、医疗机构的协同一致行动的总和。

《构想》中提出，根据这些原则，边境合作应致力于解决如下问题：一是政局的稳定和边境接壤地带和地区的社会、经济全面稳固的发展；二是保障居住和经营活动的安全；三是保护居民的身体健康；四是保护环境、文化遗产，发展旅游业；五是最大可能地提供优惠条件，将私人投资、国家财力和国际项目资金吸引到边境地区；六是发挥国家和私人的积极性，实施互利的跨边境项目；七是最大限度地利用接壤地区的中转运输潜能。

(四) 合作中心的目标

《构想》中提出，创建霍尔果斯国际边境合作中心的目的是拓宽双边的经济关系，扩大同中国的经贸和科技合作。其中包括：贸易和投资问题，规范非组织贸易和边境贸易，符合国际通行规则的标准化、认证和检验检疫问题等内容。

《构想》中提出，霍尔果斯国际边境合作中心的目标是制订实施工业创新政策的规划，包括：获得地区生产专业化所需的新技术和新设备，保障当地专业人才的就业，提高专业技能，同中方研究机构和组织建立新的联系，建立局部的基础设施，解决一些社会经济问题。

《构想》中提出，在国家层面上要达到的目标有：(1) 因哈国将要加入WTO，应协调哈中双边经贸关系，制定共同的运输、海关政策，卫生防疫的规章和标准，在产品质量领域里建立符合国际标准和准则的法律法规，消除贸易中的技术壁垒；（2）通过有目的地扩大生产性技术和设备的进口、安排在中国进行大规模的哈萨克国家采购，来改善双边贸易总额中的不平衡状况；（3）监控自中国进出口以及过境的日用消费品和食品；（4）提供包括认证、一般商品和食品的卫生防疫检验，进出口合同、证书和规格鉴定在内的各类服务，以保障进口到哈国的商品质量；（5）解决医疗问题，发布疫情及高危传染病的扩散警报。

《构想》中提出，在地区层面上要达到的目标有：通过以下方式在霍尔果斯国际边境合作中心创造条件，吸引外商到阿拉木图州进行投资；发展地区的加工工业；扩大农产品的生产能力；促进贸易和旅游业的广泛发展；加快运输走廊、基础设施的建设；开发能源；配置新技术，推进创新项目。

《构想》中提出，解决阿拉木图州的一般性社会、经济问题，改善投资环境；经济一体化和发展出口外向型部门；解决阿拉木图州的就业问题，提高人民生活水平；环保项目和措施；高危传染病和疫病扩散的预警措施；提高国家和地方财政预算的税收收入；改变阿拉木图州目前"吃救济"的状况，使其转变成为"援助者"。

（五）合作中心的任务

《构想》在分析哈国国际关系现状的基础上，提出了国家间关系方面的合作任务，包括发展过境运输走廊；加快通行口岸、公路边境通道的建设等12项。提出了边境地区协同活动的合作任务，跨国境的经济规划和投资项目；边境贸易；共同组织和举办集市等13项任务。提出了共同的文化、旅游和生态观方面等9项任务。

（六）合作中心的实现机制和法律法规基础

《构想》提出：实施机制乃是一系列政策措施的总和，其中包括作为国家规划的内部政策，用法律法规确立下来的国家特别扶持措施，以及与现行的法律制度、解决边境合作和毗邻地区发展问题的双边国际协定相适应的其他措施：一是提出了3项首要措施；二是制定和通过调解边境合作问题的6项准则和法规；三是制订和通过哈国支持与中国接壤的边境地区发展社会经济的规划。

（七）合作中心的运行结构

《构想》提出，霍尔果斯国际边境合作中心是阿拉木图州潘菲洛夫区边境地带的现代化国际贸易运输枢纽，它由以下几部分组成：(1) 霍尔果斯陆路口岸，包括集市贸易区、提供包括临时保管仓库在内的多种服务的物流运输港、连通相邻中国境内的霍尔果斯城市口岸的走廊，以便中哈两国的货物和公民能够在中哈贸易区内自由来往。(2) 商务管理、文化和生活居住区，包括：商务中心；银行和保险公司的办公室；行政管理人员的办公场所和外国公司、客户的办公室；贸易和旅游公司代表处；文化区，包括风情园和旅馆。

（八）合作中心管理局

《构想》提出：哈方的霍尔果斯国际边境合作中心管理局是由阿拉木图州地方长官按照政府的决定创办的"国家检查站"形式的法人机构，负责管理"中心"哈方一侧的领土；管理局是哈国国家政权机关在霍尔果斯国际边境合作中心的代表；在与中方共同组建的管理机构中，管理局代表哈地方执行机构；管理局参与霍尔果斯国际边境合作中心项目；管理局根据《构想》的有关原则和哈国的法律法规，保障和协调霍尔果斯国际边境合作中心项目参与者的活动；审核已在霍尔果斯国际边境合作中心边境合作规划中标示出来的双边合作项目；在霍尔果斯国际边境合作中心地区安置所有进行业务活动所必需的国家职能部门和私人事务部门；霍尔果斯国际边境合作中心按照国际贸易通行的标准和"中心"批准通过的规则运行。

《构想》提出了建立管理局的原则是：在两国通过的协定、条例和规定的基础上，通过组建联合工作机构来建立具有国际水平的中心管理局。

（九）合作中心的发展阶段

《构想》提出，第一阶段（2004～2006年）：建立法律法规，举行相邻国家的政府代表间双边或多边的会谈，就以下问题进行协商：(1) 有关边境贸易和边境地区功能定位的法律法规；(2) 同具体的相邻边境地区进行边境贸易和边境合作的发展纲要；(3) 在发展边境合作和睦邻友好关系的框架下发展边境地区和建立相应的贸易基础设施的先后顺序及大概期限。

第二阶段（2007~2008年）：按照第一阶段工作中研究制订出的规划和项目实施基本的投资和组织措施；规划霍尔果斯国际边境合作中心建设用地，编制项目预算草案；开始建设霍尔果斯国际边境合作中心和霍尔果斯口岸基础设施。

（十）合作中心的资金来源

《构想》提出：国家一级和地方一级的预算资金，国债，国家担保下的非国家债券，外国和本国的直接投资，国际金融组织和援助国的赠款。

二、中哈两国政府的协商与决策

2004年9月24日，哈国总统纳扎尔巴耶夫访问伊犁，期间中哈两国政府在伊宁市签署了《关于建立中哈霍尔果斯国际边境合作中心的框架协议》。

2005年7月4日，胡锦涛主席参加上合组织阿斯塔纳峰会期间，商务部和哈国工贸部代表两国政府在阿斯塔纳正式签订了《中国与哈国关于中哈霍尔果斯国际边境合作中心活动管理的协定》，中哈两国将中哈霍尔果斯国际边境合作中心项目视作两国间又一重大经贸项目写入《中国和哈国关于建立和发展战略伙伴关系的联合声明》。

三、合作中心的成立

2006年3月17日，国务院下发《国务院关于中国—哈国霍尔果斯国际边境合作中心有关问题的批复》（国函〔2006〕15号），对合作中心及其配套区的功能定位、优惠政策等方面作了明确指示。其中中方区域3.43平方公里，主要功能是贸易洽谈、商品展示和销售、仓储运输、宾馆饭店、商业服务设施、金融服务、举办各类区域性国际经贸洽谈会等；与此同时，国务院批复同意在中心以南1公里处建立中方配套区域，作为支撑中心发展的产业基地，配套区域规划面积为9.73平方公里，主要功能为：出口加工、保税物流、仓储运输。这标志着中哈霍尔果斯国际边境合作中心的正式成立。

（一）中哈霍尔果斯国际边境合作中心的含义

中国和哈国在霍尔果斯口岸建立的中哈霍尔果斯国际边境合作中心（以下简称合作中心），是上合组织运行机制的产物，是中国和哈国扩大对外开放，加强国际合作的一种新模式新成果，是具有中国特色的发展中国家之间区域经济合作的新模式。

合作中心可以定义为：中哈两国政府为了整合被边境分割的某种优势条件而在边境地区开展的一种跨国经济合作模式，是在区域经济一体化进程中，建立自由贸易区条件尚不成熟情况下，所采取的一种低级形式的区域经济合作过渡性的制度安排。在霍尔果斯口岸选择跨国经济合作方式，是适应经济全球化区域经济一体化的一种优化选择。

（二）中哈霍尔果斯国际边境合作中心的性质和特点

合作中心既然是一种低级形式的区域经济合作替代性的制度安排，它的根本性质就是边境跨国经济合作模式。其基本特点有：

1. 合作中心是在两国边境地区开展的一种跨国经济合作方式。合作中心这种跨国经济合作在尊重两国主权独立、领土完整和法定边界有效的基础上，承认各方有关政策和体制的差异性，通过双边的共同协作开发，形成有利于经济发展的条件和优势资源。合作中心的跨国经济合作虽然在边境地区开展，但并不仅限于边境地区的资源潜在优势，这种合作模式的一个显著特点是有利于发展资源的互补优势。因此，这是一种有纵深的国际经济合作模式，其辐射作用可以延伸到两国的内地广大地区。

2. 合作中心是两国地缘经济系统中的基层区域间经济合作形式。哈国际合作中心不同于自由贸易区、关税同盟、共同市场等严格的国际经济一体化组织形式，它是在承认双方在制度、体制、政策等方面存在差异的情况下求同存异、尽可能谋求协调行动的合作形式。国际边境经济合作中心不涵盖两个以上国家的其他地区，而是仅涉及具有潜在优势资源的边境地区，因此属于地缘经济系统中的基层地域的经济合作形式。同时，国际边境经济合作中心需要经过中央政府授权，以中央或者地方政府为主体开展的灵活、机动的国际经济合作区域和合作框架。

3. 合作中心是属于自由贸易区之前的一种低级经济合作形式。合作中心边境经济合作模式在合作初期不涉及关税和自由贸易，其重点是围绕潜在优势资源的基础设施建设以及边境地区软硬件的整备和协调，通过形成顺畅的跨国交通、通信等基础设施和便捷的通关环境，使被分割的资源优势整合起来，带动本地区的经济发展。当这种跨国经济合作发展到一定阶段以后，可以探讨两国关税减让和自由贸易问题。从这个意义上讲，如果把经济一体化看作是一个发展的链条，合作中心是属于自由贸易区之前的一种低级国际边境经济合作形式。

4. 合作中心则是一种符合中国特色的国际经济合作模式。我国周边国家环境比较复杂，大多数属于发展中国家，直接建立自由贸易区的可能性很小。为了实施"走出去"战略，使周边国家分享中国经济发展所带来的机遇和成果，需要采取合作中心这种有效的方式加强与周边国家的区域经济合作。另外，区域经济合作从来都不是单方面的，需要有共同的基础和对双方都有利的价值。在我国与周边国家开展的区域经济合作中，贸易投资自由化并不是短期能够实现的目标，现实的区域经济合作目标是较低层次的目标，主要包括基础设施建设与衔接、消除贫困、经济增长、贸易投资的便利化等。因此，合作中心边境跨国经济合作模式，是一种符合我国与周边国家国情的初级区域经济合作模式，这种国际合作模式不仅有利于在边境地区深入挖掘潜在的区位优势、资源优势和产业优势，而且也遵循了 WTO 的有关规定。

5. 合作中心是发展中国家可以借鉴的一种国际经济合作模式。中国与哈国在共建跨国经济合作中心方面完全具备了这种条件和双赢的发展前景，如果实验成功，可以为国际社会提供边境跨国经济合作的范例。从发展中国家的角度来看，这种模式具有广泛的实用性。发展中国家可以借鉴合作中心这种模式，扩大与周边国家的边境跨国经济合作，挖掘经济互补性潜力和资源优势，促进周边国家的共同发展和构建和谐世界。

四、合作中心政策及特点

（一）合作中心的管理模式

（1）"一关两检"等进出境查验机构退至合作中心入口处，进行"二线"管理，边境线不设立查验机构；（2）中哈两国公民、第三国公民及货物、车辆可以在合作中心内跨境自由流动，可免签在中心内停留30天；（3）合作中心中哈双方区域全部实行封闭管理，由横跨中哈两国的通道相连形成一个整体；（4）合作中心各自一侧受本国的司法管辖，适用本国现行法律及有关国际条约和中哈协议；（5）合作中心区域内的货物及服务贸易项下的资金支付和转移，遵循经常项目可自由兑换的原则办理，中心双方区域内设立的银行或其他机构据本国法律提供现钞兑换服务。

（二）国务院赋予合作中心的优惠政策

（1）由国内进入中心的基础方面设施建设物资和中心内企业自用设备，按照出口贸易政策，予以退税；（2）企业从哈方进口基础设施建设物资和区内设施自用设备进入合作中心中方区域，按照保税区政策，免征关税及进口环节增值税；（3）从合作中心进入中方境内的货物按一般贸易税收管理规定照章征收关税和进口环节增值税；（4）旅客从合作中心进入中方境内的，每人每日一次可携带8000元人民币的免税物品。

（三）国务院赋予合作中心配套区优惠政策

境外货物入区保税；货物出区进入境内按货物进口的有关规定办理报关手续；境内区外货物入区视同出口，办理出口报关手续，实行退税；区内企业之间的货物交易不征收增值税和消费税。

（四）合作中心及配套区的特点

按照中哈两国达成的管理协定及国务院对合作中心的批复，合作中心及配套区具有以下特点。（1）从空间形态看，具有"一个中心、跨境合建，依托中心、各自配套，中心配套、连为一体"的特点。
(2)从功能定位看，合作中心是对中国海关特殊监管区域的进一步改革。目前国内其他海关特殊监管区功能较为单一，不允许开展宾馆、饭店、旅游等服务业，也就无法为海关特殊监管区带来人流，而合作中心的功能更加完善，可以说是国家改革开放的又一次积极尝试。
(3)从管理模式看，合作中心已经具备了建设自由贸易区的基础条件。虽然中哈两国签订的管理协定尚未涉及相互减免关税等自由贸易区的实质性条款，但合作中心内人员、货物、车辆可以自由跨境流动，在这个区域内，就没有了关税及非关税壁垒，所以合作中心已具备建设区域性自由贸易区的基础条件。(4)从优惠政策看，合作中心具有明显比较优势。合作中心配套区则集合了我国现行保税区和出口加工区的核心政策，可以说是我国现行对外开放程度最高的区域之一。

综上所述，合作中心不是我国现有的海关特殊监管区域，而应该说是我国着眼于开拓中亚市场、深化改革开放的新"特区"。

第二节　围绕合作中心发展口岸经济和产业基础

一、霍尔果斯口岸工业园区的开发建设初具规模

（一）霍尔果斯口岸工业园区成为国际边境合作中心配套区

为了充分发挥地处"两种资源，两个市场"结合点的口岸工业园区优势，建设面向中亚市场进出口商品加工基地，经国务院批准，已将霍尔果斯口岸工业园作为中哈霍尔果斯国际边境合作中心，中方配套区域和产业发展基地，主要开展进出口加工业和物流仓储。该配套区域可比照珠澳跨境工业区珠海园区的税收、外汇政策、功能定位和管理模式执行。国家对配套区的政策是：境外货物入区保税；货物出区进入境内按货物进口的有关规定办理报关手续；境内区外货物入区视同出口，办理出口报关手续，实行退税；区内企业之间的货物交易

不征收增值税和消费税。由于该配套区实行了现行保税区和进出口加工区相叠加的政策，有力推动了园区的建设和发展。目前，已规划形成皮革加工、能源及建材加工、食品加工、电子产品和纺织服装加工"五大"出口加工功能区域。到"十二五"末，霍尔果斯口岸工业园区已建成我国"西出口"最具活力的进出口加工基地。

霍尔果斯口岸工业园区位于霍尔果斯口岸西南部，中哈合作中心B区，规划面积9.73平方公里，距城区2.5公里。工业园区于2002年10月启动，截至目前，已投入7000多万元，完成了工业园区9.73平方公里中首期6.4平方公里的基础设施建设，修建道路9.5万平方米，供水管网5.65公里，排水管网9.57公里，供电线路11公里、通讯光缆4.7公里、绿化71 576平方米，实现了园区的"五通一平"（道路、供水、排水、供电、通信通畅，园区内土地平整）建设。

（二）霍尔果斯口岸工业园区产业规划布局

口岸坚持"工业强经"的方针，围绕做大做强工业园区，增加产业聚集效应。同时，加大政府的引导服务职能，对工业园区进行产业布局的科学规划，按照"一区多园"的不同产业聚集的发展战略，结合中哈霍尔果斯国际边境合作中心B区的发展规划，重点建设皮革加工区、建材加工区、食品加工区、机电产品加工区、纺织服装及轻工产品加工区五大园区。

1. 皮革加工区。在B1区A号路以南、1号路以西、C号路以北的区域内，以建成的霍尔果斯皮革有限公司为龙头，以中亚及周边广大地区为皮张原料基地，用3~5年时间在B1区内形成制革、皮革服装、皮手套、皮鞋、明胶、高蛋白饲料、皮革化工等制革及皮革制品的皮革加工区，年加工牛、羊、猪皮1200万张，年产值达10亿元。该小区规划面积为2.43平方公里。

2. 建材加工区。充分利用哈方及周边国家的建材消费市场，在B1区域内，形成涂料、油漆、防火材料、保温材料、装饰材料、卫浴洁具、铝塑复合板材、铝塑墙体材料、塑钢门窗等建材产品加工区。该小区规划面积为1.5平方公里。

3. 食品加工区。哈国及周边国家每年经霍尔果斯口岸大量进口方便面、辣椒酱、番茄酱、酵母等食品，市场前景十分广阔，在 B1 区规划区域内建设年产 1500 吨的辣椒酱厂、200 万箱的方便面厂、1000 吨的酵母厂及其他食品厂，形成食品加工区。该小区规划面积为 2 平方公里。

4. 机电产品加工区。在该区域内形成：以彩色电视、电冰箱（柜）、洗衣机、音响、电子元器件、开关（柜）及保护元器件为主，逐步发展计算机、网络产品等 IT 产业的电子产品加工区。该小区规划面积为 1.5 平方公里。

5. 纺织服装及轻工产品加工区。在该区域内形成：以休闲服装、衬衣、内衣、童装、袜子、运动服、家用纺织品、服装饰品、服装附件等为主，逐步向名牌、精品过渡的服装及轻工产品加工区。该小区规划面积为 2.3 平方公里。

（三）霍尔果斯口岸工业园区开发和招商引资取得成功

"十一五"期间，工业园区落户企业 30 多家，总投资达 5 亿元，涉及农副产品加工、纺织、电子、化工、物流、商贸、建材等，安置就业人数达到 2000 多人。2002 年至 2005 年 10 月工业园区入驻企业累计完成工业总产值 9.08 亿元。口岸进一步加大了工业园区的基础设施建设投入，完善了绿化、亮化、美化工程，使"生地"变成"熟地"，"毛地"变成"俏地"，实施超常规建设和招商引资战略，培育加快发展的新载体。同时，以原材料加工业为基础，依托国内外两个市场、两种资源，发展产品深加工项目。制定分步实施的产业化发展战略，重点培育支柱产业，大力开展招商引资工作。

（四）霍尔果斯口岸工业经济整体实力稳步增强

霍尔果斯口岸充分依托合作中心产业定位，进一步加快推进了专业园区建设。2010 年，通过财政启动、企业垫资等方式共投入 1.2 亿元，完成口岸工业园区基础设施配套面积 6 平方公里。当年又有泰克图建材有限公司、金木国际物流有限公司、九鼎隆贸易有限公司等 14 家公司在口岸注册，总投资额达 1 亿多元。经过积极争取资金和政策支持，建立专业园区，投资 2400 万元的轻纺工业园一期工程已投入使用。以海鑫袜业、曼莎针织、德祥工贸、欣宇袜业和三合工贸为主体的纺织业已初步形成产业集聚效应。园区入驻企业共计29家，累计投资9.1亿元，2010年实现工业总产值8000万元，完成工业增加值2000万元。今后，霍尔果斯工业园区将依托合作中心的辐射能力，形成皮革、建材、食品、纺织服装、轻工产品、电子产品等进出口加工业，将霍尔果斯口岸打造成全疆最大的进出口加工基地。

二、霍尔果斯口岸商贸物流业平台建设和经营产能全面提升

2006年至2010年的短短5年时间里，霍尔果斯口岸繁盛的边贸经济吸引了一大批国内外企业入驻，最有影响力的霍尔果斯中央商务区、霍尔果斯国际客服中心和霍尔果斯互市贸易中心三大项目已经成为开发建设合作中心和拉动霍尔果斯口岸经济发展的三驾马车，进一步提升了霍尔果斯口岸商贸物流业平台建设、基础设施规模和产业经营能力。

（一）霍尔果斯国际商贸中心成功开业运营

霍尔果斯口岸中央商务区一期项目——霍尔果斯国际商贸中心，于2005年8月开工建设，投资8000万元，建设面积2.5万平方米，2007年7月7日正式投入使用。这标志着中哈霍尔果斯国际边境合作中心各项建设进入全面实施阶段。霍尔果斯中央商务区是霍尔果斯口岸第一家开工并第一家开业的项目，该项目由伊犁欣德置业有限责任公司投资建设，占地152.09亩，总投资额3.55亿元，分三期建设完成。主要区域划分为：欣德文化广场、国际商贸中心、国际商务会所、国际边贸中心、国际商务中心、餐饮休闲服务中心、公寓住宅等。霍尔果斯口岸中央商务区的规划项目有：国际商贸中心、国际边贸中心、国际商务中心、中国机械设备展销中心、大型停车场、中高档住宅。霍尔果斯口岸国际商贸中心的开业，标志着口岸由过去的小边贸走向规模化、产业化，标志着合作中心的各项建设全部拉开序幕。

（二）霍尔果斯国际客服中心的开业提升口岸外贸综合服务水平

1. 霍尔果斯国际客服中心在霍尔果斯口岸搭建了新疆第一座国际化物流平台。该项目由新疆竞天投资有限公司投资建设，建设总面积

14万平方米，项目总投资1.65亿元人民币，建设期为三年。国际客服中心项目整体规划大致分为4个功能区，即涉外客商集散区、国际班车停泊及货物加工整理装卸区、商务会展及商务洽谈区、休闲娱乐区。项目建设分三期，历时3~5年建设完成。一期规划建筑面积45 000平方米，计划投资5800万元，主要包括客服中心主楼、分拣车间、保鲜库及配套设施；二期规划建筑面积50 000平方米，计划投资7250万元，主要包括国际会展中心和宾馆；三期规划建筑面积40 000平方米，计划投资3500万元。

国际客服中心主楼区共有110余间商铺，为广大商家提供了广阔的财富发展空间。同时，国际客服中心另建有9852.3平方米的海关监管库专供存放进出口货物和停靠国际、国内客货车辆，为满足水果、蔬菜等保鲜食品进出口需要。

2. 霍尔果斯国际客服中心的建立和运营将转变中亚贸易方式。物流业已经成为霍尔果斯口岸外贸经济的支柱产业。霍尔果斯口岸自开关以来，贸易方式和通关方式就非常分散，没有抗风险能力，商业信誉难以建立；口岸的硬件设施和政府管理都极不规范，是一种地摊贸易方式。在中外双方政府和企业在开展贸易过程中，最担心的是对方的商业信誉和贸易安全问题。霍尔果斯国际客服中心的建立和运营为早日实现中亚贸易规范化的目标，让越来越多的外贸企业向WTO规则看齐提供了可能。

3. 国际客服中心引领中亚贸易规范化。霍尔果斯国际客服中心一期项目已投入使用，内部设立了停车场、海关监管点、商品分类市场、恒温保鲜库、会展中心等配套商业设施，是一个可进行商品储藏、运输、展示、交易、包装的综合性专业外贸物流平台。国际客服中心220多米长的三层主楼内设有海关监管点、检验检疫部门的办公室、高达22米且全部自然采光的会展中心、货场24小时安全监控室、有14个温控探头的冷藏室。为了达到国际物流标准，在口岸打造一个真正的中亚贸易物流平台。国际客服中心的建立为国内外贸商人搭建了一个现代化、规范化的国际物流平台，改变了霍尔果斯口岸以往那种分散的、不规范的通关方式，规范了外贸企业的贸易方式，极大地方便了相关政府部门的管理，让中亚贸易的通关环节更加畅通、更加便捷，对提升霍尔果斯口岸外贸综合服务水平将起到决定性作用。

4. 客服中心开一站式外贸服务的先河。霍尔果斯口岸国际客服中心是口岸的首家国际客服中心，除了硬件条件完善便捷外，服务理念也向国际化水准靠近。根据服务对象和服务项目国际化的要求，在国际客服中心内设立了导游导购服务、中亚诸国投资政策和商品信息咨询、商务会展、翻译及休闲娱乐等服务项目，突出商品集散信息平台建设，建立高水准的商务洽谈、电子商务平台设施，正在建成高层次、规范化、适应现代商品流通要求的服务基地，并与中哈霍尔果斯国际边境合作中心、中央商务区、国际物流中心的定位保持互补和差异，以满足旅客"最需要"和"最缺少"的服务。霍尔果斯口岸各部门与主办企业密切合作，把国际客服中心打造成为新疆乃至西北最大的国际旅客集散地和中亚财富的汇聚地。

（三）霍尔果斯互市贸易中心创建了边境贸易新模式

中国第一个欧亚自由贸易港——霍尔果斯互市贸易中心，于 2006 年 10 月 1 日竣工投入使用，2006 年 11 月 15 日经乌鲁木齐海关确定为海关临时监管仓库。边民互市批发点及国际会展中心已于 2007 年 8 月开业经营。

1. 霍尔果斯互市贸易中心的规模与功能。霍尔果斯互市贸易中心位于霍尔果斯口岸临近国门的中央地段，西靠哈国。这是中哈乃至中国和中亚第一个真正实现贸易自由化、便利化、国际化的边境互市贸易中心。互市贸易中的宗旨以高品质的服务为本，依托霍尔果斯口岸地缘优势、依托专业的商场管理和先进完备的配套设施，精心创建对中亚地区富有强劲辐射效应和高速互动效应的现代边贸交易展示平台。

2. 霍尔果斯互市贸易中心对合作中心发展的重要价值。霍尔果斯互市贸易中心建设分为两个阶段：第一阶段，以哈国和中亚其他国家的需求为导向，以合作中心和霍尔果斯经济特区的特殊优惠政策为优势，以口岸出口加工区和强大的"中国制造"为依托，以现代化的、国际化的交易场所和设施为平台，以阿拉木图为伙伴，在传统大批发基础上，开辟边境口岸大零售渠道，为中亚消费者提供真正代表"中国制造"水平的优质产品；第二阶段，在启动口岸国家零售业务的同时，霍尔果斯互市贸易中心建设的国际电子商务平台、国际招投标和订单采购平台，直接对接建材设备、机电、汽配、成套设备等"中国制造"厂家和中亚集团采购商以及国家采购，用独一无二的模式为霍尔果斯互市贸易中心注入可持续发展的后劲。

3. 霍尔果斯互市贸易中心对合作中心发展的重要作用和前景。霍尔果斯互市贸易中心的实质化建设发展，立足国门依托于国内和国外的"两种资源，两个市场"。从国内资源方面看，霍尔果斯互市贸易中心，是中国产品西行中亚的窗口和通道。中国是一个产品生产大国，尤其以轻工业产品生产极为丰富。产品种类多、数量大，在满足国内市场需求的同时有着非常迫切的向外扩展需求。长期以来受各方因素的影响，美洲、欧洲成为"中国制造"的重要消化市场。

霍尔果斯互市贸易中心致力于打造对内面向中国制造企业，对外面向中亚需求市场的双向窗口功能。霍尔果斯互市贸易中心把中国产品和中亚客流紧密连接起来；互市贸易中心对内为中国制造企业和销售企业提供中亚市场需求信息和直接的采购招标，并以国际会展中心为依托，建成面对外商的企业产品展销渠道；互市贸易中心对外与国外各大专业批发市场和大型零售机构建立"国际商业企业联盟"，抓住国外市场的需求源头，并把这些需求直接嫁接到中国产品的生产环节上去，建立以日常需求采购为导向、大宗批发为主体的贸易平台。

三、会展业助推国际国内两大市场聚集合作中心

中哈国际边境合作中心成立后，霍尔果斯口岸在自治区、伊犁州政府的大力支持下，通过开展会展业现代宣传方式，全面、连续不断地向国内外推介中哈国际边境合作中心和霍尔果斯口岸的政策优势和发展前景，产生了良好的宣传效果。

（一）中亚投资论坛为研讨霍尔果斯口岸发展战略搭建平台

2006年9月26日至28日，"2006中亚投资论坛"在乌鲁木齐市

和霍尔果斯口岸召开。论坛以分享中亚市场信息，把握中亚投资商机，寻求从民间到企业以及政府间的全方位的合作，将双边合作与多边合作集合起来，促进区域经贸发展为目的。本届论坛主题是：我们的机会——中亚投资贸易发展趋势；我们的机遇——中哈国际边境合作中心投资新动力。本届论坛由伊犁州政府、霍尔果斯口岸管委会、《新疆经济报》主办，新疆经济报社、都市消费晨报社、伊犁欣德置业有限责任公司、新疆欣文联播网络有限公司承办。国内外政府官员和来自哈国、塔国、吉国等中亚各国的经济学专家及本土外贸企业负责人出席论坛。"中亚市场的投资机遇"、"中亚百姓的消费趋势"、"中亚贸易中存在的焦点问题及应对措施"等政府及企业关注的话题，成为代表谈论热点。本届论坛以特别报告和演讲形式开展，核心议题从多角度、多方面切入，对促进中国和中亚各国市场对接、搭建物流信息平台以及中国在中亚投资具有重要意义。

（二）霍尔果斯出口商品交易会促进了中哈边境贸易大发展

1. 成功举办首次中国—哈国（霍尔果斯）出口商品交易会。2007年9月12~14日，由霍尔果斯口岸管委会联手新疆国际博览中心举办的首次中国—哈国（霍尔果斯）出口商品交易会，在霍尔果斯口岸与霍尔果斯互市贸易中心开业同期举行。3000余名哈国官员及商界人士参会，200多家区内外企业到会参展、洽谈，签约金额达4亿美元以上。交易会上，霍尔果斯口岸分别与哈国塔迪库尔干市、哈国上合组织实业家委员会、潘菲洛夫区签订了加强经贸合作的协议。

2. 成功举办了第二次霍尔果斯国际出口商品交易会。2008年9月11日至9月13日，由霍尔果斯口岸管理委员会主办，哈国国家工商会、新疆生产建设兵团进出口商会、新疆维吾尔自治区钢铁行业协会、新疆维吾尔自治区建筑材料行业协会、新疆五交化机电行业协会、霍尔果斯互市贸易中心协办，新疆国际博览中心、霍尔果斯互市贸易中心承办的第二次霍尔果斯国际出口商品交易会，在新疆霍尔果斯国际会展中心隆重举行。这次国际出口商品交易会进一步推动了上合组织区域经济一体化进程，激活了霍尔果斯口岸自由贸易优势，为中国与中亚国家的企业搭建了直接的洽谈、贸易平台。

3. 成功举办了第三次霍尔果斯国际出口商品交易会。2010年10月13日至10月15日，由中国国际贸易促进委员会新疆分会、新疆生产建设兵团商务局、新疆生产建设兵团经济技术协作办公室、新疆生产建设兵团工商业联合会、霍尔果斯口岸管理委员会主办，由哈国国家工商会、中哈合作交流办公室、新疆生产建设兵团进出口商会、霍尔果斯互市贸易中心协办，由新疆国际博览中心承办的第三次霍尔果斯国际出口商品交易会，在新疆霍尔果斯国际会展中心隆重举行。

（三）霍尔果斯国际旅游节的开办提高了合作中心在国际旅游中的地位

1. 成功举办了首届霍尔果斯国际旅游节。2009年6月18日，新疆霍尔果斯国际旅游节在口岸欣德广场正式拉开帷幕。悠久的丝路文化，中国第一个国际边境合作中心，神秘的边境旅游，琳琅满目的异域商品……吸引了八方来客。特色涉外旅游已成为霍尔果斯口岸发展的一个新支点。

中哈两国元首促成的国际合作中心，以"一区跨两国"的独特形式吸引了中外游客的眼球。中哈霍尔果斯国际边境合作中心的建设，为实现中哈公民一日游创造了有利条件。霍尔果斯口岸正在力争实现中方公民免签赴哈旅游，开辟国内外游客过境旅游渠道，形成以中哈边境跨国游、边贸购物考察游为主要内容的涉外旅游。在霍尔果斯国际旅游商品城，开始销售来自中亚五国、俄罗斯和西亚国家的香水、俄罗斯套娃、巧克力等国外商品，还有伊犁河谷等地的薰衣草精油、绿色农产品、新疆民族特色纪念品等[①]。千余名嘉宾在霍尔果斯国际旅游商品城里掀起"国门购物"的热潮。上百个展位吸引了来自哈国阿拉木图州、潘菲洛夫区政府领导和海外国际旅行社、中青旅等多家旅行社的嘉宾和边境群众。在旅游节期间，到霍尔果斯口岸国门、界碑进行观光旅游的人络绎不绝，尤其是在国门前开展的集爱国主义和社会主义荣辱观教育为一体的国门教育活动备受游客欢迎。

霍尔果斯国际旅游节呈现四个特点。一是进一步明确霍尔果斯旅

---

① 刘峰. 中国西部旅游发展战略研究[M]. 北京：中国旅游出版社，2001：124~125.

游业的发展定位。通过此次旅游节的成功举办，霍尔果斯旅游业的发展将以合作中心为带动点，将口岸打造成为新疆旅游产业的新兴旅游特区。二是达到了合作交流的效果。邀请了哈国贵宾、自治区、自治州内外相关单位的领导和嘉宾、各新闻媒体 500 余人参加了节日活动，当日吸引各旅行社代表及游客近千人参加了各项活动。三是达到提升旅游品牌、拓展旅游市场的功效。旅游节成功推出霍尔果斯国际旅游商品城，引进了国内外一批具有特色的旅游纪念品、旅游产品参会，展商达 300 余家。国际旅客服务中心的正式开业，推出国门景点、合作中心景区等旅游项目，标志着口岸区域旅游市场走入了正规。四是成功举办了上合园旅游项目策划方案报告会，邀请国内著名的策划公司专家对"上合园规划"项目总体规划进行了交流论证，为"上合园"旅游项目尽早实施奠定了基础。

2. 成功举办了首届新疆伊犁天马之乡国际旅游节"走进霍尔果斯系列旅游活动"。2009 年 6 月 18 日，自治区旅游局、伊犁哈萨克自治州政府联合举办了 2009 首届新疆伊犁天马之乡国际旅游节："可克达拉改变了模样——霍尔果斯口岸边境旅游系列活动"。在"走进霍尔果斯系列旅游活动"期间，举办了旅游产品展示交易会，邀请了中亚国家和地区旅游企业前来参展并商谈项目；边境旅游商品展示展销会，主要展销中亚国家和地区外贸产品、土特产等；中亚民俗风情文化演艺活动，邀请国内知名老艺术家参加；参观口岸国门、中哈边境国际合作中心、霍尔果斯国际商品城、可克达拉风情园景观等景区景点。

第三节　合作中心的开发建设和发展状况

一、中哈两国政府对合作中心的制度安排和管理模式的确定

（一）合作中心是中央支持新疆向西开放的新创举

生产要素全球化配置是因世界各国自然资源禀赋不均决定的，实

践同样证明经济全球化将极大地提高一个国家的经济和居民的生活水平。因此全球化与地区经济一体化是无法逆转的现实。合作中心就是在全球化进程加快、地区经济一体化的大背景下产生，并得到中哈两国元首高位推动顺利诞生的新生事物。

合作中心是上合组织稳步推进经贸合作的最新成果。从长远看，有利于促进中亚区域经济一体化和投资贸易便利化，有利于伊犁州乃至新疆对外开放的观念变革、体制创新、创造良好的建设与投资环境。中哈两国双边经贸关系的规模与水平明显高于中国与其他中亚国家。合作中心作为中哈两国继中哈石油管道后又一重要项目写入《中国和哈国关于建立和发展战略伙伴关系的联合声明》（以下简称《声明》）。《声明》表示要加快落实霍尔果斯国际边境合作中心的建设并尽快投入运行。因此，合作中心属于中哈两国经贸合作领域的重要项目，是中哈两国站在地区经济一体化的历史高度，为促进中哈两国经贸合作与交流而共同建设的国家项目。同时也是新疆积极争取国家优惠政策全面推进改革开放的新创举。

（二）合作中心的功能定位和优惠政策

1. 合作中心功能定位与管理模式。按照中哈两国签署的管理协定及国务院批复（国函〔2006〕15号），合作中心建立在中哈国界线两侧毗邻接壤区域，紧邻中哈霍尔果斯口岸的跨境经济贸易区和投资合作中心，中心实行封闭式管理。按照中哈两国签署的合作中心管理协定，合作中心主要管理模式为："一关两检"等进出境查验机构退至合作中心入口处，进行"二线"管理，边境线不设立查验机构；中哈两国公民、第三国公民及货物、车辆可以在合作中心内跨境自由流动；中哈两国公民、第三国公民凭有效证件可免签在中心内停留30天；合作中心中哈双方区域全部实行封闭管理，由横跨中哈两国的通道相连形成一个整体；合作中心各自一侧受本国的司法管辖，适用本国现行法律及有关国际条约、中哈协议；中心区域内的货物及服务贸易项下的资金支付和转移，遵循经常项目可自由兑换的原则办理，中心双方区域内设立的银行或其他机构根据本国法律提供现钞兑换服务。

2. 合作中心的相关政策。国务院赋予合作中心中方区域三条优惠政策：一是在先封闭后进行基础设施建设的前提下，对由中方境内进入中心的基础设施（公共基础设施除外）建设物资和区内设施自用设备，视同出口，实行退税。二是对由哈方进入中心中方区域的基础设施（公共基础设施除外）建设物资和区内设施自用设施免征关税及进出口增值税。由中心进入中方境内的货物按一般贸易税收管理规定办理。三是对旅客携带物流从中心进入中方境内的，同意在按照海关现行有关规定进行管理的基础上，每人每日一次携带物品免税额8000元人民币（现行小额边民互市贸易政策每人每日一次携带物品免税额也提到8000元人民币）。

国务院对于中心配套区政策的批复是：比照珠澳跨境工业区珠海园区的税收、外汇等相关政策、功能定位和管理模式执行。主要税收政策为：境外货物入区保税；货物出区进入境内按货物进口的有关规定办理报关手续；境内区外货物入区视同出口，办理出口报送手续，实行退税；区内企业之间的货物交易不征收增值税和消费税。

3. 合作中心及配套区的特点。按照中哈两国达成的管理协定及国务院对合作中心的批复，合作中心及配套区具有以下特点：从空间形态看，具有"一个中心、跨境合建，依托中心、各自配套，中心配套、连为一体"的特点；从功能定位看，合作中心是对中国海关特殊监管区域的进一步改革。目前国内其他海关特殊监管区功能较为单一，不允许开展宾馆、饭店、旅游等服务业，也就无法为海关特殊监管区带来人流，而合作中心的功能更加完善，是国家改革开放的又一次积极尝试；从管理模式看，合作中心已经具备了建设自由贸易区的基础条件。从优惠政策看，合作中心具有相当优势。例如，中心配套区集合了我国现行保税区和出口加工区的核心政策，可以说是我国现行对外开放程度较高的区域之一。

综上，合作中心不能等同于我国现有的海关特殊监管区域，它的建立，应该也是我国着眼于开拓中亚市场、深化改革开放的新创举。

（三）合作中心开发建设进程和运营模式

1. 确定合作中心开发建设运营模式。按照"政府主导，市场运作、企业经营"的思路，伊犁州和兵团四师共同出资组建中哈霍尔果斯国际边境合作中心投资开发有限责任公司，公司注册资金 1.5 亿元，由伊犁州出资 1.1 亿元，兵团四师出资 4000 万元。健全了公司领导班子，组建了公司基本职能部门，各项工作有序开展。合作中心投资开发公司作为合作中心项目法人，按照市场经济规律及现代企业制度，直接操作合作中心开发、建设、运营和管理。

2. 招商宣传工作及国际合作中心中哈双方工程建设计划。自治州人民政府以及霍尔果斯口岸管委会利用各种媒体，积极组织、参加各种洽谈会，推介合作中心，收到了较好的效果。新世界集团、上海实业、葛洲坝集团、宏大集团、温州商会等大企业集团对投资合作中心进行了多次商洽。2010 年年初，中哈双方公司就共同加快基础设施建设和商业经营设施建设达成共识，具体目标是：双方的基础设施全部完成；加快连接通道建设，做好双方区域能投入使用的准备。中方正在完成为合作中心配套的区外污水处理厂、垃圾填埋场、集中供热站、水厂等基础设施建设，完成配套区围网、监控设施建设以及道路等基础设施建设，按照封闭验收要求完成电子卡口等查验设施和电子信息平台建设，打通中哈通道和启动会展中心建设，完成基础设施和监管设施的预验收。

3. 合作中心基础设施建设中方项目建设情况。合作中心及配套区基础设施建设项目中方共计 22 项，总投资估算 14.5 亿元，自 2006 年 6 月动工建设以来，已累计完成 6.1 亿元基础设施建设投资，其中中心 3.43 平方公里区域内的联检中心大楼、道路、供水管网、排水管网、供热管网、围网、卡拉苏河治理、防洪堤坝、供电、通信等基础设施已完工；完成配套区 5 平方公里的基础设施建设，完成配套区部分围网；对口岸规划建成区 22 平方公里区域与支持合作中心相关的基础设施进行了改造、连接、扩容，口岸承载能力全面提升，满足了合作中心对区外基础设施的配套需求。

4. 合作中心哈方区域建设先于中方启动，哈国政府将合作中心建设资金列入国家预算。截至 2010 年年底，哈方完成的工程主要是哈方区域围网、供水管网、排水管网、防洪堤坝、排水泵站、区外进入合作中心的 5.7 公里道路、供热管网工程、消防站工程、通信大楼工程、合作中心至垃圾处理场 16 公里的道路工程、垃圾处理场工程、污水处理厂工程、供热站工程、联检综合设施工程、雅尔肯特—霍尔果斯口岸 110KV 输变电线路工程。2010 年哈方区域基础设施计划投资 160 亿~170 亿坚戈（约合人民币 7 亿元）。据两国相关职能部门议定，中哈双方计划 2011 年 6 月达到封关运营条件，7 月 1 日正式封关运营。

二、合作中心的发展规划

中国政府和哈国政府对建立中哈经济自由贸易区已形成共识。哈国对建立中哈经济自由贸易区态度十分积极，纳扎尔巴耶夫总统率先提出建立经济自由贸易区的倡议。由于建立跨国的大规模经济自由贸易区在全球尚为一种新的尝试，为慎重起见，中国领导人提出分步实施的意见：先建成合作中心，在跨中哈两国规定的 4.63 平方公里的区域内进行试验，待经验成熟后进一步扩大经济自由贸易区的范围。根据这一原则形成了合作中心的发展规划。

（一）近期发展规划

1. 合作中心建设与功能区划分。合作中心作为先行试验区，按中方区域总体规划已于 2006 年 6 月 3 日全面开工建设。一期工程全部完成预计投资总额将超过 100 亿元人民币，计划三年完工，现已如期完成。目前合作中心基础设施围网已全部完成。哈方区域总体规划已完成，哈国政府成立了国家公司负责合作中心哈方区域的开发建设，基础设施建设已经开始。经国务院同意在中心以南 1 公里建立中方配套区——霍尔果斯工业园区，作为支撑中心的产业基地，配套区规划面积 9.73 平方公里。国家赋予了该园区保税区和出口加工区的政策，是目前我国现行开放程度最高的区域之一。二期开发建设旅游集散区和边民互市贸易区，建筑面积 3.25 万平方米。三期开发建设商务办公和中高档住宅区，建筑面积分别为 4.38 万平方米和 0.44 万平方米。目前，国际商贸中心、边境互市贸易、国际会展中心均已建成运营，行政商务办公中心初步建成。同时，根据上合组织成员国首脑协商意向，在霍尔果斯建设上合组织永久会址。（仿照博鳌论坛的形式）

2. 合作中心功能区的作用。2013年，精伊霍铁路与哈国铁路接轨中哈铁路全线贯通，霍尔果斯口岸已成为中国西部又一个集铁路运输、公路运输为一体的综合性国际联运枢纽。中哈霍尔果斯国际边境合作中心这个亚洲腹地最大的进出口商品集散、加工基地、涉外商务旅游基地的区位优势将得到更加充分地体现。一是贸易便利化。合作中心的建立将有效促进中哈两国贸易便利化，减少贸易壁垒，加强双方信息沟通与往来，方便中哈及第三国商务人员贸易与交流。二是贸易自由化。货物、人员、车辆可以在中心内自由跨境流动，实现贸易自由化。三是贸易方式多样化。一般贸易、边境小额贸易、加工贸易、旅游购物等多种贸易方式在中心内共存。四是贸易水平现代化。合作中心的建立，将成为一个资金、人才、商品、信息集聚的高地，形成面向中亚，辐射西亚、南亚的商品集散中心、经贸信息中心、文化交流中心。

3. 合作中心促进新疆开放型经济发展的前景。合作中心的建成将有效地促进新疆的经济发展。它为新疆和内地外贸企业通过中亚市场走向世界、参与国际经济大循环提供了一个难得的平台。根据霍尔果斯口岸、合作中心的发展规划和产业指导目录，鼓励发展皮革加工、农副产品、饮料食品、建材、服装纺织、电子产品、化工产品、城市建设及服务业。我国在能源建材、电子信息、机械冶金、医药化工、饮料食品等产业有较强的比较优势，而这些产业都是中亚、西亚、南亚地区乃至欧洲在内的国际市场有发展前景的产业。新疆如能联合全国大企业把握机遇，抢占先机，利用新疆较低的地价、丰富的资源、有利的区位优势，实施梯度转移、贴牌生产、异地发展，依托合作中心这一平台，则能有效降低生产综合成本。同时，依托边境口岸，实施两头在外的经营策略，可以大幅度节约运输成本。合作中心作为上合组织框架内自由贸易的示范区，对企业的规制框架更适宜企业的发展，其效率和灵活性方面优于西部其他地区，能合理地压缩管理成本。

（二）远期发展规划

专家学者研究提出，建设合作中心，可充分利用地跨中哈两国边境的区位优势及两国政府赋予的优惠政策，大力发展对外贸易、商品展示、商品销售、金融服务、仓储运输和旅游休闲，建立一个投资自由、贸易自由、人员出入自由、高度开放的综合性国际贸易中心，为中哈两国早日达成自由贸易协定和推进上合组织框架内的合作提供实验，成为中哈两国及中亚、西亚、南亚等国家重要的商品集散中心、经贸信息中心、文化交流中心，在促进中哈两国乃至中亚、西亚、南亚等多边经贸合作发展和文化交流，提升区域经济合作方面发挥更加重要的作用。由自治区党委政策研究室、自治区发改委、经贸厅、外经贸厅和伊犁州政府共同制定的《合作中心发展规划》指出，中哈霍尔果斯国际边境合作中心是一个先行跨国自由贸易区的试验，目的是创办成中国第一个跨国经济自由贸易区。《规划》把建立中哈经济自由贸易区的工作分为五期工程：

一期工程，在 2012 年之前建好合作中心，进行先期的试验工作。

二期工程，规划期为 2015 年完成。在合作中心健康运营的基础上，以合作中心为基点，建立一个中方占地 181 平方公里（哈国按照对等的原则，划出基本相等的面积）总共约 360 平方公里的经济自由贸易区。中方的 181 平方公里主要含霍尔果斯的行政区域和沿 312 国道（高速公路）至霍城县的清水河经济技术开发区（江苏工业园区），哈国方包括潘菲洛夫市。

三期工程，预计 2025 年完成。在二期工程建成和取得运营经验以后，会同哈国，开始扩大经济自由贸易区的范围，中国方面的经济自由贸易区范围划定整个伊犁河谷 5.9 万平方公里。原则上哈国在阿拉木图州与中国新疆伊犁河谷相邻的地区，划出相应面积的土地作为经济自由贸易区。形成一个 10 万～12 万平方公里的中哈经济自由贸易区。

四期工程，规划于 2035 年完成。中方经济自由贸易区的面积将涵盖目前的伊犁哈萨克自治州行政区域（即伊犁州直、塔城地区和阿勒泰地区）35 万平方公里。哈国的阿拉木图州全境，形成约 50 万平方公里的经济自由贸易区。

五期工程，规划于 2050 年完成。中方的经济自由贸易区将涵盖整个新疆 166 万平方公里的面积。哈国将涵盖临近新疆的阿拉木图州、江布尔州等，面积在 100 万平方公里左右，从而形成一个约 300 万平方公里的中亚经济自由贸易区。

三、合作中心的建设进程

（一）合作中心基础设施建设加快推进

2010 年 10 月 26 日至 29 日，以新疆自治区政协主席、中哈霍尔果斯国际边境合作中心建设工作领导小组组长艾斯海提克里木拜为团长的中国新疆自治区代表团赴哈国考察访问期间，代表团与哈国工业和新技术部代理部长阿勒别特·拉奥就中哈霍尔果斯国际边境合作中心开发建设封关运营前的有关工作进行了磋商。2010 年 10 月 28 日，新疆自治区副主席、中哈霍尔果斯国际边境合作中心建设工作领导小组副组长、代表团副团长胡伟和阿勒别特·拉奥签署《中国新疆维吾尔自治区人民政府与哈国工业和新技术部会谈纪要》。双方商定，2011 年 4 月 30 日，完成合作中心通道的链接和标志性建筑建设，同时完成合作中心双方统一数据库交换的建立。哈国上议院议长卡瑟姆诺马尔特·克梅列维奇·托卡耶夫在与中国新疆自治区代表团会谈中表示，哈国政府高度重视与中国新疆的经贸合作，大力支持中哈霍尔果斯国际边境合作中心开发建设。哈国将继续加大合作中心哈方区域的投入，加快基础设施建设，全面落实双方达成的协定和共识。2012 年年底实现合作中心封关运营。

（二）合作中心的进一步完善

1. 全力推动合作中心区和配套区的工作。合作中心区连接通道建设工作已完成。完成了污水处理厂、集中供热站、水厂及配套区围网、监控设施以及道路等基础设施建设，并已开展运行服务。抓紧合作中心政策研究和制定，加大对现有政策的研究分析，积极推动自治区完成合作中心管理办法和实施细则的制定，加快合作中心管理机构的组建。并向自治区申请制定相关优惠政策，力争在税收、产业经营等方面努力实现较大突破，使合作中心成为优惠政策集聚区。

2. 加大合作中心招商引资力度。积极与大企业集团进行实质性洽谈，对区内各功能区进行详细规划，力争启动合作中心区内专业化市场、国际会展中心、上合园项目等重大项目，初步形成规模建设。

3. 积极推动合作中心联合管理协调机构的建设。在合作共赢的基础上，积极参与哈方区域基础设施建设，研究合作中心区共同的管理机制和政策。

4. 围绕合作中心功能，发挥创造性，建设霍尔果斯特殊经济开发区。中央政府批准设立霍尔果斯特殊经济开发区，为合作中心功能发挥提供了良好的环境条件和物质基础。要加快研究制定霍尔果斯特殊经济开发区的发展政策、发展目标、发展战略、发展重点，科学处理好合作中心与霍尔果斯特殊经济开发区的关系，使合作中心的分关运营与霍尔果斯特殊经济开发区的跨越式发展有机结合起来，相互推进，相辅相成，形成良好的发展机制。

5. 积极筹建霍尔果斯市为合作中心功能发挥提供城市支撑和服务。无论是合作中心功能的全面发挥，还是霍尔果斯特殊经济开发区的跨越式发展，都非常需要有一个城市作为依托和支撑。在中央和自治区党委、政府的领导下，伊犁州人民政府加快了霍尔果斯市筹建步伐，组织力量全力以赴开展建市申报工作。2014年霍尔果斯正式设为县级市，下辖霍城县2个乡场及辖区农四师2个团场（61团、62团），规划总面积1522平方公里。

四、加快推进合作中心发展建设的对策建议

（一）坚持高起点谋划合作中心开发建设的建议

1. 提升中亚国际市场占有率，力促合作中心超常规发展。合作中心是中哈两国元首站在新的历史高度，为落实上合组织经贸合作目标、旨在促进中哈两国经贸合作与文化交流而达成共识的国家战略项目。2007年9月12日，国务院总理温家宝主持召开国务院常务会议，

研究加快新疆经济社会发展工作时,明确指出新疆经济社会发展"重点面向中亚扩大对外开放。要求我们排除干扰、坚定信心,继续实施外贸强州战略,紧紧抓住国家赋予的优惠政策,牢牢把握当前国内加大投资的财政政策和国际资本产业重组、调整的机遇期,继续加强与哈方的协调沟通,共同谋划、坚定不移地稳步推进合作中心建设,力争五年内实现合作中心建设的大跨越。

2. 合作中心开发、建设、运营应适度超前。 合作中心在战略定位、组织机构、经营系统、运作模式等重大决策方面,都要求设计者解放思想,大胆创新。合作中心建设的起点不应该仅停留在促进伊犁或新疆对外贸易层次上,而应该站在中国西部乃至中国与中亚经贸合作战略的高度,要站在如何提升合作中心对中国—中亚经济圈的整体影响力、如何在合作中心内实现贸易与投资便利化、如何实现管理体制创新等角度去统筹安排。适度超前(或高起点)就要求合作中心建设要遵循国际化、市场化、现代化的原则,要按照市场经济规律,采用现代的通关方式、贸易方式、管理方式,吸引国际商品、国际客商、国际资金在合作中心内形成先进的生产力;高起点要求合作中心的开发建设应立足长远,如基础设施建设要充分考虑未来(如20年以后)口岸(城市)区域人口、规模发展的需要,在产业选择上,应尽可能选择处于上升期的朝阳产业,而不要选择处于下降期的夕阳产业。

3. 合作中心开发建设应处理好三种关系。 一是中央与地方的关系。处理好中央与地方关系,关键在于处理好中央与地方在财税、事权等方面的关系,因此应积极争取自治区、国家加大对合作中心的投资力度,将合作中心视作国家改革开放的试验区,为合作中心营造更加宽松的政策环境。二是政府与企业的关系。合作中心既定的"政府主导、市场运作、企业经营"的思路,在指导思想上是符合市场经济规律的,处理好政府与企业的关系关键在于明确责任分工。积极探索通过企业化经营、市场化运作来完成合作中心建设、使其逐步进入良性运作轨道的路子。三是现有政策与未来需求之间的关系。目前国家赋予合作中心的政策对合作中心现阶段的开发建设起到了关键的促进作用，并为合作中心发展搭建了广阔的舞台。现阶段关键问题是如何用活、用好国家赋予的政策，如何在国家赋予的政策框架内，加快合作中心开发建设。合作中心运营后对政策的需求，应超前谋划并与现有政策相衔接。

4. 充分利用企业化平台，加快推进合作中心开发建设。合作中心开发建设公司的设立解决了以下四个问题：一是提供了资金运作平台，提高国有资本运作效益；二是明确项目建设主体，加快推进合作中心建设；三是吸引优秀人才，为合作中心开发建设提供智力保障；四是通过企业化手段，保障国家战略意图的贯彻，调控合作中心产业结构。因此，合作中心开发建设，一要充分利用合作中心投资开发公司企业化平台，完成合作中心及配套区基础设施建设，为招商引资创造条件，公司未来的经营方向应以资本管理、重点发展项目管理运作或资本运作；二要按照市场经济规律合理布局资本、企业构成。产业资本构成合理，保护和调动地方、兵团、社会资本投入的积极性。鼓励和保护竞争，营造、形成投融资有序的市场竞争环境。

（二）高起点定位发展目标及产业的建议

合作中心中方区域的发展目标是：建成我国西部地区、新亚欧大陆桥西端的桥头堡，集区域性加工制造中心、区域性国际中转中心、区域性国际配送中心、区域性国际采购中心、区域性国际转口贸易中心、区域性金融中心和区域性旅游中心等多种功能为一体的、具有特色的国际城市。

配套区作为合作中心的产业支撑区，主要发展出口加工、保税物流、仓储运输，具体如下：

（1）精深加工产业集聚。发展食品加工制造产业、皮革羽绒加工制造产业、五金建材产业、装饰装修材料业、建材材料业、家具制造业、金属制品业、服装鞋帽产业、机电及高新产业集群等。与精伊霍铁路沿线产业集群对接互补，重点发展产品组装、产品精深加工与装配产业。（2）保税物流产业集聚。大力发展"第三方物流"业务，主要发展保税仓储业、铁路运输、汽车运输等物流产业。要建造通畅、便捷的物流体系，建设高层次、高标准和规范化的物流设施；发展高效、快捷、安全的国际联运；与合作中心仓储业互动联系逐步形成自治州乃至自治区、中国西部进出口货物集散基地。

（三）稳步推进合作中心建设的建议

1. 多方筹措资金，确保合作中心建设顺利进行。根据《中哈霍尔果斯国际边境合作中心总体规划》，应继续加大合作中心及配套区主要基础设施建设项目投资：一是抢抓机遇，加大基础设施投入。紧紧抓住国家促进新疆发展、扩内需促增长财政政策的有利时机，积极呈请自治区、国家有关部门对合作中心基础设施建设项目予以立项，加大基础设施建设的国家资金投入。同时，力争通过相关授权，以土地抵押贷款等方式多渠道融资，积极筹集合作中心建设资金。二是进一步加强合作中心招商运作力度，在现有的招商引资工作基础上，从自治区、国家层面加大宣传推介力度，充分利用合作中心地跨中哈两国的区位优势及两国政府赋予的优惠政策，引进国内外一批高层次、高水准的企业，投入到合作中心建设中去。三是力争人民银行总行、银监总局的支持，在霍尔果斯设立银行分支机构、金融协调机构，为合作中心建设提供全方位金融支持。四是吸引国家开发银行参与合作中心和霍尔果斯特殊经济开发区建设，使国家或自治区政府审批立项的基础设施建设项目、中长期重点建设项目合理的信贷资金需求落到实处。五是在霍尔果斯口岸成立中小企业贷款担保机构，通过与银行签订合作协议，专门用于为口岸中小企业贷款提供担保，增强中小企业资金实力，为大企业大集团入驻合作中心和霍尔果斯特殊经济开发区，建立外围中小企业集群加工服务体系，大小企业形成合力和产业分工合作体系，加快推进口岸经济跨越式发展。

2. 高位定期磋商，加强与哈方政策衔接工作。建议从国家层面督促哈方比照中方的政策，制定和不断完善区别于哈国其他区域的优惠政策。因此除授权合作中心投资开发公司（或合作中心管理委员会）与哈方国家股份公司（或相应管理机构）建立沟通协调机制外，国家及自治区层面定期磋商同样重要，由此形成中哈双方自上而下促进合作中心双方区域相互联运、协调发展。

3. 进一步放宽合作中心的政策优惠建议。一是放开进出口贸易管制。建议国家与哈国洽谈签定互惠贸易商品清单，除国家禁止进出口产品外，我国对通过合作中心来自哈国生产产品做出关税让步，哈国对通过合作中心销往哈国的我国产品亦采取对等行动，并对这些产品实行零关税。二是合作中心及配套区内的外资项目，只要符合《外商投资产业指导目录》和《中西部外商投资优势产业目录》，建议争取自治州人民政府核准项目取消投资额度限制，实行投资贸易最大便利化。合作中心内货物运入境内的商品，享受边境小额贸易减半征税的优惠政策并赋予配套区保税港区相关优惠政策；允许配套区设立石油、天然气、稀有金属等加工企业，在关税配额内允许国有企业进口加工一定数量的原油。三是建议对由中方境内进入中心区的所有货物，均视同货物出口，可办理出口退税手续。四是建议在合作中心建成运营后，中国公民主要凭有效身份证进行登记后进出入中心。

4. 高度重视通关不畅问题。一是加强通关设施建设，统一并延长通关时间，增强通关能力；二是通过有效的外交途径，积极与哈国有关部门磋商，建立起沟通协调机制，使其通关查验、执法部门在执法中能够依法公正、公平处理两国间的贸易问题，彻底解决通关不畅问题，为两国间贸易的持续健康发展奠定稳固的基础。

第三章　中哈霍尔果斯国际合作中心在开拓中亚市场中的功能定位与前景

第一节　合作中心在开拓中亚市场中的功能定位

一、区域性国际商品集散中心功能

（一）发展趋势

合作中心的建立是我国在经济特区、沿海城市经济技术开放区和沿海开放区域经验的基础上，借鉴国际上自由贸易区、自由港和出口加工区的有益经验，采用国际通行做法，向中亚开放的一项重大战略举措，它是海关监管下的综合性对外开放的特定经济区域，是具有中国特色的自由贸易区。特别是合作中心特有的"境内关外"的性质，国际贸易、保税仓储和出口加工的"三大功能"以及享有"保税、免税、免证"等特殊政策，为从事国际物流创造了条件，为促进我国贸易和物流发展发挥着独特作用。把合作中心建成中亚区域的国际商品集散中心，使其充分发挥对中亚、西亚乃至南亚和欧洲的辐射功能，是完全必要的。

（二）功能定位

合作中心在商品流通方面的功能定位是：建设现代市场体系、完善基础设施，打造中亚区域先进现代服务业功能，打造中亚国际商品集散中心的集聚和辐射功能；通过整合行业资源，大力发展商贸流通业，积极培育现代大型批发交易市场，不断增强合作中心集散辐射服务功能。因此，要对霍尔果斯和新疆的批发市场进行升级改造、网络型聚集整合发展，进一步提高合作中心在中亚市场的竞争力，从而提升新疆的整体经济竞争力，促进中国西部与中亚国家区域产业结构的多元化和合理化，带动相关产业群的发展。

（三）发展前景

经过近20年的发展，霍尔果斯互市贸易中心建成运营后形成了九大商品集散营销功能，促进了边贸市场的再度兴旺发达：一是商品展销会功能，互市贸易中心依据进场商品种类，每月在国际会展中心定期举办2次专题商品展销会，"以展促销"，吸引阿拉木图居民到霍尔果斯口岸参展购物；二是国际招投标功能，互市贸易中心根据来自中西亚、欧洲的采购大单，商业合作意向，对国内生产商、各级渠道商、进场商户发标，乃至全程代理国际招投标事宜；三是中俄文商务网站功能，互市贸易中心正在建立中俄文对照的电子商务网站，积极与中亚商务网站对接，发布中国、中西亚市场的商品供应和需求信息、行业动态新闻，各国政治经济局势、国际贸易政策等；四是中国大宗商品整体拍卖功能，互市贸易中心以国内生产厂家为主要合作对象，承揽大宗商品整体拍卖业务，将中国的大宗商品向中西亚大采购商、商业机构或其他团体整体拍卖；五是国内外行业市场联盟功能，互市贸易中心对内与广东、福建、浙江、四川、湖南等地的行业协会、内外贸市场建立联盟，打造供货商网络；六是阿拉木图办事处功能，互市贸易中心在中亚经济、物流中心城市；七是自办中俄文商情、产品目录功能，商情每月一期，为场内经营户提供及时的中亚市场宏观政策、外贸形式、产品需求等信息；八是国际客运体系功能，互市贸易中心建立的国际客运站、国际停车场，由国际旅游客车往返阿拉木图与霍尔果斯之间，接送哈国国民到霍尔果斯互市贸易中心旅游购物；九是系统外贸专业代理功能，互市贸易中心提供代理报关、通关、清关，代理出口退税等服务。加上霍尔果斯以得天独厚的地缘和区位优势，使得合作中心有望建设成中亚区域的国际商品集散中心。

二、区域性国际进出口商品加工区功能

（一）发展趋势

中亚国家有轻工产品、食品产品、家电产品等广阔的市场，也有大量生产这类商品的原材料。霍尔果斯依托的伊犁河谷，是新疆气候条件最好、物产最丰富的地区。312高速公路全线贯通和精伊霍铁路的通车，更是把整个新疆、中国西部地区与中亚连成一片。因此，合作中心能够在对中亚国家的进出口加工基地建设方面取得突破，有条件建设成中亚区域的国际进出口商品加工区。只要我们坚持贯彻落实科学发展观，充分发挥合作中心对中亚国家的经贸科技合作的综合优势，以市场为导向，以企业为主体，积极改善投资环境，吸引境内外客商和企业到合作中心来发展对中亚国家的出口加工业，建设以轻纺产品为主、产业优势突出的对俄出口加工基地。重点搞好霍城县、伊宁市、察布查尔县和天山北坡经济带上城市的出口产品基地建设，同时鼓励新疆其他地州及其兰新、陇海沿线的省区和城市搞好对亚洲国家的出口加工基地建设，建设成一条对中亚国家的进出口加工工业走廊。并力争在较短时间内培育出一个出口加工企业群。同时做好对中亚国家进出口加工基地建设，要统筹规划，合理布局，突出各自特色，防止简单重复和内部恶性竞争。要不断完善硬件设施和软件服务体系，为基地建设创造良好的条件。从中亚国家市场需求看，我们要重点发展消费类产品出口加工业基地建设。

（二）功能定位

依托伊犁河谷的农牧业优势，建立对中亚国家的农牧产品生产加工基地。把对中亚国家农牧产品基地建设作为大力发展外向型农业以及促进农业结构调整和农民增收的重要途径和手段，加快以边境口岸地区为主的区域型对中亚国家农产品出口基地建设步伐。通过政策扶持、项目引导等措施，不断扩大基地规模，提高其科技含量，实行集

约化生产，提高经济效益。对现有品牌进行整合，不断扩大市场份额。以基地为依托，以产品为龙头，以市场为纽带，培育壮大农产品流通企业，发展规范的境外农贸市场，探索农产品进入中亚国家大型商场和超市的新方式。农垦系统要充分利用自身条件优势，在对中亚国家的农副产品生产加工基地建设和对俄土地承包经营等方面发挥更大作用。

（三）发展前景

经过近20年的发展，霍尔果斯口岸工业园区及其"一小时经济圈"内的伊宁边境经济合作区工业园区和清水河经济技术开发区江苏工业园区，已经具备了对外贸易出口加工的基础条件和一定规模的产能。霍尔果斯特殊经济开发区的设立和发展，正在吸引大量的大企业大集团落户霍尔果斯口岸工业园区和霍尔果斯口岸兵团工业园区，依托中亚市场和伊犁河谷区域绿色农畜产品原料基地，开发建设国际进出口商品加工产业，促进中国—中亚区域性国际进出口商品加工区的迅速建成并形成规模。

三、区域性国际仓储物流中心功能

（一）发展趋势

仓储物流就是利用自建或租赁库房、场地，储存、保管、装卸搬运、配送货物的一系列经济活动。现代仓储物流不是传统意义上的仓库管理和搬运运输，而是在经济全球化与供应链一体化背景下的生产经营活动的重要一环。它表示一项活动或一个过程，是以满足供应链上下游的需求为目的，在特定的有形或无形的场所、运用现代技术对物品的进出、库存、分拣、包装、配送及其信息进行有效的计划、执行和控制的物流活动。现代仓储物流活动，能够盘活资产，充分利用现有设备，开发闲置资源，盘活资产存量，提高设备利用率，这是现代物流业在转换经营机制过程中提高经济效益的一个重要措施。中国和哈国共同在合作中心建立区域性国际仓储物流中心，通过这一国际自由贸易平台把中亚各国闲置的资源充分置于开放的国际市场中，打破行业与行政区域界限，让市场对资源进行有效合理的配置。两国出台相关的政策，鼓励专业机构经营闲置设备，扩展设备信息交流渠道，增强信息服务手段。通过正常渠道有偿转让、变卖、租赁、换用闲置设备。尽可能实现资源共享，防止资源的不必要浪费研究与推广现代物流管理与运作方式，让生产过程与自动化仓库技术结合，提高企业内部物流的速度。利用网络技术，开展电子商务。为国际社会提供第三方物流服务，形成一个完整的物流配送体系。尽快完成第二欧亚大陆桥沿线欧亚国家任何区域内的物流任务，并使物流成本合理，尽可能进行横向联合，开放各自的物流资源，提高市场占有率。

（二）功能定位

合作中心地处的霍尔果斯口岸，不但处于中国西部和中亚五国的中心位置，具有得天独厚的地缘优势。而且交通条件良好，从公路交通看，它是第二欧亚大陆桥，中国方面的的312国道已经高速公路化，已经形成与哈国乃至通往西亚、南亚和欧洲的公路网。从公路交通看，乌鲁木齐经伊宁至霍尔果斯口岸的铁路于2013年与哈国土西铁路连接通车后，将形成贯通新欧亚大陆桥的铁路网络。正在规划的伊宁国际机场，将在空中形成以霍尔果斯为中心连接国内与中亚和整个世界的交通运输网络。此外，西气东输管线已把中亚与中国连为一体。这些交通网络的中心枢纽和结点都在合作中心，通过新欧亚大陆桥的铁路网络，欧洲国家市场、独联体国家市场和中国市场西来东去、东来西去的商品物资运输，都要在霍尔果斯口岸交汇交流。因此，合作中心将发挥中国—中亚国家区域的国际仓储物流中心的功能和作用。

（三）发展前景

中方区域内霍尔果斯国际贸易中心、霍尔果斯国际客服中心、霍尔果斯互市贸易中心等一大批新兴仓储物流工程项目建成投入使用，哈方区域内也相应地开工建设一批新兴仓储物流工程项目，大大提升霍尔果斯口岸和合作中心担负中国—中亚区域国际仓储物流业的能力。目前中方口岸区域已有5家从事仓储物流业的大中型企业，物流仓储面积达42.8万平方米；从事涉外物流服务的企业10多家，货物托运单位100多家，已成为全疆最大的商品出口物流中转基地。只要中哈双方密切合作，共同建立建设中哈霍尔果斯国际边境合作中心现代国际仓储物流业的体制机制，合作中心就有望建成中国西部和中亚国家区域的国际仓储物流中心。

四、区域性国际商务会展中心功能

（一）发展趋势

随着合作中心的建成和运营，这里集聚了大量的进出口加工企业、仓储物流企业、营销商和为进出口贸易服务的人员，会形成万商云集的场面。为发展商务洽谈会、经贸会展业务提供了前景和空间。广大商家和企业都需要销售、出口、生产、投资及加入合资公司的机会，都需要与未来的客户、供应商和合作伙伴进行商务洽谈。积极发展国际商务洽谈和经贸会展业是合作中心的一个发展方向，同样是一个完善和发展的机会。商家通过合作中心提供的国际商务洽谈和经贸会展的优质服务，可以和优秀的对口商家建立快速有效的联系；可以找到自己需要的研发专家、高层决策者和项目持有人。同时，在国际商贸洽谈和会展会议上，商家可以利用外资政策研讨、信息发布和宣传功能。了解和利用外资政策、投资促进理论、国际资本流动趋势和各专业领域的政策、法规，同时，各与会国家和地区对各自的投资环境、外资政策、项目特点进行宣传推介，使合作中心成为了解中亚国家投资政策、资本流动趋势、投资环境宣传的最具权威和影响的平台。国际商贸洽谈会和会展还具有投资环境、招商项目、成果展览展示功能和高级公关和投资洽谈功能。

（二）功能定位

合作中心积极开展国际商贸洽谈和国际会展业务，具有以下的功能：一是投资中亚的窗口功能。商贸投资洽谈会集中展示和介绍中亚各国的投资环境、投资政策、招商项目、企业产品，为国内外投资商全面了解中亚国家的投资政策，获取重点项目建设信息，选择理想的投资项目和合作伙伴开辟了窗口。同时也为国外先进技术、管理经验和急需人才进入中国创造了机会。二是为国内企业走向世界搭建桥梁。开展国际商贸洽谈和国际会展业务，吸引世界各国和地区的政府机构参展，并举办投资说明会和推介会，介绍当地投资环境和投资项目。并通过参会、参展国家和地区在会议期间举办内容丰富的"馆日"活动。有实力"走出去"投资的中国企业可以通过投资洽谈会了解各国（地区）投资环境和投资信息，大大降低了在全球范围内寻找投资项目的成本。为中国企业走向世界，寻求境外合作伙伴架设金桥。三是国际商贸信息发布讲坛的功能。国际商贸洽谈和会展期间可以举办"国际投资论坛"等各种类型的研讨会，可以邀请中国国家领导、国外政界要员、国际经济组织负责人、经济学家、大型跨国公司负责人莅会演讲。可以举办有针对性的投资热点、投资政策与理论研讨会，会有大量的国家的政府官员、中介机构负责人、专家学者和企业家到会演讲。这样，国际商贸洽谈和会展就会成为世界各国（地区）投资政策、理论研讨和信息发布的大讲坛，成为国际投资的"风向标"。四是具有高端公关舞台的功能。国际商贸洽谈和会展期间，中国国家领导人，国家有关部门负责人，中国各省、自治区、直辖市由主要领导率领的庞大经贸代表团，以及来自其他国家和地区的政府及经贸代表团和企业界高层齐聚合作中心，为参会客商广泛接触各国（地区）政府各级经贸官员、企业高端人士创造良机。

五、区域性中亚国际金融中心功能

（一）发展趋势

伴随经济全球化、区域经济一体化和金融一体化进程的不断深入与强化，区域国际金融的发展趋势对经济的支持作用日益加强。从长远看，未来区域国际金融的发展将会继续加快速度，并以新的发展模式推进世界区域经济一体化更快发展。区域国际金融中心也将继续以经济为依托的发展方向，突出以新经济、高科技和信息产业为主导的发展模式；国际金融中心继续会以全球化作为基础，强化以全球化、跨国集团和产业优化为目标的发展格局；国际金融将继续以高科技的发展理念，加快以网络化、科技化和效益化为取向的发展趋势。合作中心作为未来中亚西亚区域金融中心的功能将逐步显现出来，并将引起国内外的高度关注与重视。作为一个重要或有影响的区域国际金融中心，必须具备一些必要的条件与环境，其中包括政局相对稳定、没有外汇管制或管制比较松动、货币信用制度比较发达、金融机构比较集中且有一定规模和效率、交通和通信便捷快速方便等，都是国际金融中心必须具备的依托。从合作中心的发展看，以上这些条件有的已经具备，有的在未来发展中会逐步完善和具备，因此，在霍尔果斯有条件建设成中亚西亚区域国际金融中心。

（二）功能定位

当今世界区域经济金融的发展愈加显示实力与规模的效益，特别是伴随区域金融中心作用的强化，区域国际金融中心的地位与作用与日俱增。因此，一个国家和区域的经济贸易快速发展，建立国际金融中心实为必须。从优越的地缘优势和中国及中亚国家强劲的经济增长、以及中国和中亚国家经济发展的互补性看，在霍尔果斯合作中心打造中亚西亚区域金融中心是最理想之地。中亚西亚区域国际金融中心是中国和中亚、西亚国家从事各种国际金融业务活动的场所。从现代经济和新经济的角度看，区域国际金融中心已经从经营传统的存贷款业务发展成推动新经济和经济全球化的重要领域，尤其是伴随国际资本流动速度与规模的加快，资本流动对经济乃至相关领域的主导或影响逐渐上升，区域国际金融中心作为本区域内各国的资本流动的重要集结地、调配地，使其他金融中心的作用与地位更为醒目，对世界经济尤其是区域内各国经济的影响力逐渐上升，甚至主导和影响着这一区域内各国经济的发展与调整。

（三）发展前景

从区域国际金融中心的发展历史与现状看，其不仅有利于本国、本地区经济、金融、贸易的快速发展，更为资本流动和投资融资提供了充裕的市场与空间，成为国家或地区经济、金融发展的动力与推力。中亚西亚区域国际金融中心的建立与发展正处于市场经济创新发展的新阶段，新经济理念和环境的推进，这将使中亚西亚区域国际金融中心的建设步伐和发展速度不断加快，并以亚洲新兴区域国际金融中心的地位和作用展现自己。为霍尔果斯口岸的经济金融发展提供更良好和广阔的支持，同时也将为新疆乃至西部地区的经济繁荣和金融发展作出贡献。

中国作为一个发展中的国家，经济金融处于积累与发展阶段，金融改革与发展以及与国际接轨加快，区域国际金融中心建设逐步加快，其中之一就是中亚金融中心的建立。另外随着人民币信誉和信用的提升，伴随利率市场化、人民币自由化、资本项目开放进程的推进，以及金融全面对外开放，必将进一步加速中国金融国际化的最终转变，提高其在世界金融格局之中的地位、作用与影响。未来中国将能够实现人民币的完全自由兑换，从而使人民币真正成为一种重要的国际货币，并将在引导中亚区域货币金融合作中发挥重要作用。

六、区域性国际文娱休闲服务中心功能

（一）发展趋势

随着合作中心的封关运营和霍尔果斯特殊经济开发区的开发与发展，将会吸引全世界的眼光，这里将出现万商云集的盛况，霍尔果斯特殊经济区将与伊宁市、霍城县联合向中等城市乃至大城市发展。加之中哈两国周边城市的发展，这里的文化体育产业和娱乐休闲综合服务业将进入一个蓬勃的发展期，并会形成一个新型的中亚西亚商业圈。因此在这里发展国际文化体育产业和娱乐休闲综合服务业，把霍尔果斯打造成中国西部和中亚经济圈的国际文体娱乐休闲综合服务中心，具有广阔的发展前景。

（二）发展条件

在中国西部和中亚区域，除了有非常丰富的自然休闲旅游资源，还有极为多彩的文体娱乐休闲人文资源。新疆和中亚各国自古就是多种文化荟萃之地，多种文明共生之区，还有"世界人种博物馆"的美誉。中国有56个民族，新疆就有47个。中亚五国，民族最多的哈国、乌国都有130多个民族，最少的也有70多个。各民族都有自己的历史文化、独特的民俗风情、丰富多彩的文艺娱乐体育活动形式，

这些都是宝贵的文体娱乐休闲服务资源，都有深度开发挖掘的潜力。

随着科技的进步与经济的发展，人们的生活水平与生活质量正在不断地得到改善和提高。科学技术的迅猛发展和生产力水平的不断提高，使人们的物质生活更加丰富多彩。信息时代的来临和激烈竞争快节奏的工作生活，使人们的价值观念和生活方式发生了巨大的变化。人们越来越关注自身的发展，关注生活内容的丰富和生活质量的提高。

（三）功能定位

随着霍尔果斯特殊经济开发区的建成和发展，国内外物流、人流和资金流的剧增和向霍尔果斯口岸集聚，以合作中心为核心的霍尔果斯口岸，依托伊犁丰富多彩的历史文化、民俗文化、军垦文化、饮食文化、生态文化、宗教文化、异国文化和多元化的文化产业，有条件培育成国际体育竞技、体育健身、休闲娱乐、餐饮购物、商贸会展、文艺演出等多功能的区域性国际文体娱乐休闲综合服务中心。

七、欧亚区域性国际旅游中转基地功能

（一）发展条件

1. 中国新疆具有丰富的旅游资源。

旅游业具有"无烟产业"和"永远的朝阳产业"的美称，当今，它已经和石油业、汽车业并列为世界三大产业，成为世界上发展势头最强劲的产业，许多国家和地区都把它作为经济发展的重点产业和先导产业。因此，霍尔果斯特殊经济开发区和合作中心，应该把旅游业的发展作为重中之重的战略任务来规划和部署。

旅游资源是构成旅游业发展的基础，我国西部和新疆，旅游资源非常丰富，具有广阔的开发前景。区域内旅游资源涵盖国家发布的旅游资源类型分类中的 8 大主类，28 个亚类，130 个基本类的旅游资源类型。有被誉为亚洲瑞士风光的哈纳斯湖，有已经全球知名的青海湖，有可以和阿根廷大草原媲美的那拉提空中大草原，有百里画廊唐布拉风光，有亚洲中心地理标志；在天山和昆仑山脉里，有成千上万

条古冰川；巴音布鲁克草原上的天鹅湖是我国最大的天鹅湖；有乌尔禾的风城——"魔鬼城"；罗布洼地的雅丹群，著名的楼兰古城、高昌古城、交河古城、北庭古城，都是国家级重点文物保护单位。新疆旅游资源不仅具有鲜明的地区特色和民族特色，而且涵盖山岳、河流、森林、草原、戈壁、沙漠、沼泽、湖泊、绿洲，呈现多层次奇特景观。许多旅游资源堪称"中国之最""世界奇观"。

2. 中亚国家具有丰富的旅游资源。

中亚五国旅游资源丰富。(1)哈国旅游业开发潜力很大，国内有许多独特的自然保护区和国家公园，有100多个医疗度假胜地，还有9000多个考古和历史遗址。(2)乌国因生产棉花被誉为"白金之国"。境内有著名的费尔干纳盆地和泽拉夫尚盆地。主要河流有阿姆河、锡尔河和泽拉夫尚河。地理位置优越，处于连结东西方和南北方的中欧中亚交通要冲的十字路口，古代曾是重要的商队之路的汇合点，是著名的"丝绸之路"古国。(3)塔国是中亚的一个高山国家。帕米尔高原和天山山脉占据了93%的领土面积，主要地貌特征为山脉与盆地交错纵横，被誉为"高山之国"。高山、冰川以及沿山谷顺势而下的河水构成了塔国独特的风景线。那里是冰雪的海洋，也是旅游者和高山探险家乐园。境内水资源丰富，河流、湖泊、水库众多，都是人们享受自然风光的休闲娱乐场所。(4)吉国是一个内陆国家，也是一个山地国家。水资源非常丰富，特别适宜发展畜牧业，曾经是苏联加盟共和国中羊毛产量第一的国家，被誉为"牧场之国"。这里的气候和地形为多种动植物的生长提供了良好的条件，动植物种类繁多，植物达4000多种。自然景观以高山、河流、湖泊、草原、牧场为主。境内自然风光旖旎，拥有发展旅游业、尤其是山地旅游的极大潜力，境内有大量的高山风景和成百个高山湖泊。(5)土国境内地势低平，近80%的国土是沙漠。主要绿洲是科佩特及中、下游绿洲等。南部有山脉分布。捷詹河、穆尔加布河以及阿姆河是主要河流[1]。

---

[1] 于向东. 中国旅游海外客源市场概况 [M]. 大连：东北财经大学出版社，1999：207~215.

中亚国家，民俗风情多彩多姿。每个国家少则有 70 多个民族，多的则达 130 多个民族。这些不同民族的生活习俗、宗教信仰、文化娱乐、集市贸易均有自己的风格，构成了中亚特色、最有吸引力的旅游资源之一。

（二）功能定位

霍尔果斯口岸具有欧亚旅游中转基地的优越位置，新疆旅游业快速发展为建设欧亚旅游中转基地奠定坚实基础。霍尔果斯口岸和它依托的伊犁河谷，位于中亚经济圈的中心点，在大量亚洲与欧洲国家之间的十字路口，是第二亚欧大陆桥上连接东方亚洲国家和欧洲国家的中枢和国际大通道。有利的地理位置便于霍尔果斯特殊经济区和合作中心担负东方与西方国际旅游的联系、中转、接待和开发功能的发挥。随着霍尔果斯特殊经济区和合作中心的运营发展，未来霍尔果斯中哈自由贸易区、中亚自由贸易区以及中西亚自由贸易区的建成，随着电气化铁路、高速公路的通达和伊宁国际机场的建设开放，霍尔果斯口岸将形成立体的交通枢纽，四通八达的交通网络把中国和中亚各个国家联系起来。以合作中心和霍尔果斯特殊经济开发区为中心，辐射中国和中亚各个国家，基本都能形成朝发夕至的交通线路。霍尔果斯口岸所在的霍城县境内有元代都城阿勒玛力遗址、成吉思汗七世孙秃黑鲁·帖木儿墓、清代伊犁将军府和惠远古城、拱宸古城、可克达拉草原、果子沟风景区、赛里木湖风景区等都是理想的旅游、考古、休闲胜地。从欧洲和中西亚来中国的旅客，可在霍尔果斯口岸落脚中转，前往伊犁河谷各县市的那拉提景区、唐布拉景区、库尔德宁景区、恰西景区、喀拉峻景区、昭苏草原夏塔古道景区和新建的各著名景区；从中国内地到中亚和外国人到中国游览后到中亚的游客，可在霍尔果斯口岸落脚中转，直接前往中西亚各国和欧洲各国旅游。霍尔果斯欧亚旅游中转基地的建成运营，既能建立中国西部和中亚地区国际旅游业发展的新机制，又能带动伊犁州和新疆国际国内旅游业的大发展。

（三）发展前景

改革开放以来，新疆的旅游业迅猛发展。特别是进入 21 世纪，随着国家西部大开发战略的实施，新疆神秘的面纱慢慢被掀开，越来越多的国内外游客到新疆旅游。新疆按照旅游六大要素的要求，开展了大规模的旅游基础设施建设，每年都有大量的资金投入。仅 2008 年，国家和自治区共投入 4000 余万元，社会各界投资超过 1 亿元，用于新疆旅游景区基础设施建设。当年新疆共签订旅游招商项目 49 个，总投资达 27 亿元人民币。2009 年，新疆共有各类旅行社 446 家，其中开展国际旅游业务的国际旅行社有 56 家，从事专业旅游的人员 5 万多人。有各类接待宾馆数千家，其中有星级以上的宾馆 447 家，5 星级宾馆 11 家。2009 年接待国际旅游人数 35.49 万人次；国际旅游外汇收入 1.37 亿美元，增长 0.7%。接待国内旅游人数 2098 万人次；国内旅游收入 176.75 亿元。可以说，从满足旅游业发展的六大要素的基础设施建设看，新疆已经形成了把霍尔果斯口岸建成欧亚国际旅游中转基地的实力。合作中心和霍尔果斯特殊经济开发区的开发建设，使国际游客在口岸进出境更加便利，城市服务功能和条件进一步提高和改善，合作中心将充分发挥面向国内旅游市场与面向国外旅游市场的欧亚国际旅游中转基地的作用。

第二节　中国在开拓中亚市场中与中亚国家经贸合作发展总趋势

新疆位于亚欧大陆腹地，是中国陆地边境线最长、相邻国家最多的内陆省区，是中国参与中亚区域经济合作的前沿阵地，又是中亚通向中国的大门。经济全球化、区域经济一体化趋势给中国与中亚国家的经济合作提供了契机，这对新疆来说是一次绝好的机遇。新疆位于中国西北部，面积 166 万余平方公里，东南接甘肃、青海、西藏三省区，从东北至西南与蒙古、俄罗斯、哈国、吉国、阿富汗、塔国、巴基斯坦和印度为邻，其边境线长达 5600 公里，占全国陆地边境线总长的 1/3。新疆与这些周边国家在经济、文化等方面存在着互联互补关系，自古以来就是中亚国家通往中国的大门。随着新亚欧大陆桥的开通，新疆已成为扼守大陆桥的咽喉地带。

经济全球化与区域经济一体化是当代世界经济发展的两大特点。在世界经济全球化加速发展的今天，越来越多的国家开展区域合作，通过国家间的优势互补，创造稳定的市场环境，以提升各自的经济水平，经济合作在区域合作中起着越来越重要的作用。新疆成为中国与中亚国家开展经贸合作的重要区域和向西开放的国际大通道。新疆首府乌鲁木齐每年都举办"乌洽会"，到2010年"乌洽会"已历经20年的洗礼，每届"乌洽会"都引来了大量中外客商，其中80%左右的外商来自中亚国家。近几年来，新疆与中亚国家的贸易额呈不断增长趋势。"乌洽会"成为推介中亚的桥梁和信息平台，也为新疆与中亚国家进行经济合作提供了更多的机会。2011年起，"乌洽会"已改名为"中国—亚欧博览会"，提升为国家级展会，前景会更美好。以上这些都表明，新疆现在正处于发展的良好时期，抓住发展机遇，将会使新疆的经济发展水平上升到新高度。

中国实施西部大开发战略和向西开放战略，让新疆成为中国参与中亚区域经济圈的前沿阵地。在新时期的市场态势和对外开放不断推进的环境下，新疆要以新思路来发展区域经济，把新疆的潜在优势充分挖掘出来。未来，新疆将成为中亚地区的商贸中心、中亚地区的制造业基地、亚欧腹地的交通枢纽、中亚地区的服务业中心和中国与中亚国家的文化交流中心。

一、经贸合作发展趋势

（一）中国与中亚五国的经贸合作取得了显著成就

自建交以来，中国与中亚五国的经贸合作从小到大，发展迅速，贸易额快速增长，取得了显著成就。在商品服务贸易方面，中国已成为哈国的第二大贸易伙伴，吉国、乌国的第三大贸易伙伴，塔国的第四大贸易伙伴。在独联体国家中，哈、吉、土分别是中国的第二、第四和第七大贸易伙伴。1992年中国与中亚五国的贸易总额仅为4.6亿美元，2009年已达到235.47亿美元，比1992年增长了50倍。

（二）中国与中亚各国双边贸易在商品结构、贸易主体等方面存在共性

近年来，在中国对中亚五国双边贸易中，机电类等高科技含量、高附加值商品的出口比例不断增大，商品结构得到了优化和改善。此外，随着中国与中亚国家在交通、能源、矿产资源开发、电信、农业等领域的项目合作逐步展开，中国石油、电信、承包工程等领域有实力的大企业逐步进入中亚市场，并逐渐成为中国开拓中亚市场的主力军。因此，自2000年以来，中国与中亚五国间贸易额年均增幅保持在40%以上，有的年份增长率高达70%。随着中国与中亚国家在能源、矿产、电信等项目开发和进出口规模的扩大，在相当一段时期中国与中亚五国间贸易将会继续保持稳定的快速增长态势，预计到2017年，中国与中亚五国贸易总额将达到500亿~900亿美元。

（三）上合组织的成立，为深化中国与中亚经贸合作提供了良好平台

上合组织成员国各方签署了《关于区域经济合作的基本目标和方向及启动贸易和投资便利化进程的备忘录》《上合组织成员国多边经贸合作纲要》等一系列重要文件，启动了区域经济合作进程并确定了实施贸易投资便利化、深化经济合作、逐步实现区域内货物、资本、服务、技术自由流动的区域经济合作"三步走"的方针。成立了成员国经贸部长会议机制以及下设的海关、质检、电子商务、投资促进、发展过境潜力、能源、信息和电信8个重点合作领域专业工作组；在经贸部长会议的推动下，各方共同成立了实业家委员会和银行间联合体，为各国企业参与区域经济合作提供平台和融资支持。各方批准了包括11大类、127项合作内容的《上合组织多边经贸合作纲要实施措施计划》及其实施机制，项目已开始实施。

（四）新疆与中亚五国开展经贸合作具有良好的地缘优势

地缘优势促进了经贸发展的良好态势。近年来，新疆与中亚五国贸易额逐年增长，商品结构不断优化，经济技术合作规模逐步提高。2008年中国新疆与中亚五国进出口总额为188.12亿美元，在中国新

疆对外经济贸易总额中的比重占 84.67%。其中，向中亚五国出口 166.98 亿美元，在中国新疆对外经济贸易出口总额中的比重占 86.52%；自中亚五国进口 21.14 亿美元，在中国新疆对外经济贸易进口总额中的比重占 72.45%。在 2008~2009 年哈国主要贸易伙伴中，自中国进口额为 137.6 亿美元，占其进口比重的 12.0%，为全球第二进口大国；自中国出口额为 76.8 亿美元，占其进口比重为 10.8%，为全球第三出口大国。为更好地发挥地缘优势，深化新疆与吉、塔两国的经贸合作，中吉双方在中吉政府间经贸合作委员会下设了新疆—吉尔吉斯工作组。中塔双方正在中塔政府间经贸合作委员会框架下积极研究增设新疆工作组问题。

（五）中国与中亚五国经贸合作具有良好的发展前景

一是良好的合作关系和经济互补性为中国与中亚五国经贸合作开辟了广阔的前景。中亚五国丰富的自然资源和中方在技术、产业和资金等方面的比较优势形成了较大的互补性，加之双方优越的地缘条件为相互合作奠定了坚实的物质基础，而上合组织则为中国与中亚国家长期互利合作提供了良好的平台。

二是中国与中亚国家贸易潜力巨大，将继续保持稳定增长的势头。近年，中国与中亚五国间贸易额年均增幅保持在 40% 左右。中国在中亚国家对外贸易中所占的比重有较大提高，中亚国家的外贸合作与交流还有很大的潜力。哈、乌、土三国拥有丰富的石油、天然气、棉花、有色金属、稀有金属等重要资源，巨大的合作潜力尚未充分发挥，具有很大的合作空间。随着中国与中亚国家能源、矿产、电信等项目开发和进出口规模的扩大，未来很长一个时期中国与中亚五国间贸易将会继续保持稳定增长态势，国际经贸合作前景广阔。

三是经济技术和投资合作将成为推动中国与中亚国家经贸合作的巨大动力。中国在中亚五国已实施了一些大型经济技术合作和投资项目。这些项目的启动将扩大中国与中亚五国的合作规模，为中亚国家创造较大的经济社会效益，对中国与中亚五国经经技术合作将产生巨大的拉动效应，不仅会促进中国与中亚五国双边友好合作关系的发展，而且将有力推动上合组织在新疆区域经济合作进程。

二、边贸发展趋势

新疆同中亚国家开展边境贸易,不但有悠久的历史传统,而且具有得天独厚的地缘优势和人文优势。特别是从新疆与中亚各国经贸发展软环境的角度看,双边发展边境贸易具有诸多有利因素。

(一)中国(新疆)与中亚各国经贸关系日益加深

第一,双边政治关系融洽。中国与中亚五国建交以来政治友好,签订了一系列政府间经贸协定。第二,双边贸易增长迅速。目前中国已经成为中亚国家最重要的贸易伙伴之一,而中亚五国一直是新疆外贸的主要伙伴国,近年新疆对哈、吉等老市场贸易增长迅猛,对乌、塔、土等新市场的贸易更是超速增长。第三,双方经济合作逐渐加深。第四,上合组织成立以来,积极促进区域经济合作,为加快新疆与中亚国家的经济技术合作提供了机遇。第五,中哈在建立自由贸易区问题上已经取得了许多成果,必将对双方今后经贸关系的进一步发展产生积极而重大的影响[①]。

(二)中亚各国外贸管理体制市场化进程加快

中亚各国独立后相继取消了国家对外贸的垄断,所有自然人和法人均可从事对外贸易活动。各国政府主要通过配额、许可证及税收等手段对外经贸活动进行调控管理。从贸易保护程度来看,中亚五国的市场开放程度总体上高于中国;从关税水平来看,除乌国高于中国外,其他各国均低于中国;从非关税壁垒水平来看,中亚五国目前仅对极少数商品实施配额和许可证管理。开放的市场体制为中国商品进入中亚市场提供了良好的市场和政策环境。

(三)中亚各国积极加入世贸组织为边贸发展提供了前所未有的发展机遇

首先,中亚各国"入世"有利于新疆出口贸易的扩大,为新疆企业探索在运输、金融、保险、信息等新领域合作提供了条件。其次,

---

① 俞水香. 新疆在中国与中亚国家经济合作中的战略定位[J]. 俄罗斯中亚东欧市场,2007(4): 28~31.

中亚各国"入世"必须遵守世贸组织的规则并按国际惯例和市场机制组织经贸活动,这样,可大大减少双边贸易结算和解决争端时的不规范行为。再次,世贸组织最惠国待遇原则中的边境贸易例外条款为保留边境贸易和制定新的优惠政策提供了法律依据。

(四)中亚各国经贸政策法规日益健全,投资环境日益改善

独立以来,中亚五国把积极吸引外国投资作为恢复国内经济的主要途径之一,不断建立和健全各项法律法规,制定了一系列鼓励外商投资的优惠政策和措施。特别是哈国正在争取进入世贸组织,按照世贸组织对世贸组织成员国遵守国际法律秩序和提供法律保障的要求,哈国在制定、健全和执行各项法律法规方面比5年前有了很大的改善。中亚多数国家社会经济环境的巨大改善不仅被世界所公认,也被其经济和吸引外资的持续稳定快速增长这一事实所证实。

(五)边境贸易已成为新疆对外贸易的重要支柱,促进了新疆与中亚国家的经济贸易

2008年,新疆外贸累计完成进出口总额222.17亿美元,增速居全国第一,其中,边境小额贸易占据主角,贸易额达到了176.42亿美元,占进出口总额的79.4%,同比增加了87.3%。即使在欧美金融风暴席卷全球的背景下,对新疆和中亚国家的边境贸易也影响不大,新疆边境贸易仍然保持一枝独秀的局面。目前,经过多年发展,新疆边境贸易已经形成多渠道、多层次、多形式格局,现有边贸企业1200多家。2008年,新疆占据全国边境贸易额的半壁江山,到2009年扩大到占据全国边境贸易近2/3的份额。可见,正是边境贸易奠定了新疆外贸进出口持续增长的基础。

三、经济技术合作项目发展趋势

(一)中亚五国具有一定的科学技术实力

十几年来,中亚各国均将科学技术政策定位在保持国家科技潜力,集中力量搞重点科学技术项目,为经济和社会发展服务。哈国在航天和卫星通信等方面处于世界领先地位,乌国在棉花生物学和遗传

学、放射材料学和太阳能利用材料学方面具有举世公认的优势，土国在沙漠治理和太阳能利用方面名列世界前茅。中亚地区科研机构较多，具有一定的科研基础和科技能力。中亚各国国家科学院、农业科学院、中亚区域水文气象研究所等构成了中亚地区庞大的科研机构网络，为培养当地科研人员和发展科技事业起了重要的推动作用。中亚五国教育基础雄厚，人力资源丰富，人们受教育程度较高，中亚五国已同独联体国家建立了统一教育空间。

（二）中国与中亚五国双边经济技术合作顺利发展，规模不断扩大，领域逐步拓宽

中国在中亚五国已实施并继续探讨的一些大型经济技术合作及投资项目，将进一步扩大中国与中亚五国的合作规模，为中亚五国创造较大的社会经济效益，对中国与中亚五国经贸合作产生巨大的拉动效应。中国对中亚国家的投资，主要涉及能源、交通、电信等基础设施建设、钻井及设备维修、汽车组装、食品加工、农业、养殖业等诸多领域，一系列大型石油管道、油气开发、工业开发、光缆铺设、交通设备设施、电信网改造、电力机电开发等合作项目顺利实施。中亚国家已成为中国企业贯彻实施"走出去"战略、有效开展境外投资合作的热点地区，经济技术合作局面良好。据不完全统计，截至 2007 年年底，中国对中亚地区投资累计约 86 亿美元。目前，中哈之间的投资项目最多。在哈国的中资企业有 1500 多家，哈国在华投资项目有 70 多个。2008 年，中国在哈、吉两国的非金融类直接投资分别为 8000 万美元和 3571 万美元；哈、吉两国在华直接投资分别为 3453 万美元和 3360 万美元，实际使用外资金额为 663 万美元和 464 万美元。中亚五国丰富的自然资源和中国在技术、产业和资金等方面的比较优势形成了较大的互补性，加之双方优越的地缘条件为相互合作奠定了坚实的物质基础，而上合组织则为中国与中亚国家长期互利合作提供了良好的平台。

（三）中国为进一步深化区域经济合作做出了积极努力和投入

中国已开展了区域经济合作研究，组织建立区域经济合作网站、提出并着手实施 3 年内为其他成员国培训 1500 名不同领域管理和专

业人才的计划等。为推动区域经济合作有关项目的实施，中方提出向成员国提供 9 亿美元优惠出口买方信贷已在积极实施之中。银联体框架内合作项目融资已取得实际成果，2006 年 6 月上合组织元首峰会期间签署了涉及金额约 7.5 亿美元的相关项目贷款协议及银行间授信协议。中国还向中亚各国提供了各种援助和贷款，为中亚各国的经济建设和中国与中亚各国经贸合作起到了积极的作用。中国与中亚五国劳务和工程承包合作获得较大发展。截至 2006 年年底，中国在中亚五国累计完成劳务及工程承包营业额 34.5 亿美元。2008 年，中哈签署工程承包、劳务合作和设计咨询合同金额 17.7 亿美元，完成营业额 9.9 亿美元；年末在哈国的中方劳务人员 4779 人；中吉新签工程承包、劳务合作和设计咨询合同金额 1.8 亿美元，完成营业额 1.28 亿美元；年末在吉国的中方劳务人员 623 人。目前，中国是哈国第六大投资国，投资领域涉及石油、天然气、食品加工、建材、汽车组装等。以石油合作为"龙头"的中哈经济合作发展迅速。中国与其他中亚国家的经贸合作规模不大，但增长很快，新疆与中亚国家在农业经济技术、皮革加工、汽车维修组装以及钻井和修井等合作项目上取得的经济效益十分显著。

（四）在上合组织框架内经济技术合作方面取得显著成绩

2004 年比什凯克总理会议批准了包括 11 大类、127 项合作内容的《多边经贸合作纲要实施措施计划》项目已开始实施。从各国人民的长远和根本利益出发，根据各国的资源优势、现实条件和合作愿望，建议各方推动能源、电力、交通、电信等优先领域的双边合作向多边延伸，形成连接本地区各国的油气、电力、交通和电信网络。2006 年 6 月在上海峰会期间举行了实业家委员会成立大会和工商论坛，在银行联合体框架内签署了 7.5 亿美元的协议和项目。中亚五国对华投资合作开始起步，截至 2006 年年底，中亚五国对华技术投资项目 185 个，合同外资金额 1.43 亿美元，实际使用金额 2386 万美元。投资主要集中在贸易、运输、皮革加工、食品加工等领域。

（五）新疆在对中亚国家的经济技术合作中走在了全国的前头

新疆与中亚五国贸易额逐年增长，商品结构不断优化，经济技术合作规模逐步提高。为更好地发挥地缘优势，深化新疆与吉、塔两国的经贸合作，中、吉双方在中、吉政府间经贸合作委员会下设了新疆—吉尔吉斯工作组；中、塔双方正在中、塔政府间经贸合作委员会框架下积极增设新疆工作组。合作中心于2011年7月开始封关运营，该中心的运营将进一步扩大中哈两国各领域的互利合作，推动双边合作水平快速提升，同时将为中国企业开拓中亚市场提供更为有利的合作平台，带动中国商品辐射到中亚、俄罗斯乃至欧洲国家和地区。新疆亦利用"上合组织"的健康发展，发挥亚欧大陆桥桥头堡的作用，利用中亚国家丰富的油气资源，提供优惠的条件和优质的服务，引领沿海内地企业参与中亚国家的经济技术合作与交流，实行国际国内两大市场的有效对接，带动自身经济更快更好地发展。从经销商品到大胆参与国际资源合作开发，新疆拓展周边国家市场已产生质的飞跃。目前，一大批中国企业已将市场拓展到哈国、吉国、乌国、塔国、俄罗斯等国，行业涉及皮革加工、食品加工、番茄酱生产、建材、客货运输、矿业开发、森林开发、电信、商贸等。

第三节　合作中心在开拓中亚市场中的发展前景预测

一、开拓中亚农牧产品及加工业市场前景预测

科学利用国际国内两种资源、两个市场，提升新疆农业对外开放水平，加快发展外向型农业，以促进全区经济结构调整和农业增效、农民增收，是一个重大战略。据专家对中亚国家的农牧产品市场考察报告分析，合作中心在中亚国家农牧产品市场方面前景广阔。

（一）中亚各国均希望通过双方农业经贸合作促进本国经济发展

哈国国家农业部国际合作、农产品生产加工、畜牧、水产、进出口检验检疫等司局的负责人希望加强中、哈农林牧渔业合作交往，迫切要求向中国出口小麦和畜产品、扩大向哈的蔬菜水果等产品输入、

赴中国学习考察水产养殖技术和农产品加工技术等。吉国农业部希望务实地开创中、吉农业经贸合作的新局面。奥什州农业和外贸负责人期望中国及新疆企业尽早赴吉，就化肥和农药生产、甜菜和棉花加工、良种和农机先进技术等项目进行合作洽谈。目前吉尔吉斯生产的化肥只能满足其1/4需求，绝大多数要从俄罗斯等国进口；农药、兽药也因供应严重不足而价格昂贵。在吉尔吉斯和其他中亚国家，苏联时代的农业机械大部分老化报废，农民又缺乏手工耕作的传统，严重影响了农业生产，亟须更新农业机械和建立新的农机维修体系。农产品加工业是中亚各国上至政府、下到农民关注的焦点。为此，他们将农产品加工、化肥、农药、农膜生产、农机制造列为鼓励外国投资的重点行业，实行优惠的投资政策。中亚各国为了促进经济发展、保障市场供给，正在积极改善贸易与投资环境，许多国际惯例逐渐为国家和企业认可，市场行为进一步规范。去年以来，中亚各国为吸引外资发展本国农产品加工业，相继降低了进口税率。如哈国将本国不能生产的农产品进口关税调整到0.5%以下，外商投资企业可享受进口设备关税全免和三年所得税、财产税、土地税全免等优惠政策。吉国目前的平均进口税率已降至5.2%，实行零关税的税号已有2000多种。

（二）中国特别是新疆与中亚农业经贸合作潜力巨大

中国与哈、吉等中亚国家农产品贸易历史悠久。据新疆社科院提供的资料，中亚五国独立后由于私有化改革和自然灾害等因素，农业生产规模和产量曾大幅度下滑，但是2000年以来普遍好转。哈国土地资源丰富，粮食生产和畜牧业生产规模大、生产总量高，近年来增长较快。2006年中哈农产品贸易额突破1亿美元，是2001年的3.38倍。吉国农产品主要是棉花、烟草、水果、蔬菜、香精油植物以及牛、羊、马等，但农业综合生产能力较弱，且正面临着粮食安全问题。目前中国的农业和工业产品在吉国的过境贸易较为活跃，需求旺盛。乌国粮食、棉花、蔬菜生产颇具优势，是世界棉花出口大国和中亚地区蔬菜出口国。新疆对中亚农产品市场可拓展的潜力巨大。

(三) 双方在农牧产品生产和加工领域技术合作潜力很大

中亚国家主要农畜产品产量有了恢复性增长，但总体上仍处于低投入、低产出、"靠天吃饭"的状况。如吉国奥什州非常适合发展蔬菜、瓜果、棉花、甜菜等高效农作物，但因其加工能力落后，尚未形成产业链，农产品资源得不到有效利用和深加工，造成部分果菜浪费。这对新疆实施外向型农业发展战略，既是机遇，也是挑战。我国农村经过改革开放30多年的发展，农业科学技术和农产品加工水平明显强于中亚，具有一定的竞争优势。只要抓住有利时机，发挥双方在经济领域的互补性，在更大范围、更深层次上开展农业合作，就能更有效地开拓中亚市场，实现双方的互利共赢。新疆一些企业已在这方面进行了大胆尝试。如新疆新康番茄制品公司面向中亚市场，于1998年在哈国投资建立了番茄酱厂，主要生产罐装、玻璃瓶及软包装的番茄产品等，年生产能力为5000吨，带动了国内原材料出口。目前，这家企业已成为哈国主要的中资企业之一，产品因多次在哈国获奖而成为当地名牌产品。

(四) 市场交易活跃，价格比国内明显偏高

从两国市场上的果蔬品种看，受当地居民饮食习惯影响，品种相对我国略少，外观及品质相对较差。哈国农产品价格普遍高于吉国，特别是首都阿斯塔纳地处高纬度地区，气候冷凉，无霜期短，农产品主要依靠外调，品种多，品质好，但价格也相当高。

一是哈国果蔬主要品种的批发价格普遍是新疆同期价格的2~5倍，甚至更高；肉类价格在2倍左右。阿拉木图、比什凯克、奥什等城市周边也是农业种植、养殖区，农产品价格相对于阿斯塔纳等以北地区低一些。二是从两国超市可以看出，果汁、果酱、饮料、奶及肉制品等大都产自本国及周边其他国家，我国生产的同类产品只在一些小型超市、零售店有销售，这说明我国生产的食品加工制成品还未充分占领中亚市场，潜力很大。三是中亚各国花卉市场的潜力也很大，花卉的本国生产量很小，并且只能满足夏季供应，需从荷兰等国大量进口。新疆应将花卉业作为外向型农业发展的一个新兴产业。四是中亚国家有着独特的饮食习惯，喜食手抓饭。但中亚地区的大米产量不

高，大米市场每年有 20 多万吨的缺口，具有较好的市场前景。五是中亚的茶叶市场也极具开拓潜力。中亚国家百姓日常生活中都有饮茶的习惯，但是中亚各国几乎不产茶叶，所需茶叶主要依靠进口。但就目前中亚市场上茶叶的需求量来看，中国企业对中亚市场的开发还很不够。可见，中亚地区的农牧产品及加工市场巨大，前景看好。

二、开拓中亚机电产品、化工产品、矿业产品市场预测

（一）中亚机电产品市场

一是中亚各国对机电产品的需求不断增长。我国在机电产品生产上具有相对的优势，因此，我们要积极开拓和占领中亚市场。近年来，我国商务部和新疆政府及新疆生产建设兵团，在国内和哈国及中亚其他国家联合主办了数次中国机电产品展览会，即是中国机电企业拓展这一市场的举措之一。

二是中亚国家机械加工工业的严重滞后和老化，中亚国家普遍对进口机电产品需求旺盛。哈国每年进口额中机电产品占到 45% 以上；土国机电产品进口额占到了进口总额的 43.47%；吉国 2006 年机电产品进口占到全国进口总额的 21%；塔国的车辆和机械设备占到进口商品的 17.8%。机电产业成为这些国家鼓励发展的重点行业。近几年，中国对中亚国家的机电出口呈快速增长势头。以农机产品为例，据中国机电进出口商会统计，2001 年中国对中亚国家农机产品出口总数量为 271 022 台（套），增长 361.8%，对中亚出口品种变化每年都超过 40% 以上。

三是中亚市场对机电产品有巨大的需求。中亚地区需要的机电产品主要是：

电子类。包括家电及消费类电子产品，各类家用电器，自动数据处理设备，通信设备及零件，电工器材等；机械类。包括挖土机、拖拉机、农用车、犁等农业机械和小五金工具，缝纫机及零部件，金属加工机床等；交通工具类，包括各种汽车及汽车配件、摩托车及零部件，自行车及零部件等；仪表类，包括复印设备，医疗仪器及器械等。

四是农用机械在中亚国家的需求量很大。现在中亚各国农耕使用的农用汽车、联合收获机、割晒机等工具，很多都是严重老化超期使用，噪音大，耗油量大，配件难采购，机器一旦出故障就基本报废了。目前哈国85%的拖拉机和播种机已超过了使用年限，需要更新。塔国农机市场的总需求量为3万多台，由于进口渠道不畅，凡与农机产品有关设备都属于紧俏商品。但是，中亚国家经济发展与资金短缺是突出的共性矛盾，设备采购经费承受能力有限，所以中亚各国在积极寻求合适的措施，以促进农业机械产业的发展，其中包括吸引外资，在本国建设合资企业等。这都为我国企业进入中亚机电市场提供了机会。

五是中国的机电建材产品受到国外客商的欢迎。吉国、哈国等国家的客商对在交易会上展出的中国家电、机电设备、建材、农业机械产品等表现出浓厚的兴趣，这些都是中亚市场需求量较大的商品。目前中亚国家90%以上的机电产品都依赖进口。尤其是吉国的机电、农机及加工机械设备几乎全部需要进口，许多中亚客商都非常看好中国的机电产品。

（二）中亚化工产品市场

一是中亚国家有丰富的盐、碱等化工原材料资源。如哈国已探明的矿藏有90多种，钨储量占世界第一位，铬和磷矿石占第二位；铜、铅、锌、钼和磷的储量占亚洲第一位。此外，铁、煤、石油、天然气的储量也较丰富。2000年，哈里海北部发现一个储量为70亿吨的超大型油田。已探明的石油储量达100亿吨，天然气储量为11.8万亿立方米，煤储量为39.4亿吨，锰储量为4亿吨。森林和营造林2170万公顷。地表水资源530亿立方米。湖泊和水库7600多个。乌国主要有石油、天然气、煤、有色金属和稀有金属等，已探明各类矿藏储量价值3.5万亿美元。其中，黄金储量超过4000吨，居世界第四位，年产黄金80吨。天然气储量为2万亿立方米，煤蕴藏量为20亿吨。

二是中亚国家化工产品市场需求量大，主要靠进口满足国内市场需求。这些国家的化工工业处于起步阶段，许多领域都是空白，而新疆的氯碱工业、石油化工工业、塑料及加工工业比较发达，这就为我们开拓中亚国家化工产品市场提供了机会。鉴于中亚国家丰富的化工产品资源，这些国家在独立之后都把发展化工工业作为努力方向。如乌国经过十几年的努力，其化学工业已经成为该国经济的支柱行业之一。为了满足农业生产的需要以提供化肥和农药，境内大型化工企业的数量越来越多，它们已成为中亚地区化学工业的坚实基础。这些化工企业的生产能力，不仅可以满足国内对化学品的需求而且能够持续性地出口。化学工业产品及其他产品在满足国内市场需求的同时也兼顾了部分周边的中亚市场。中亚国家对化工产品有巨大市场需求和良好的经济技术合作前景，故近年来，乌国已经连续举办了两届国际化工及橡塑展览会。展览会上购销两旺，中国企业和中亚国家的政府和企业签订了大批的产品购销协议和经济技术合作协议。

（三）中亚矿业产品市场

我国是发展中国家，正处于大量消耗矿物原料及其产品的高速经济发展时期。经济全球化带来的矿产资源全球化，对我国第三步战略目标的实施，是千载难逢的机遇。在开拓国外矿产品市场和矿业资源方面，我国要从两个方面考虑：

1. 在矿种的选择上，必须考虑我国矿产资源结构中的短缺矿种和特种经济矿产，如能源矿产和基础矿产及特种经济矿产，以实现我国矿产资源供给的全球优化配置。

2. 在国家地域的选择上，要充分利用我国政治优势和地缘优势，并考虑矿产资源投资目标国的政治、经济、社会稳定性，矿业投资法律法规及政策，矿产资源种类及优势，以达到投资经济、科学合理合法。从全球范围着眼，我国实施"走出去"矿产资源开发战略，最理想的国家是中亚地区的哈国、吉国、乌国、塔国、土国五国。这是因为中亚五国具有以下的优势和条件：

一是商品贸易日益繁荣。在进口矿产品方面，中国主要从中亚五国进口大宗石油、天然气、原矿石、精矿石、钢材、废金属等；在出口商品方面，中国主要向中亚五国出口家用电器和日用消费品等。我国与中亚五国日益繁荣的商贸市场为我国从中亚五国进口大量的矿产品奠定了基础。

二是区域经济优势互补。中亚五国建设资本和日常消费品严重短缺，而我国雄厚的资金、物美价廉的家电和日用品及现代办公产品正是中亚五国所必需的。中亚五国的主要民族信仰伊斯兰教，而我国的伊斯兰特色产品和服装亦深受他们欢迎。中亚五国矿产资源丰富，我国需从中亚国家大量进口矿产品，中亚国家离我国最近，运输成本低，可获得较高利润。我国还向土国、哈国、乌国出口采油气设备、提供修复油井技术等。

三是矿产资源优势互补。中亚五国与我国在矿产资源种类和产量上具有非常明显的互补关系。中亚五国具有丰富的矿产资源。伴随我国改革开放的深入和经济高速发展，急需这些资源以缓解我国巨大市场的供需矛盾。中亚五国矿产加工程度均较低，而我国矿产资源高精度加工的商品以及工艺流程和加工技术也是中亚五国所必需的。在此方面已经形成了我国与中亚五国一种互相依托的互补关系。

四是中亚五国矿产资源现状基本清楚。我国对中亚五国的矿产资源种类、类型、分布、储量、资源量、产量及现状等掌握清楚，这为我国投资中亚五国矿业市场提供了确切的信息，使我国投资中亚五国矿业市场不会无的放矢，可以避免更大风险。

五是我国矿业已涉足中亚五国矿业开发。中石油、中石化、新疆有色集团、华凌集团、广汇集团及民营天意、识慧等公司已先后进入中亚五国矿业市场，主要投资的地域和方向是哈国、乌国、土国的石油天然气勘探与开发，哈国阿克斗卡特大型斑岩铜矿开发，吉国杰姆提铁矿的地质勘探等。中国企业进入中亚五国矿业市场，为当地经济发展和社会稳定作出了贡献，获得了中亚各国政府的高度评价和当地居民的热情欢迎，这为我国在中亚五国建立矿产资源后备基地提供了良好的人文环境。

六是中亚五国矿产资源投资法律政策环境良好。中亚五国为了加大本国的矿产资源勘查与开发，以便获取更多的外汇来发展本国经济，壮大本国的经济实力，纷纷制定了一系列比较优惠的法律法规及政策吸引外国资本进入本国矿业市场，参与本国的矿产资源勘探开发。由此可见，中亚五国是我国进军世界矿业界首选的地区，而且时机成熟。中国多次派团实地考察并了解这方面的进展，商务部对于到国外进行投资矿业的企业还可进行资金支持或无息贷款，是我国矿业企业开拓中亚市场的良好机遇。

可以充分利用合作中心开拓中亚市场的功能，构建一批资金和技术装备实力雄厚的地勘队伍，积极参与中亚国家的地勘业市场竞争；调整和优化我国地勘业队伍结构，以适应全球化要求，发现和建设我国在国外的矿产资源勘查基地；培养一批熟悉国际矿业权运作与经营的专业技术人才，构建一批具有雄厚经济和技术实力的国际矿山企业，鼓励支持他们走出国门，到中亚地区找矿开矿，以增强我国矿业的国际竞争力；在中亚地区建设一批我国短缺矿种的国外矿产资源生产供应基地，以改变我国目前矿产品基本单一从国际市场上购买的局面，为我国长期稳定、经济合理合法地利用国外矿产资源提供有效保障，优化我国矿产资源结构配置；积极推进我国与矿产资源丰富的中亚国家的矿业外交与矿产品贸易，帮助和支持这些国家进行地质矿产勘查，建立民族矿业及其他工业，扩大我国的国际影响力，提高我国的国际地位，促进这些国家的社会经济发展。实施"走出去"矿资源开发战略，鼓励国有企业组建具有国际竞争力的矿业公司或企业集团，增强在中亚地区参与矿产资源勘查开采能力。鼓励和支持已组建成立的矿业公司或矿业集团到中亚地区去投资勘查和开发矿产资源，这应该是我国矿业发展的方向。

三、开拓中亚家电、家具和建材产品市场前景预测

（一）中亚家电产品市场

1. 我国的家用电器在中亚市场具有相对竞争优势和广阔的市场。中国小家电目前在中亚已经占到 80%～85% 的市场份额，小电器在中亚市场非常畅销。那些外观小巧可爱、操作简单便捷的小家电在当地十分普及，有许多中亚居民家里都拥有不少这些中国产的小家电。中国东部和中部的许多企业也正是想借助新疆桥头堡的作用，开拓中亚市场，新疆已经成为众多厂商看好的家电中转通道。目前，中国的生

产厂家根据中亚国家的水电站多、电量充足、电价便宜、政府奖励多的具体情况，针对中亚居民对家用电器的规格和电压标准的不同要求，调整产品规格和款式，深受中亚国家居民的欢迎。

2. 哈国的电器市场上基本为进口产品。据初步估算，哈年需求电视机 30 万台，洗衣机 25 万台。目前主要是由韩国、日本、土耳其及欧洲产品供应，韩国在阿拉木图还有电视机组装厂。我国名牌电器在性能、质量上完全可以与其媲美，价格上则更具竞争力。以电视机为例，目前哈市场上电视机价格，14 英寸每台 190 美元，20 英寸每台 215～226 美元，25 英寸每台 385～495 美元，29 英寸每台 633～638 美元，主要品牌有三星、大宇等。中国电视与之相比有较明显的价格优势。"长虹""海尔"等中国家用电器在哈国市场潜力很大，正逐步为哈国消费者接受。

（二）中亚家具市场

1. 随着中亚地区家具市场不断扩大，对各种家具需求量的不断增长，市场前景看好。国内家具行业协会在 2007 年对中亚市场的家具需求的一项调查显示，目前中亚市场每年各类家具需求达 150 亿美元。霍尔果斯地处中国、哈国、吉国、乌国、塔国等中亚国家的中心区域，是亚太地区和欧洲统一大市场两大经济带交汇处。中亚国家人口素质比较高，一直以来都比较重视生态保护和森林资源保护，因此木材资源相对比较丰富且木材价格较低。但缺少木材加工企业和家具生产企业。

2. 合作中心和开发区建成运营，将极大促进边贸口岸的物流业发展。利用地缘优势在新疆伊宁市、霍尔果斯口岸等地建立家具出口加工企业，从中亚国家进口价格低廉的木材原料，就地加工，成品供应国内、国际两大市场前景广阔。目前从保护森林资源和生态环境的目标出发，中亚市场对钢木家具、塑木家具的需求量也很大。家具行业属于传统生产产业，发达国家在这个行业与我国相比没有竞争优势，我国也具有生产钢木家具和塑木家具的传统优势。因此，各地政府和企业要紧紧抓住合作中心和霍尔果斯特殊经济区建成运营的发展机遇，充分发挥我国的家具生产优势，深度开发中亚市场，不断扩大和占领中亚国家的家具市场。

(三) 中亚建材市场

1. 中亚各国建材市场需求旺盛。中亚国家经济持续增长,住房和基本建设工程发展迅猛,扩大了中亚各国建材市场的需求。根据中国建材工业行业协会2008年对中亚市场建材需求的调查显示,目前中亚五国,每年对建材的需求高达680亿美元,并且每年以15%的速度递增。基本建材由于体积大、分量重,原材料成本低,运输成本高的特点,通过新疆向中亚国家出口具有得天独厚、无与伦比的优势。一是因为新疆的基本建材资源非常丰富,就地取材,就可以加工生产;二是具有地缘优势,交通便利,运输距离短。随着中亚经济水平持续回升,中亚各国居民生活水平不断提高,对住房的需求也越来越大,建筑市场日渐活跃,极大刺激了对建材产品的需求。为满足中亚市场对建材的强劲需求,近年来,中国和中亚国家经济开展合作,多次在中国的一些城市和中亚国家举办了多次"中国建材工业产品博览会、展览会、展示会、洽谈会"。

2. 中亚国家对中国建材产品进口给予优惠政策。中亚国家建材部门和建材企业客商认为中国建材具有质优价廉、美观新颖、经济实惠、坚固耐用四大特点,更能满足该国的消费需求,并对中国建材产品进入该国及周边市场充满了信心。为了进一步建立中国和乌国建材购销的牢固关系。采购中心为了满足中亚各国建材产品的需求,使中国名优建材产品迅速占据中亚各国市场,将以总代理销售、展示中国名优建材产品的方式开展业务,形成中国名优建材产品在中亚市场上的规模优势和品牌优势。

3. 新疆建材产品开拓中亚市场的前景看好。新疆依托丰富的资源、成熟的生产技术和便利的交通条件,已经形成对中亚国家供应建材产品的优势。新疆不仅拥有得天独厚的地缘优势,也有很强的资源优势,新疆的石材加工、陶瓷生产和化学建材产品的生产现在都已初具规模。新疆将打造中国重要的建材产品出口加工基地。当前新疆出口量比较大的是墙地砖、化学建材、石材以及各种装饰建材。主要出口到哈国、吉国、巴基斯坦、美国和俄罗斯等国。新疆建材产品出口在短短四年内增长 12 倍，主要是中亚等国的建材市场快速发展带动的。如新疆广汇石材开发有限责任公司，依托新疆丰富的石材资源，全套引进具有世界先进水平的意大利特马富高利公司的石材加工设备，采用国际先进的生产加工技术和标准工艺。2008 年，江西瑞州陶瓷有限公司与伊宁市合作投资 2.5 亿元兴建"建筑陶瓷生产项目"，在伊宁市打造"中亚国际陶瓷产业基地"条件成熟。

4. 哈国对建材产品的强劲需求，有力拉动了新疆建材产业的发展。新疆建材产品在哈国生产和中亚其他国家的市场上十分走俏。哈建材生产领域十分薄弱，除水泥、沙、石等基本材料外，其他均需进口，毗邻的中亚国家也无建材企业。一些高档建材从意大利、土耳其进口，价格昂贵，数倍于我国的产品。现在哈国市场上的建材主要依靠进口，其中中国的各种建材产品在哈国市场上成为一道最亮丽的风景，并受到当地居民的欢迎。哈国在国际市场上最具有开采潜力的原料是石棉，石棉的蕴藏量位于世界第 3 位，每年全国开采的石棉超过 20 万吨；但是目前石棉生产还很落后，质量远远低于中国的石棉产品。这为我们与其开展经济技术协作，联合生产开发石棉产品，开拓国际生产提供了契机。目前哈国没有一个能够生产玻璃的企业，玻璃主要从俄罗斯、中国、土耳其等国进口。因此，哈国计划建设玻璃厂，生产建筑玻璃、汽车玻璃和家具玻璃。

5. 新疆生产或经过新疆口岸出口的建材产品有近百种，出口量比较大的是墙地砖、化学建材、石材、聚酯油漆、水泥以及各种装饰建材，这些产品主要出口到哈国、吉国、巴基斯坦和俄罗斯等国。中国建材协会和有关专家预计，中亚建材市场存在很大的市场空间，新疆建材行业具有进一步拓展的有利环境和发展前景。

四、开拓中亚轻工和纺织工业产品市场前景预测

（一）中亚轻工业产品市场

1. 新疆周边的中亚国家有着丰富的能源矿产资源，是世界上公认的 21 世纪全球最具开发潜力的能源宝库，为我们开发利用周边国家

资源，实施优势资源转换战略，推进新型工业化和大力发展轻工业生产开拓中亚市场提供了极好的机遇。中亚五国轻工业发展水平低，服务业较落后，轻工业产品相对匮乏，日用品等轻工业商品大多依赖进口，与我国有很强的互补性。中亚五国是一个正在发育、潜力巨大的市场。

2. 在中亚的轻工业产品市场上，我国占有比较大的市场份额。今后只要新疆做好大力培育外向型企业，围绕结构调整的主线，积极引导企业根据中亚市场对轻工产品的需求生产商品，就能形成一批具有稳固产业基础的轻工产品出口增长点。要着力支持自主名优品牌的轻工业商品出口。要以提高出口商品质量为重点，大力实施科技兴贸和"以质取胜"战略，加快利用高新技术和先进适用技术改造、升级传统轻工产业，培育具有比较优势的轻工业自主品牌商品。

3. 进一步加大加工贸易出口的力度。新疆轻工业出口商品贸易中，边境贸易占76%，一般贸易占18%，而加工贸易仅占5.7%，远低于全国的平均水平。加工贸易是新疆面向中西亚市场加快发展的必然选择，是"两个市场、两种资源"战略思想的重要体现。新疆目前已经具备了发展特色轻工产品加工贸易，吸引国内外大公司投资的能力，已涌现出美克、卡森这样的"两头在外"、取得良好效益的轻工企业。新疆各中心城市、边境经济合作区和经济技术开发区已经发挥各自优势，突出发展特色轻工业企业和重点轻工业产品，"十二五"期间至2020年将有针对性地发展面向中亚、西亚、南亚等地区轻工业产品出口加工基地，鼓励支持轻工企业做大做强，促进轻工业产品加工贸易出口，从而带动重点行业和领域内加工贸易的快速发展。

（二）中亚纺织、服装产品市场

1. 中亚国家对这一类产品既有独特的要求，同时也是一个不断增长的巨大市场。中亚国家每年的纺织品、服装产品贸易额高达200多亿美元，中国占有的市场份额大致是70多亿美元，还有很大的市场空间可以争取。为满足中亚国家对我国纺织品、服装产品的需求，我国近年来联合中亚国家，在中亚各国举办中亚服装纺织品展览交易会，对中亚地区有很大的影响力。根据中亚服装纺织品展览交易会情况看，中亚市场主要需要的纺织品、服装产品是日用纺织品和床上用品、装饰面料、服装及面料和其他纺织品、纺织原材料、裘皮服装、箱包等。

2. 哈国是我国服装纺织品重要的出口市场。2014 年 1~11 月我国服装纺织品出口哈国达 7.787 亿美元，同此增长 2.3%[1]。近 10 年来，哈国在产业结构调整中，纺织品、服装生产量下降了九成，服装、鞋类等主要依赖进口。哈国对中国服装纺织品进口需求旺盛，中国的服装、鞋类和纺织品在哈国的轻纺贸易中扮演绝对的角色。哈国从服务员、出租车司机到各界人士都普遍穿着中国服装，"中国制造"的纺织品、服装产品正走俏哈国。

3. 乌国是世界第五大产棉国，第二大棉花出口国，年产籽棉 350 万~370 万吨，可加工 100 万~120 万吨皮棉。乌发展纺织工业有稳定的原料市场，低廉的能源价格，较高劳动力水平，有较大的销售市场潜力。乌兹别克纺织业分为棉纺织业和丝绸业两大行业，主要是生产棉纱和布等初级产品。服装业生产规模较小，相对落后。但由于资金缺乏、原料中断、管理混乱、私有化改制不成功等原因，大部分企业停产致变卖纺织设备。进口服装的大幅增加对乌企业造成冲击。乌国为缓解国内纺织品、服装的需求压力和本国纺织品生产企业的竞争压力，通过对进口关税和消费税进行调整，实行一定的贸易保护。

4. 塔国轻工业发展长期落后，只能满足国内市场需求的 10%~15%。塔纺织业的基础薄弱，受到技术、设备、原料等多方面的影响，纺织品产量目前呈下降趋势。近年来，塔国居民对纺织品服装的需求也日趋旺盛，塔国每年都要进口大量纺织品来满足国内消费需求。

5. 我国纺织工业十分成熟，我国劳动力成本比较低，纺织品、服装产品的价格性能比也具有一定的相对优势。新疆一方面要根据中亚

---

[1] 哈国海关统计数据. 2014 年三季度哈从中国进口服装总量高 [N/OL]. 世界服装鞋帽网，2015 – 09 – 02。

市场的需求，组织生产适销对路的纺织品和服装产品，开拓中亚市场，取得更大的市场份额。另一方面要抓住中亚国家吸引外商投资纺织工业的机遇，加大吸引国内纺织机械的出口力度，将我国东部地区具有国际先进水平的纺机新产品推向中亚市场；同时充分研究中亚投资计划中的项目，做好可研报告，在纺织领域与乌兹别克开展投资合作项目，这样，产品销售可辐射中亚和欧盟市场，为我国企业实施"走出去"战略开拓一条新路。

五、开拓中亚能源和废旧金属市场前景预测

（一）中亚能源市场

1. 中亚地区石油、天然气、煤炭能源资源概况。中亚地区拥有丰富的石油和天然气资源。据估计，里海周边一地区的石油蕴藏量达6000亿桶以上，约占世界储量的25%～30%。中亚五国共同的特点是石油、天然气、煤炭三大能源蕴藏量极为丰富，享有"世界能源和原材料基地"之誉。其中石油保有储量达274.2亿吨，世界排名第二；天然气保有储量79万亿立方米，世界排名第三；煤炭探明储量1500亿吨，世界排名第九。勘探表明，中亚地区的油气资源分布广、储蓄大、品质高，具有巨大的开发潜力。中亚的石油天然气资源主要集中在哈、乌、土三国。土国的石油储量为120亿吨。天然气远景储量居中亚各国第一，居世界第三；哈国的石油储量达120亿吨，天然气储量为8.7万亿立方米；乌国石油探明储量8.17亿吨，天然气储量约55.9万亿立方米，年产量约650亿立方米。中亚国家的煤炭资源也十分丰富，目前哈国煤炭地质储量超过1130亿吨，2015年煤炭开采量为1.08亿吨，较2014年增长了6%；吉国探明地质煤炭储量为296亿吨；塔国探明煤炭储量46亿吨；乌国探明的煤炭储量达20亿吨。中亚地区天然气丰富，储量按目前消费水平计算，足够欧洲消费400年。

2. 中国与中亚能源合作的紧迫性和必要性。中国实施全面建设小康社会的宏伟目标的历史时期，是中国和平发展和民族伟大复兴的关

键时期，中国的腾飞却遭遇到能源"瓶颈"。自 1993 年中国成为石油净进口国以来，中国的石油供给持续紧张。2008 年进口石油突破 2 亿吨，石油对外依存度达到 60% 以上。据专家估算，到 2020 年，我国进口石油要达到 3.6 亿吨，超过日本，仅次于美国。能源安全战略对中国未来发展有着至关重要的意义。

3. 中国与中亚能源合作的可能性。第一，中亚国家对中国参与本地的能源开发持积极态度。中亚各国都是内陆国家，急需出海口，而中国是中亚向东通往世界市场和出海口的必经之路，而且输油管线的东向方案符合他们独立自主的油气运输战略要求。哈国、土国政府均表示了对铺设通往中国的管道的积极态度，愿意与中国保持长久的能源供求合作关系。而中国拥有充足的外币储备，中国石化工业已拥有世界一流的技术和丰富的国际合作经验，完全有实力参与中亚石油开发，取得双赢的良好效果。第二，中国与中亚各国的良好关系为开展能源合作创造了前提。中国同中亚五国政府正式建交以来，彼此关系稳步向前发展。上合组织的建立有效推动了各成员国之间在政治安全领域合作的深化，巩固了地区安全与稳定，促进了经贸合作和共同发展。

(二) 中亚废旧金属市场

1. 中亚国家废金属资源量大、质好，重料和大型料比重大，价格低于国际市场。中国钢铁企业从 1996 年开始开拓中亚国家的废钢市场，1997 年开始从哈国等中亚国家大量进口废钢，从阿拉山口进口的废旧金属就高达 200 多万吨，补充了中国市场废旧金属资源的相对不足。自霍尔果斯进口的废旧金属主要以比较贵重的和小批量的铜、铝、不锈钢、锌、铅等有色废旧金属为主。经过近 10 年的废旧金属贸易，中亚国家的废钢资源已经恢复到正常的循环消费水平，每年大约产生废旧金属 500 万吨。在中亚五国中，除了乌国有严格的规定不能出口废旧钢铁外，其他四个国家都可以出口废旧金属，每年大约有 100 万吨资源。2009 年估计有 50 万至 80 万吨的废钢资源量。特别是中国精伊霍铁路 2012 年与哈国土西铁路的接轨，形成一条运距更短、更便捷的大通道，使霍尔果斯口岸成为废旧金属贸易和中转的大市场。

2. 我国的有色金属需求持续增长。我国有色金属产量连续三年位居全球首位，成为有着巨大产量和消费量的国家。中国铜和铝的消费量位居全球首位，铜消费量占全球铜消费总量的 22%，铝占的比例为 25%；但我国有色金属资源不足，需要进口来满足经济发展的需要。进口废旧有色金属再生产是一条经济、高效的捷径。2007 年，中国进口 560 万吨废金属，超过全球废金属的 70%。有色金属废料进口量每年以两位数增长，进口量也位居全球第一。中国对有色废金属的需求将在未来十年内保持高水平。再生铜的进口将会以 8%~10% 的速度增长。2009 年废铜进口量达 650 万吨，2010 年预计增长至 700 万吨。

第四章 依托中哈霍尔果斯国际合作中心发展伊犁州外向型经济

中哈霍尔果斯国际边境合作中心（以下简称合作中心）是世界首个跨境经贸与投资中心，它的建成代表了新疆深化改革的方向和扩大开放的新思路、新举措。伊犁州地处中国西部沿边地区、向西开放的前沿，高起点、高效率建设好新疆改革开放工程——合作中心，进而以合作中心为改革开放新动力，加快伊犁州经济社会跨越式发展，从而促进新疆和中国西部跨越式发展，这是历史赋予伊犁州的时代责任。

第一节 伊犁州依托合作中心实施外向型经济发展战略的主要思路

一、借助合作中心打造伊犁州出口加工基地和国际大通道

（一）紧紧抓住国家实施西部大开发战略和中央支持新疆加快发展的机遇

伊犁州要利用合作中心建成和全面启动的大好机遇，打造伊犁州向西开放的出口加工基地和国际大通道。无论从伊犁州固有的地缘、资源优势和客观存在的制约因素，还是从加快伊犁州新型工业化、农

业产业化进程的要求来看，全方位对外开放，加快开放型经济发展，对于伊犁州来说都是一项必须长期坚持的战略目标和战略重点。因此，伊犁州党委、政府要组织动员全州之力实施向西开放战略，认真贯彻落实《国务院关于进一步促进新疆经济社会加快发展的若干意见》提出的"着力构筑向西开放新格局"的新精神新要求，根据伊犁州有口岸、边境线长、离中亚国家近的区位优势，全面实施向西开放战略。借助合作中心全面启动和快速发展的机遇，采取多种方式，把伊犁州建设成我国向西开放的国际大通道和出口商品加工基地。

（二）积极推进和参与上合组织内的区域经济合作，实现互利共赢

伊犁州要积极协助国家和自治区推进合作中心建设，紧紧抓住这一大好发展机遇，充分利用自身的地缘和人文优势等有利条件，积极地实施"走出去"的对外贸易发展战略，以建立批发市场为突破口，组织有影响、有实力的企业到中亚搞合作开发，扩大合作领域和范围，提高市场占有率；以口岸为依托，开展旅游购物，把清水河经济技术合作区办成向中亚进出口的商品集散地；以江苏工业园区为基地，搞好出口加工工业生产。要抓住机遇，走出国门，参加中亚地区交易会、展销会，了解中亚市场，结交众多客户，使产品直接同外商见面，扩大出口额。进一步落实和利用好国家赋予伊犁州对外开放的优惠政策和建设资金，制定规划，加强协调，搞好宣传策划，提高伊犁州向西开放的知名度和影响力；搞好合作中心、霍尔果斯特殊经济开发区和全州各经济技术开发区、边境经济合作区、工业园区的招商引资工作，引导高起点、适合周边国家市场需求的项目进入合作中心、开发区、合作区和工业园区，组织好伊犁州参与境外经贸合作区的招投标工作；积极争取国家在上合组织框架下培训周边国家商务官员和企业家的培训项目，为建设中哈自由贸易区和上合组织区域经济一体化奠定良好基础，实现伊犁州对外开放的重大突破。

（三）充分利用合作中心和综合交通优势，加快伊犁州外向型经济发展

国家在制定了一系列对合作中心优惠政策的同时，还从战略高度

加大了对口岸交通设施的建设力度。果子沟至清水河、赛里木湖至清水河、清水河至伊宁市的三条高速公路已建成通车，这些高速路与312国道相连，把霍尔果斯口岸与新疆各地和祖国腹地相连。精伊霍铁路已通车，并将与哈国铁路相连，贯通中亚与欧洲。乌鲁木齐到精河的电气化铁路复线、伊宁新机场建成投入使用后，霍尔果斯口岸向东可辐射到全国80%的地区；向西可连接中亚各国和俄罗斯并进入欧洲。这预示着霍尔果斯口岸将成为集高速公路、铁路和航空为一体的综合性国际联运枢纽。特别是合作中心位于新疆经济发展活力最旺的天山北坡经济带的龙头地位，更是得天独厚，依据这些有利的发展条件，口岸兴旺发达之日可以说指日可待。目前，一个集国际客货车辆停泊、商品展示、商贸洽谈、进出口手续办理、休闲娱乐、商品信息发布、办公等为一体的综合性服务设施将在口岸崛起。如果说霍尔果斯口岸是通向中亚乃至欧洲的第二座亚欧大陆桥的"桥头堡"，那么霍尔果斯国际边境合作中心必将会成为这座"桥头堡"上人流、物流积聚的焦点。

二、充分做好发展中亚市场前景预测研究，为伊犁州开拓中亚市场做好准备

研究内容如下。

一是合作中心在开拓中亚市场方面的功能定位和对伊犁州经济发展的影响，伊犁州与中亚国家的经济发展互补状况分析；伊犁州在中亚区域经济分工中的优势和劣势，目前伊犁州在开拓中亚市场中存在的问题及主要原因等。

二是根据国际生产分工理论、区域经济一体化理论、外向型经济带动理论和中亚市场需求预测，研究确立伊犁州在中亚区域中的生产分工定位。近期重点是搞好加工工业的选项定位，使伊犁州在未来发展成为中亚区域重要的加工工业基地。远期搞好伊犁州现代农牧业的发展定位和农牧业产业化定位。

三是通过对合作中心在中亚市场中的功能定位，以及合作中心的

国际贸易自由港作用、国际大通道作用，对合作中心未来的发展走向、联通辐射到西亚、南亚、东欧发展前景的深入研究，确立伊犁州未来现代物流业的发展规划，促进伊犁州现代物流业的加快发展。

四是走外贸强州的道路。合作中心承载着示范中哈经济投资贸易便利化、自由化的使命，合作中心顺应中国对中亚贸易格局和模式的发展变化趋势，将实现国际边境大零售模式，进而形成国际招投标、订单采购平台，伊犁河谷有可能成为"中国制造"直销中亚的第一自由贸易港的直接受益者。要把可能转变成现实，伊犁州就要搞好开拓中亚市场预测与对策研究。

五是依托合作中心促进伊犁州区域产业结构调整和优化升级的对策研究。重点是伊宁边境经济合作区、清水河经济技术开发区、江苏工业园区与合作中心联动联合发展的对策，伊犁州发展外向型工业园区的对策研究和发展规划。

三、积极利用合作中心促进产业结构优化升级，以优质产品开拓中亚市场

（一）实施以质取胜战略，全面开拓中亚市场

要加强对出口商品的质量管理与监督，引导生产企业努力按照国际标准组织生产，从各个环节严把产品的质量关。大力培育有本地特色、国际上适销对路、质量和价格都有竞争力的"拳头"产品；外贸出口企业要改进服务方式和手段，扩大服务范围，充实服务内容，帮助生产企业提高商品质量。要着力调整和优化进出口商品结构。重点支持在中亚市场上适销对路的机电及高新技术产品出口；着力支持农产品出口，做好农产品、林果产品、蔬菜产品的出口，搞好伊犁州肉类产品的出口；着力支持自主品牌商品出口，鼓励自主出口品牌加大创新投入，不断提高自主出口品牌商品的科技含量和附加值；积极扩大进口，培育新的进口品种，开拓新的进口市场，争取国家通过专项转移支付方式替代边贸进口环节税的政策，研究扩大进口和发展进口资源加工的政策措施。

（二）进一步优化进出口结构，加快外贸发展方式转变

一是积极扶持地产品出口；二是努力扩大外购产品出口规模，坚持"外引内联、东联西出、西来东去"的方针；三是引进与建设并举，努力搞好机电和高新技术出口；四是加快调整进口结构，改变原来"重出口、轻进口"的观念，积极引导企业加强先进技术设备、国内紧缺的原材料及资源和环保产品的进口；五是充分利用合作中心的功能，落实和利用好国家赋予合作中心的优惠政策和建设资金，吸引高起点、适合周边国家市场需求的项目进入合作中心配套区，进一步发挥合作中心作为新疆向西开放的窗口和平台作用。六是突出重点，扶持外贸龙头企业做大做强。在政策、协调、服务上采取措施，及时协调解决企业发展中面临的通关、退税、外汇核销、运输、资金等方面的问题，为龙头企业做大做强营造良好环境，实现对外贸易持续、快速、健康发展。

四、依托合作中心实施外贸强州战略

（一）高度重视外贸强州战略，积极强化外经贸工作

伊犁州要立足合作中心的发展和未来自由贸易的建立，必须树立大外贸思想，加强向西拓展中亚市场工作，加快出口基地建设，把促进外贸发展作为伊犁州外贸发展的增长点之一。要继续办好在哈国阿拉木图市举办展销洽谈会，以此为扩大本地产品出口搭建平台，推动全州外经贸事业加快发展。应进一步采取积极措施，在贸工农结合方面下功夫，并借助境外展洽会积极推介、寻找商机，争取实现外贸工作有所突破。

（二）加快出口基地建设，搭建外向型产业平台

要依托开发区和合作中心，加快农产品出口基地建设，因为这有利于加快农业产业化的发展，有利于增加农牧民的收入，有利于扩大外贸的出口。因此加快农产品出口基地建设必须引起各县市的高度重视，把出口基地建设作为农业产业化发展的一件大事来抓。落实外贸强州战略，加快实施以工业出口推动伊犁州的新型工业化进程和农产

品的出口推动新农村建设。采取工业反哺农业的方式，推动基地快速发展，带动更多的农牧民致富。要实现贸易与生产相结合，开发商品和培育市场相结合，扩大农产品和高附加值产品出口的种类和数量，转变单一的出口代理经营方式，扩大自营出口，积极拓展加工贸易，探索对外工程承包等服务贸易出口渠道，努力促进出口商品的进一步优化和同步增长。

五、依托合作中心与中亚各国联手发展国际旅游业

依托合作中心与中亚各国联手大力发展国际旅游业，是伊犁州未来经济发展的一个方向。其重点是深度挖掘伊犁州的人文历史旅游资源，比如乌孙古国、准噶尔汗国、清代伊犁将军和伊犁将军府的历史和轶事等；另一个重点是开创性地组织好跨国旅游，包括中亚五国游客来伊犁购物旅游和中国游客赴中亚五国参观旅游。中亚各国人口素质较高，在前苏联时期就比较重视生态保护，因此中亚国家的自然环境都比较好。例如吉尔吉斯有牧场之国、中亚瑞士，塔国有高山之国，乌国有白金之国等美称，这些都为伊犁州开展跨国旅游活动，发展旅游经济创造了条件。

六、依托合作中心整合中亚研究力量，努力做好中亚市场调查和信息服务

伊犁州依托合作中心开拓中亚市场，首先就要加强调查研究，充分掌握中亚市场信息。中亚各国存在的贸易政策不稳定、不规范情况是客观的，我们没有能力去马上改变这种现状，但在这个过程中，我们不能被动地消极等待和接受，而是可以通过研究和掌握准确的中亚市场信息来规避这些风险。因此企业要正确把握中亚市场动态，充分了解中亚市场的信息。伊犁州党委、政府要组织专家学者对中亚市场展开研究，及时发布准确的中亚市场信息，支持和引导企业开拓中亚市场。现在我们的研究力量分散，没有形成合力和优势。针对这一情况，伊犁州政府要出面引导，依托合作中心从四个方面整合中亚研究力量：

(一) 整合行政事业单位的专职研究力量

彻底改变以往各自为战、互不联系、研究与实践脱节的问题。要由伊犁州党委和政府牵头，霍尔果斯口岸管委会与伊犁师范学院中亚研究所合作成立霍尔果斯中亚研究中心，把现有的研究力量组织起来，统筹规划，合理分工，避免重复研究，实现资料、资源共享。中亚研究中心要根据企业开拓中亚市场的实际需要和情况，根据国际贸易发展的趋势，统一制定研究规划和研究项目，把理论研究和发展国际贸易的实际结合起来。要定期发布研究成果和中亚市场信息，为企业开拓中亚市场指明方向。

(二) 积极扶持民办科研机构对中亚市场的研究

中亚研究需要出国调查研究，前期的人才培养和调查研究费用非常高，因此民营研究机构的前期投入就比较大，效益比较差。但是，他们一旦完善起自己的研究机构和力量，就会比公办研究机构多出成果，快出成果，会为企业提供优质服务，就会产生良好的经济效益。因此前期需要政府的关怀和扶持。从市场化的角度和长远的发展看，政府包揽中亚市场研究，全面为企业服务是不可取、不完善，也是办不到的。民办研究和咨询机构在这里可以发挥重要的作用，也是未来发展的方向。因此政府对民办研究咨询机构和公办研究咨询机构一视同仁，平等对待，积极扶持民办研究和咨询机构的发展，引导他们走上规范化和健康发展的道路。

(三) 通过政府引导，制定一套完善的机制

把每个企业收集的中亚市场信息汇集到一条渠道上，实现信息资源共建共享共用。现在，每年都有大量的企业人员到中亚各国考察调研，他们都掌握着一定的信息量。虽然他们有自己各自的目的和方向，但是他们掌握的中亚信息还是零散的，不全面、不系统的。如果能把这些中亚信息汇集到一个中亚研究中心的渠道上，在经过中亚研究专业人员的整理、归纳和分析，就会成为价值很高的高质量信息源。同时也可以节约大量的出国考察经费，大大降低对中亚市场的调查研究成本和中国企业进入中亚市场的风险。

（四）与国内中亚研究机构共建信息网络

中国社科院、新疆社科院、西部一些省区的社科院和兰州大学、新疆大学、伊犁师范学院、伊犁州外经贸局等学术研究机构和部门都有专门的中亚研究机构和一批专家。他们有的常驻中亚国家，有的专门到中亚国家考察研究，每年都有大量的有关中亚经济社会研究成果。伊犁州外经贸局和霍尔果斯口岸要花大力气同他们建立联系机制，建立信息资源研究成果共享网络，就可以做到事半功倍。

第二节　伊犁州依托合作中心发展外向型经济的对策措施

一、进一步优化伊犁州区域外向型经济的发展条件

（一）加强制度创新，实施规范管理

新疆对中亚五国的经贸合作多年来未能有质的突破的一个重要原因就是管理不够规范，有令不行和未能根据新形势及时制定出相应的法规制度所致，使我区的外经外贸管理存在很多漏洞。伊犁州同样存在这一问题，因此，伊犁州不仅要用足用活国家赋予我们的各项优惠政策，还要从实际出发，因地制宜地制定出符合伊犁州州情的各项优惠政策。在制度上创新，对口岸边民互市、往来客商、政府工作人员、进出口商品质量、贸易秩序等都制定出相应的管理办法和规章制度。加大管理力度，并广为宣传，增加透明度，为伊犁州对中亚五国的经贸合作营造良好的法制氛围。

（二）优化州域外向型经济环境

伊犁州有着较好的发展区域经济自然资源和区位资源优势，但在社会资源和经济资源上与内地相比存在很大差距。在社会资源所包括的政局稳定、社会秩序良好、地区城市化水平、消费水平、居民购买力、基础设施水平、计划生育和经济资源所包括的资金、人

力、技术等要素中，伊犁州大部分指标都低于我国东中部地区，甚至低于全疆平均水平。伊犁州只有努力提高本地社会、经济资源的各项水平，加快城市化进程，加强基础设施建设，提高居民的工资收入，优化投资环境，多吸引各种人才和高新技术，将伊犁的区位优势与社会经济资源有机地结合起来，才能优化伊犁州区域经济发展的条件，利用西部大开发的大好时机将伊犁州经济引入高效快捷的发展轨道。

（三）重视加强外经外贸行业信息化建设

驻口岸的海关、商检等单位要积极配合全面实施通关作业制度，实现以信息化平台为依托的审单作业、物流监控和职能管理三大系统所构成的新的通关模式，全面加强对进出口活动的实际监管。要在外贸企业大力推广电子商务，从规划建设、推广普及、人员培训、商品广告等方面入手，建设和完善进出口配额许可证管理、进出口统计、出口退税、出口收汇、进口付汇核销等应用系统工程，尽快实现有外经贸部门、合作中心、霍尔果斯特殊经济开发区与伊犁河谷各开发区和企业的联网和共享。在信息、中介单位采用互联网、电子报刊媒介，为外经外贸企业提供时效性强、可靠、便捷的商情快报、信息咨询、市场调研报告等服务，使信息先导，企业后行，增强外贸企业决策的可操作性，减少外贸企业由于信息不灵带来的损失。

二、进一步扩大实际对外开放度，优化商品进出口结构

（一）努力扩大伊犁州实际对外开放度

实际对外开放度较大意味着市场准出和准入的限制少，自由度大。就伊犁州目前的经济发展水平看，有些外贸限制和保护措施是必需的；但随着中国加入 WTO 保护政策的到期，有些领域的限制必须取消，而且越早放开越有利于企业竞争力的培育。因此，霍尔果斯口岸和合作中心应当放宽出入境人员的限制，简化出入境手续，使新疆人员出入境，能像云南、广西等地人员在当地口岸出入境一样方便、

快捷；放宽对外商投资的限制，鼓励全国驻伊犁州企业和本地企业到中亚五国开展来料加工、境外投资、境外销售业务；对伊犁州境内的资源产业和市场，除国家特殊规定外，一律向国内外投资者开放，鼓励国内外投资者以独资、合资、合作、参股、控股等形式参与新疆的大开发建设；允许外商投资兴办金融和商业零售等三资产业。为伊犁州的外经外贸发展营造良好的发展氛围和更大空间。

（二）进一步优化商品进出口结构

伊犁州要想实现与中亚五国经济贸易合作的快速发展，必须摒弃过去只注重进出口额的做法。当今的国际市场是高技术含量、高附加值的优质、名牌商品称霸天下的时代。伊犁州乃至新疆也不可能生产出所有门类的优质产品，但伊犁州具有丰富的原材料和发展高新技术的后发优势，应立足本地，放眼世界，从长远出发，根据自己的资源、资金和人力条件有选择地建立起自己的优势产业，培育出自己的名牌产品；增加工业、农业、畜牧业等传统产业和化工、信息技术、生物制剂等高新技术产业产品的后加工能力，从质量、技术、包装、广告等多个方面提升产品的附加值，使我们的产品不再仅仅是以价格低廉而取胜，而是以丰富的商品内涵、具有与外国同类产品同质竞争力而被选中。因此，伊犁州的出口产品应向高附加值、高技术含量和精深加工能力的方向发展；进口产品应多选择初级原料产品和人有我无的高新技术设备和技术。

（三）使多元化外经与拓宽内贸相结合

由于伊犁州经济结构不平衡，本地产可供出口的产品十分有限，可供出口的产品额和产品品种与其拥有向西开放最大公路口岸的地位很不相称，这就使伊犁州在发展对中亚五国的经贸合作时对内经内贸具有较大的依赖性。因此，伊犁州不仅要根据中亚市场积极开展商品、投资、加工、服务、对外援助、工程承包等多元化的对外经贸合作，还要注重拓宽内经内贸渠道，使伊犁州成为中国西部乃至中亚市场最大的国货集散地和技术引进地，国产商品通往欧亚的主渠道，真正发挥中国西部国际大通道和桥头堡的作用。

三、加紧培养和引进外向型经济人才

（一）培养建设一支懂外向型经济的干部队伍

伊犁州各级党委、政府要努力把各级党校（行政学校）建成培养懂外向型经济党政领导干部的培训基地。要充分发挥州、地、县（市）委党校和行政学院（校）的作用，加强对各族党政干部进行对外开放、发展外向型经济战略方针的教育培训，提高全体干部以科学发展观统领发展开放型经济的能力和水平。教育培训的主要内容应该有：（1）党的十八大报告中关于"继续促进人类和平与发展的崇高事业"的指导思想、方针政策和具体内容；（2）《国务院关于进一步促进新疆经济社会发展的若干意见》中提出的"着力构筑向西开放新格局"的指导思想、方针政策和新精神、新要求、新内容；（3）中亚国家概况和中亚市场与伊犁州经济互补的情况；（4）上合组织制定的联合声明、中国与中亚国家有关经济、贸易、交通、能源合作的条约、协定、协议等国际性文件和有利于伊犁州实施向西开放战略，发展开放型经济的优惠政策和具体内容；（5）充分利用合作中心和霍尔果斯特殊经济开发区建成运营政策优势，推动伊犁州经济社会跨越式发展的思路与对策；（6）充分利用《西部国际大通道》《聚焦中亚与霍城开放型经济》等有伊犁州向西开放特色的本地图书，作为伊犁州党政干部学习研究发展外向型经济理论的参考教材和州委党校（行政学院）的干部培训教材，有针对性地开展党政干部发展外向型经济的教育培训工作。

（二）创新人才培养引进机制，建立一支优秀的外经贸人才队伍

伊犁州依托霍尔果斯中哈国际边境合作中心发展对外贸易，首当其冲就是需要大量的优秀外经贸人才。因此，伊犁州必须强化国际经贸人才的引进和培养。伊犁州要开拓国际市场，这对从业人员的要求较高，从事对外贸易的人员不仅必须会一到两门外语，还应当具备外经、外贸、管理、金融、法律、经济等方面的专门知识，这是外经贸事业的特殊性所决定的。只有具备国际化经营头脑和上述知识才能从

容应对瞬息万变的国际竞争市场，减少知识贫乏和决策失误所带来的损失。因此，加强对外贸从业人员的再培训，注重对他们的专业知识、新知识的学习和业务能力的培养显得尤为重要。同时，由于外贸工作的特殊性，还要注重对外贸从业人员的国格教育、纪律教育、廉洁教育和思想教育，使之具有外经贸事业所要求的高水平的综合素质。伊犁州要注重外经贸队伍的建设和培养，使外经贸人员在学会国际商海里游泳的本领，掌握应对国际市场的能力，提高防范意识，降低风险。首先要加强全州外贸干部队伍建设，要在外贸部门和外经贸企业干部职工中树立想干事、干实事、干大事的思想，进一步转变工作作风，提高服务水平。其次要进一步强化企业素质，加强管理、加强企业员工培训、加强引导、强化建设，发展适应市场要求的外经贸队伍。以提高企业素质为核心，强化企业队伍建设。

（三）认真做好企业外经贸人才队伍建设的重点工作

一是强化企业的基础管理，特别是企业财务、统计、报表等的要求和培训。通过强化管理适应市场，适应发展。二是加大企业管理人员的培训力度。把培训工作作为提高企业素质的基础，办好统计、新政策、"走出去"培训班。三是进一步加大对企业开拓国际市场的扶持力度，引导企业树立国际化经营理念，广泛采用国际标准体系生产符合国外市场标准的工业产品和农产品，推动和强化品牌建设工作。

（四）解决伊犁州外经贸人才不足的治本之策

一是周密制订培训计划，依托伊犁州技术学院和伊犁师范学院，培养外语人才、外贸人才、国际经济法、国际金融人才和涉外技术人才。二是加大引进外贸人才力度。培养外经贸人才，有一定的周期性，远水解不了近渴，现在合作中心建成启动和精伊霍铁路通车，使伊犁州马上就面临需要大量外经贸人才的局面，因此，当前最主要的还是积极引进外经贸人才。要制定人才引进、人才使用优惠政策，敢于突破常规，营造使各类人才充分发挥才智的社会环境。

四、优化投资环境，提高对外开放服务质量

（一）营造良好的政策环境、良好的市场秩序和条件

伊犁州各级党委、政府都要积极转变观念，增强服务意识，提高服务质量，做到管理透明、服务优质，以良好的投资环境来加大招商引资的力度，吸引国内外客商到伊犁州落户，投资办企业。下大力气营造有利于外经贸发展的环境。进一步改善政策环境；坚持不懈地抓好法治环境建设；进一步转变职能，提高素质，完善外经贸服务保障机制。推动外经贸系统形成敬业、服务、务实、创新的良好作风和行为规范、运转协调、公正透明、廉洁高效的行政管理体制。转变政府部门职能，搞好外经贸服务工作，首先要加大对国家外经贸政策信息的研究和利用。国家商务部将在实施品牌战略、科技兴贸出口创新基地建设、农产品出口扶持政策等方面制定措施，国家将加大对农产品出口基地建设和标准化生产、质量可追溯体系建设及生产体系认证的支持力度，要普遍恢复或提高农产品加工品出口退税率，鼓励高附加值农产品出口等。这些政策的实行与自治州外贸发展关联度较强，外贸管理部门在研究政策的同时应积极争取政策支持，加强对企业政策引导和扶持工作。

（二）进一步加大党委和政府的服务工作力度

一是大力发展外向型经济，把伊犁州打造成我国向西开放的战略根据地和桥头堡。要依托霍尔果斯口岸和合作中心大力发展外向型经济，推进新型工业化进程，把企业改造成为外向型企业，把产品改造成为外向型产品，形成一批具有稳固产业基础出口增长点。二是积极合理有效利用外资，提高利用外资规模、质量和水平。加强对伊犁州各级各类经济技术开发区和工业园区利用外资工作的指导，积极承接东部地区产业梯度转移，引导东部外商投资企业和内资企业来开发区和工业园区再投资。三是加强协调，鼓励有实力的企业加快"走出去"步伐。投资与贸易相互促进，扩大对外投资，大力发展境外加工贸易，做好项目带动进出口工作。政府鼓励，合作中心帮助有条件的

企业到境外投资和承包工程，带动国内相关行业的技术、设备、原材料及劳务出口，增加进口。四是加强贸易促进工作，依托合作中心构筑全方位对外开放的大平台。积极参加乌洽会、哈洽会"等商品展销会、洽谈会，营造良好的外经贸发展环境；五是推进外经贸促进服务体系建设，加强外经贸领域信息化的推广应用和规划，实现信息共享。六是加强政策研究工作。加强合作中心发展政策的研究，提出可操作性的对策建议。为企业提供有价值的经济信息。随着新疆与中亚国家经贸合作与交往的深入，精伊霍铁路通车，合作中心建成运营的历史机遇，加快各开发区和工业园区加工贸易发展，加快发展物流、金融、旅游等服务贸易，加快贸易经济发展方式的转变。近几年来，中亚五国经济实现较快增长。除了石油、天然气、煤炭开采加工为主的能源工业外，金属工业、电力工业、建材工业、造纸业、化学工业和食品工业都是中亚国家较具发展潜力的行业。要从伊犁州的实际出发，有方向、有目标地组织经济部门和企业到中亚国家进行市场调研工作。七是加强协作，形成合力，主动争取国检、外管、国税、银行、发改委、财政、运输、海关、口岸等部门对伊犁州对外经贸工作的支持。

第五章 依托中哈霍尔果斯国际合作中心开拓中亚农畜产品市场

第一节 伊犁河谷依托合作中心开拓中亚农畜产品市场的前景预测

伊犁河谷经济区有3个对哈国开放的口岸,与中亚五国贸易具有良好的地缘优势,农业产业结构互补性强,中亚国家对伊犁河谷农畜产品的接受程度较高,具有开拓中亚国家市场的巨大潜力。通过绿色、有机农牧业产业化发展,尤其注重了绿色、有机农牧业产后采收、包装、贮运等商品化处理,注重保鲜技术的引进与产业化,加大了对绿色、有机农畜产品通过精深加工与综合利用,全面提高绿色、有机农畜产品采后附加值,是通过绿色、有机农畜产品产业健康发展开拓中亚市场的重要途径。

一、伊犁河谷经济区面向中亚市场发展外向型农牧业前景分析

发展外向型农业是增强农业竞争力的内在要求,是农业产业化深入发展的新阶段,是伊犁河谷经济区发展现代农业的必由之路。但

是，对于伊犁河谷经济区来讲，不仅其自身的农产品需求市场空间狭小，而且远离国内大市场的中心，与国际国内大市场连接均嫌薄弱，在市场竞争中皆处于劣势。合作中心建成运营后，必然成为内连国内市场、外接中亚国际市场的进出口贸易集散地、出口产品加工基地和"东联西出、西来东去"发展外向型经济的重要平台。因此，伊犁河谷经济区通过合作中心，面向与其毗邻的中亚发展外向型农业，增加农产品出口，扩大农业外向度，拓展发展空间，实现农产品市场由以国内市场为主向国内、国际两个市场转变，而更加注重国际市场是必然之路。为此，伊犁河谷农产品生产将由数量效益型为主向质量效益型转变，更加注重标准化；农业组织方式由"公司加农户"为主向"公司加基地联农户"转变，更加注重规模化经营；农业科技由传统技术向高新技术转变，更加注重运用先进技术改造传统农业，加快农业的外向型和现代化进程，提高农业产业化水平，增强农业竞争力，实现农业现代化。

（一）牛羊肉、肉制品和牛羊活畜及皮毛

从市场分析预测可知，目前中亚国家的牛羊肉市场尚处于自给自足的基本平衡状态，但随着该地区经济复苏和居民收入水平不断提高，牛羊肉的需求结构将更加趋向于优质、绿色的高端产品。从未来发展需求分析，该地区优质、绿色冷鲜牛羊肉和香肠等肉制品的需求空间会不断扩大。而我国国内和新疆区内的牛羊肉市场需求旺盛且增长较快。因此冷鲜牛羊肉和香肠等肉制品应立足于开拓中西亚国家和我国国内高端市场。另外，根据市场分析，西亚国家市场牛羊活畜需求非常旺盛。因此，伊犁河谷可以向西亚市场、新疆区内市场输出活畜。根据市场分析可知，我国是世界最大羊毛进口国和最主要的羊毛初级产品加工国，但75%~80%羊毛原料需要进口，每年进口原毛27万吨。因此毛皮生产应立足于占领中亚、国内、新疆区内毛纺企业的原料皮初加工产品市场。

（二）甜菜、油料作物和果蔬

从市场分析预测可知，食糖和植物油在中西亚国家有巨大的市场空间，伊犁河谷经济区又具有种植甜菜和油料作物的优越自然资源条件和大量生产食糖和植物油的加工能力。因此，伊犁河谷经济区生产的甜菜和油料作物，其原料产品应主要定位于为当地加工企业提供优质原料，而加工产品食糖和植物油则应定位于面向中西亚国家市场和我国国内市场。根据市场分析，周边的中亚国家和新疆区内市场，对于达到绿色食品标准的各类优质蔬菜和果品的需求量相当大。因此，伊犁河谷经济区各县市要严格按照国家绿色食品标准和生产规程进行蔬菜生产和产品检测，合格产品应定位于中亚国家市场和新疆本地市场。

二、伊犁河谷经济区外向型农业开发潜力分析

第一，中亚市场的需求决定了伊犁河谷经济区具有开发外向型农业的巨大潜力。伊犁河谷经济区开发外向型农业的前景和潜力，是建立在国际市场需求基础之上的。从伊犁河谷经济区毗邻的中亚6000万人口的大市场需求情况来看，本国生产的农畜产品和以农畜产品为原料的食品、药品、棉制品、皮毛制品、木制品等，远远不能满足本国消费者的需求，需要大量从国外进口。虽然西方国家的部分农畜产品和农畜深加工商品质量优于中国产品，但运距过远，运输成本过高，远水解不了近渴。中国是供应中亚市场需求的最大最近的供应国，伊犁河谷经济区就成为对中亚五国市场农畜产品和以农畜产品为原料的食品、药品、棉制品、皮毛制品、木制品的最佳最近供应地。

第二，伊犁河谷经济区的良好的生态环境和丰富的水土资源为开发外向型农业提供了厚实的产业基础。中亚五国人民在前苏联时期已经养成了半欧洲半亚洲的生活习惯，对农畜产品和食品的绿色环保要求较高。伊犁河谷经济区是中国生态环境相对最好的地区之一，工业污染较少，2008年2月，《中国国家地理》杂志公布中国"圈点新天府"结果，全国专家评定伊犁河谷经济区为我国继成都平原、台湾嘉南平原之后名列第三的中国"新天府"，在伊犁河谷经济区生产的绿色农畜产品和食品受到中亚国家消费者的认可。伊犁河谷经济区是中国西部水资源最丰区，年降水量205.7~333毫米；土地资源极为丰

富，总面积549.8万公顷，其中宜农地85.3万公顷，宜牧地342.3万公顷，宜林地54.8万公顷。将长期为中亚五国市场担负大规模生产供应绿色农畜产品和食品的产业基地。

第三，合作中心的封关运营和霍尔果斯经济特区的建立，为伊犁河谷经济区开发外向型农业建立了良好的政策高地和便利的通关环境。中央赋予了合作中心多项优惠政策，2012年12月合作中心的封关运营，为伊犁河谷经济区各县市充分利用合作中心的功能和作用，进一步开拓中亚市场，做大做优做强外向型农业提供了便利的通关条件，使伊犁河谷经济区成为新疆开发外向型农业的重要增长极。

第二节 伊犁河谷依托合作中心开拓中哈农畜产品市场的主要思路

一、外向型农牧业经济的界定

所谓外向型农牧业经济是指以出口导向为主的、全方位开放的、通过横向联合进行原料的输入和商品的输出，根据国际市场需要进行生产，以交换为目的农牧业经济。

经济全球化步伐的加快和沿边地区农牧业产业的升级，中哈霍尔果斯国际边境合作中心的全面启动和精伊霍铁路的开通，使伊犁河谷承东启西的区位优势更加凸显，也为伊犁河谷大力发展外向型农牧业创造了良好的外部环境。在科学发展观的指导下，将正确的思路转化为发展的强大动力，把大力发展外向型农业作为促进伊犁河谷农民增收、农业增效的重要路径，应该是伊犁河谷解决农村、农业、农民问题的最佳战略选择。

农民增收事关全局，是一项长期而艰巨的任务，但是，实践已经证明，用传统的封闭的方式抓农牧业是没有出路的，农牧民难以很快富裕起来。伊犁河谷各级领导干部要用创新的理念、务实的举措、超凡的力度和开阔的视野，把抓好外向型农牧业产业化发展，作为解决农村、农业、农民的钱、权、人、安、粮问题最重要的途径。

二、开拓中哈农畜产品市场的主要思路

（一）发展外向型农牧业开拓中亚市场的指导思想

发展开放型农牧业产业化的指导思想：以市场为导向，以效益为中心，以科技为动力，以产业化发展为方向，以农业增效，农民增收为目标，增加物质投入和科技投入，普及良种，加强农业基础设施建设，推广农业节水措施，调整种植业结构，不断完善发展无公害农产品生产，实现伊犁河谷农业的可持续发展。以科学的合理利用伊犁河谷自然气候、土地资源为基础，依托霍尔果斯口岸和霍尔果斯国际边境合作中心，面向中亚市场需求，以农畜产品加工业为龙头，集成创新与自主开发相结合，通过科技示范、成果转化和产业化发展，全面引领伊犁河流域水土资源开发和农村经济发展，创建面向中亚的出口导向型农业高新技术示范园区。

（二）发展外向型农牧业开拓中亚市场的基本方针

一是伊犁河谷加快农牧业产业化发展要以市场为导向，以出口中亚各国为主攻方向，以效益为中心，以科技为动力，以产业化发展为努力方向，以农牧业增效，农牧民增收为目标，增加物质投入和科技含量，普及良种，加强农牧业基础设施建设，推广旱作农业节水措施，调整种植业结构，实现伊犁河谷农业的可持续发展。二是要坚持"科技兴农""科技兴牧"战略，提高农牧业的科技投入和科技贡献率，提高农牧民的科技文化素质。三是要实施农业"种子工程"、植物保护体系建设、农村绿色能源项目工程建设，实施科技兴农、兴牧工程，加强科学种田技术推广工作、农牧业科技应用体系建设、农牧产品质量安全检测体系建设。四是要实施农牧业产业化基地建设、设施农牧业基地建设、优势特色农牧产品基地建设、农牧业产业化服务组织体系建设和乡镇专业合作经济组织与行业协会组织建设。

（三）发展外向型农业开拓中亚市场的主要目标和战略重点

1. 外向型农业产业化发展目标。力争到 2015 年，伊犁河谷农副

产品出口加工企业达到 50 个以上，自治区级、自治州级有雄厚经济科技实力的外向型农业产业化龙头企业分别力争达到 5 家和 10 家，农副产品出口加工率达到 80% 以上，农民人均纯收入中来自农副产品出口加工业的收入达到 25% 左右。到 2015 年，农业标准化生产面积达到总播面积的 90% 以上，无公害农产品、绿色产品、有机食品生产面积达到总播面积的 40% 以上。

2. 外向型农业产业化发展的战略重点。伊犁河谷要重点发展"三高"农业、绿色农业、特色农业、精准农业。发展、提升农业气象预报质量、提升农业机械化水平。推广应用先进技术，以技术进步支持农业内部结构的调整。种植业的粮食作物、经济作物、优质饲草种植比例以 0.3∶0.5∶0.2 为宜。扩大复播、套种、温室栽培种植面积，提高土地产出率。完善农田林网化，在高程（逆温带区）800 米至 1000 米的地带发展林果业，高程 700 米左右的地带发展鲜食果品、蔬菜种植。大农业是农业产业化发展的重要基础。在稳定粮食生产、确保粮食安全的基础上，提高农、林、牧产品的绿色环保和有机品质，为伊犁河谷农产品进入国内、国际市场竞争创造条件。

3. 要用办工业的理念来加快推进外向型农业产业化。树立全新的外向型设施农业发展观，坚持"引进来"与"走出去"两手抓、全面有效地利用"两个市场""两种资源"。"引进来"是为了更好地"走出去"，以引进促走出，以引进促发展。利用"两个市场""两种资源"，就是要依托国内、国际两个市场，优化配置农业产品资源、农业要素资源和农业科技资源。"引进来"与"走出去"是发展外向型农业相辅相成的一个整体的两个方面。在外向型农业发展初期，主要是资金的引进、产品的出口，随着外向型农业发展，"引进来"与"走出去"逐步向多元化、多内容、多领域转变。"引进来"既要结合本国本地的实际，发挥优势，发展具有竞争力的产业，开拓国际市场，促进"走出去"，又要适度进口优质特色农产品，调剂国内市场，丰富国民生活。"走出去"既要把优势特色产品打入国际市场，又要积极推动生产要素和科技走出去，开发新产业，实现资本利润的最大化。用现代化的设施来装备农业，进一步优化伊犁河谷农业产业布局，力争用 5 年左右时间把伊犁河谷建设成为新疆名优特林果业强州。利用合作中心开拓中西亚市场，拉长做大甜菜、棉花、玉米、林果、蔬菜、奶牛等十大产业链，形成"市场促龙头，龙头兴产业，产业带基地，基地富农户"的良性循环。

4. 要加大招商力度推进伊犁河谷农业产业化基地建设、设施农业基地建设、优势特色农产品基地建设、农业产业化服务组织体系建设和乡镇专业合作经济组织与行业协会组织建设。

5. 要以实施科技兴农战略提高伊犁河谷农业的科技含量。积极引进高产优质新品种、新技术，提高农业的科技投入和科技贡献率，加大对农牧民科技培训力度，建立信息网络，向农民提供种植、管理、病虫防治信息，提高农民的科技文化素质，加快"两高一优"农业的发展。实施农业"种子工程"、植物保护体系建设、农村绿色能源项目工程建设，实施科技兴农工程，加强科学种田技术推广工作、农业科技应用体系建设、农产品质量安全检测体系建设。

三、发展外向型农牧业开拓中亚市场的主要任务

（一）注重抓龙头，提高农牧业产业化水平，巩固增收基础

一是大力培育龙头企业。要努力吸引樱桃李、畜产品、肉制品、乳制品、林果产品等方面的龙头企业前来投资办厂，开展农产品深加工。要围绕四方糖业集团、巴口香牛羊肉加工公司、棉麻公司等一批骨干企业的原料需求，抓好甜菜、棉花、葡萄等农业基地建设。二是大力提高农业产业化组织程度。要坚持"民办、民管、民受益"的原则，不断完善各类农产品专业产销协会、农村经纪人、农村运销大户等中介服务组织。三是大力加快农业科技推广应用步伐。大力引进推广优质小麦、优质甜菜、优质打瓜、优质棉花，推行农作物多熟制技术。抓好林果业优质苗木基地建设，普及果树矮化密植和科学管理技术。推行节水新技术，提高水资源利用率。推广先进实用的农业标准化生产和无公害综合管理模式，发展无公害、绿色农产品，提高农业产业化水平。以大型农产品、畜产品加工项目为重点，培育带动能力

强、辐射面广的龙头企业，做大做强甜菜、葡萄、樱桃李、玉米、蔬菜、奶牛等十大产业链。

（二）优化农牧业产业结构，提高优势农牧业发展水平

一是加快特色农业发展。抓好种植业结构调整，适当扩大甜菜、棉花、打瓜等经济作物种植面积，增加胡萝卜、黄豆等农作物复播面积；抓好葡萄、樱桃李、红苹果、经济用材林等特色优势林果产业基地建设，实现林果业规模化生产、集约化经营；坚持宜林则林、宜果则果、宜草则草的原则，努力把西天山林区和伊犁河两岸的野生次生林区域建成伊犁河谷的"绿色屏障"。二是加快设施农业发展。要坚持以市场为导向，通过政策支持、宣传推动，积极鼓励和引导广大农民投入设施农业中，重点发展温室蔬菜基地。三是加快现代畜牧业发展。坚持"小畜换大畜"的方针，把已形成一定规模的奶牛业作为畜牧业结构调整的主攻方向，加快推进牲畜"良种工程"建设，继续推广普及冷配、胚胎移植等技术，增加优质奶牛的存栏，使奶牛业在畜牧业中的比重提高3~5个百分点。

四、发展外向型畜牧业开拓中亚市场的主要措施

（一）狠抓良种牛、细毛羊和良种禽的片区基地建设

努力实现畜牧业产值在大农业中的比重、牲畜优良品种率、畜牧技术人员的技术水平、畜牧业收入在人均纯收入中的比重有明显提高。围绕一个中心，做大三个产业，建好三个基地，实现三个转移，实施五大工程。即围绕畜牧业增效、农牧民增收这个中心，做大奶牛业、细毛羊业和猪禽业，建好养殖基地、饲草料基地和畜产品加工基地，实现由传统放牧向舍饲圈养转移、由饲养小畜向饲养大畜转移、由劣质品种向优质品种转移。实施畜禽改良、农牧民素质教育、畜牧产业化、草原生态保护、动物防疫体系建设五大工程。

依托龙头企业的带动，推动"龙头企业加基地，基地连农户"的模式；大力发展饲草料种植面积，达到耕地面积20%；鼓励千家万户发展优质细毛羊、优质肉乳兼用牛及优质荷斯坦奶牛的养殖，政府要

给予其大力扶持、引导和服务。主要做好天然草场保护,草场围栏面积150万亩;优良品种改良,实现全县95%牧民定居点建设,新建人工草场和灌溉草场2万亩,加强畜产品质量标准和检验、检测体系建设,动物禽类疫防和草原防火预警体系建设。

(二) 科学确定伊犁河谷现代畜牧业的发展方向

草原畜牧业主要发展方向是:伊犁河谷东五县山区优质牧场建立大型草原畜牧业基地,以养羊为主,重点发展新疆细毛羊。在其他县有条件的山区牧场建立草原畜牧业基地,以养奶肉并用牛、肉用羊为主。农区畜牧业主要发展方向是:伊犁河中部平原河谷农业区,土壤肥沃,饲草料丰富,潜力大,重点建设农区畜牧业基地,以发展牛、猪、禽并举,重点发展奶牛、家禽和牛羊育肥。政府采取制定优惠政策,资金倾斜等有效措施,鼓励牧户兴办家庭牧场,扶持细毛羊产业的发展。

(三) 围绕发展外向型畜牧业产业化抓好重点项目建设

生态牧业开发高新技术示范项目;牧道建设项目;改良牧草、种籽基地项目;畜产品质量标准和检验、检测体系建设设施及建筑工程项目;动物禽类疫防体系建设项目;动物、禽类疫防体系设施及建筑工程项目;草原防火预警体系建设设施及建筑工程项目;退牧还草工程项目;牧民定居点项目;人工灌溉草场科技项目。

第三节 伊犁河谷依托合作中心开拓中亚农畜产品市场的对策

一、开拓中亚农畜产品市场发展战略和方向

(一) 实施外向型农牧业产业化发展战略

伊犁河谷要实施向西开放战略,坚持一切农业、畜牧业生产和农畜产品加工都为中亚市场服务的产业发展方向。积极研究中亚国家和地区的农产品市场、农业贸易政策、检验检疫标准和进出口程序,依

托特色农牧业资源和口岸通道优势以及中亚市场需求，帮助和引导驻州企业开拓以哈国为重点的中亚市场，加大农产品出口力度。加强外向型农业技术合作，鼓励和支持民营企业与中亚国家和企业开展农业技术合作，促进外向型农业产业化的发展。

伊犁河谷地区各县市要努力培育和引进有实力的外向型企业，积极组团参加全国农博会、西洽会、乌洽会、哈洽会和特色林果业产品博览会。继续举办好伊犁特色农产品展销会，吸引哈国、吉国等中亚国家及国内其他省份的客商参展。坚持"请进来"与"走出去"相结合，各县要与霍尔果斯口岸联合举办经贸洽谈会，并到内地发达省市举办招商推介会，把伊犁河谷地区的特色优质农牧业产品推向全国，推向世界。

（二）外向型农牧业产业化发展方向

伊犁河谷地区各县市要坚持依托合作中心，面向中亚市场加快发展外向型农业产业化的方向。要把发展外向型农业提高到更加突出的地位来落实，加快建设出口农牧基地，重点发展设施农业。按照自治州的统一部署，切实搞好规划，搞好示范，加大投入，积极引导好农牧民大力发展大棚和简易拱棚生产。同时要加快建设出口加工基地和保鲜库等基础设施建设，为发展外向型农业，奠定扎实的基础。当前更要紧的是要按照安全、优质、环保、高效的要求，制定和完善主要农产品生产技术标准，产品质量标准，卫生安全标准和产品包装、贮运、营销标准，尽快与国际标准接轨，重点龙头企业要率先认真实施有关农产品标准。积极实施"引进来、走出去"战略，加快对国际农产品市场和有关法律、政策、技术性贸易措施的跟踪和研究。要通过引进优良品种、先进技术和管理经验，调整农畜产品出口结构，提高产品加工档次，质量和包装水平，努力培植一批在国际、国内市场有竞争力的农产品品牌。

二、加快发展外向型现代农业的基本方略

大农业是农业产业化发展的重要基础，外向性是农业产业化发展

的重要动力。伊犁河谷要在稳定粮食生产、确保粮食安全的基础上，调优发展外向型农业产业化的布局。大力提高特色农产品的品质和竞争力，为伊犁河谷农产品进入国际市场特别是中亚市场创造条件。

（一）围绕发展外向型农业产业化实施科技兴农战略

1. 充分利用丰富优质的农副产品资源，加快发展农副产品加工业，提高农副产品的加工深度和广度。伊犁河谷各县市要大力扶持以农副产品为原料、科技含量高、市场前景好的农业产业化龙头企业，扩大企业规模，拉长产业链条，打响产品品牌，不断提高产品附加值和市场竞争力。大力推广覆盖栽培技术、少耕免耕技术、节水灌溉技术、保优栽培技术、测土配方施肥技术、病虫害综合防治技术等，大力推广优良品种、模式栽培等常规实用技术，着力解决优良品种推广、高效种养殖、无公害和绿色生产等关键技术问题，为使伊犁河谷绿色、有机食品生产再上一个新的台阶提供技术支撑。继续开展粮食、甜菜等作物高产优质栽培模式的推广。提升农产品保鲜、储藏、包装、运输、深加工中的技术水平。狠抓畜禽品种改良，加强良种繁育体系建设，不断提高畜禽良种覆盖率。大力推广应用高产优质安全的畜禽饲养新技术，增加畜产品产量，提高品质。切实加强动物疫病防治。发展设施农业，提高先进适用技术的应用率。

2. 强化农产品生产的标准化，大力发展绿色、有机食品。伊犁河谷地区各县市要加强无公害粮食、蔬菜、林果、畜禽等生产基地建设，扩大和增加无公害、绿色食品的生产面积和品种，对产品生产、运输、销售、加工环节进行规范管理，逐步推行部分农产品的市场准入制度，大力实施农产品品牌和名牌战略，突出优质、特色，大力拓展以中亚市场为主的周边国家市场。充分利用霍尔果斯口岸和合作中心提高中亚市场占有率。加强企业的质量管理，依靠优质产品和优良服务抢占中亚市场，赢得中亚市场。

（二）实施绿色农业发展战略，开拓品牌国际市场

1. 建立生态农业示范区，强化绿色有机农产品生产基地建设。伊犁河谷地区要发展现代绿色、有机农业，实现人与自然的和谐发展，实现大农业体系的整体提升，需要从发达国家高投入、高产出、高能

耗、先污染后治理的老路中吸取经验与教训，从现代精细农业的角度在农产品产前、产中和产后以及先进的农业管理中，通过绿色有机农业满足国内外市场的需求实现农业与环境整体效益的提升，满足环境要求、人文要求和生产要求，建立协调发展，可持续发展有机农业新路。在伊犁河谷大力推进生态农业和生物、物理防治病虫害高新农业防保科技的发展，如生物灭虫、生物防病、稻鸭共作、物理催生等生态农业法，实施绿色产业发展模式，通过建立伊犁河谷生态农业示范区和绿色标志（Ecological Label）制度，发展建设绿色产品（Green Products）产业基地，包括绿色无公害农业生产基地模式、绿色有机食品出口加工基地模式、生态草原承载绿色畜产品生产加工基地模式等，为生产符合国际标准的绿色产品，突破国际市场的绿色壁垒奠定坚实的基础。

2. 把绿色食品的发展纳入可持续发展战略和国际市场开拓战略之中。特别要严格按照国家和国际绿色农业标准，加强伊犁河谷区域农业资源污染控制，农业生态环境监测，农产品质量安全检测，绿色食品管理等薄弱环节的领导和财政支持力度；加大扶持力度，鼓励企事业单位、集体和个人参与绿色食品综合开发；统一规划，全面推进，分类指导，加大投入力度，切实保证技术保障措施的到位，加强农牧业基础设施建设，控制农牧业面源污染。

3. 努力开拓品牌市场，提高绿色有机农产品国际竞争力。伊犁河谷经济区与哈国接壤，与吉国近邻，有3个对外开放的一类口岸，与中亚五国农业产业结构互补性强，对伊犁河谷经济区农畜产品的接受程度较高，具有开拓中亚国家市场的巨大潜力。通过大力发展绿色、有机农业产业化，注重有机农业产后采收、包装、贮运等商品化处理，提升保鲜技术的引进与产业化，减少采后因失水、机械伤、腐烂导致的损耗；加大对绿色、有机农产品通过精深加工与综合利用，将一用变多用，将无用变有用，全面提高绿色、有机农产品采后附加值，是保证绿色、有机外向型农畜产品产业健康发展的重要环节。要加强政策引导，实施品牌发展战略。在当前形势下，贸易摩擦、技术壁垒、商品倾销等针对性贸易措施直接影响着出口贸易，尤其是农产品出口较为突出的情况下，伊犁河谷必须打出绿色特色品牌。这是一项系统工程，建议贸易、科技、产业、财政、税务、信用保险、海关、质检等各方面，从资金投入、产品研发、基地建设、贸易信息、融资渠道等各方面，对开拓中亚市场的绿色、有机食品开发生产给予政策扶持。

4. 围绕中亚农产品市场对伊犁河谷经济区农业资源进行有效整合。对面向中亚市场的绿色、有机食品组织规模化生产，降低成本，提高质量，增加效益；要从初级原料加工向精深加工转变，提高外销农牧产品的附加值和技术含量。

（三）围绕发展外向型农业加强质量安全管理

提升农产品市场竞争力实施"产品质量安全行动计划"，把推行农业标准化，健全农产品例行监测制度，作为促进农民增收的重要保障。在伊犁河谷经济区全面执行农产品质量标准；创建一批国家级和自治区级无公害农产品示范基地；整顿农资市场，严厉打击假冒伪劣农资和滥涨价行为，建设安全农产品专销市场，健全农产品市场准入制度；发展农产品多种营销方式，鼓励优质农产品出口创汇；开通农产品"绿色通道"，启动"金农"工程，建立农业信息服务平台。

三、加快发展外向型现代畜牧业的基本方略

（一）坚持外向型畜牧业产业化主攻方向

要坚持依托外向型龙头企业推动"龙头企业加基地，基地连农户"的模式；大力发展饲草料种植面积，鼓励千家万户发展优质细毛羊、优质肉乳兼用牛及优质荷斯坦奶牛的养殖，政府给予其大力扶持、引导和服务。在伊犁河谷经济区大力发展面向中西亚市场的伊斯兰清真肉食品和乳制品加工业。要做好天然草场保护、草场围栏工程，优良品种改良工程，实现伊犁河谷95%牧民定居点建设目标，大力建设好人工草场和灌溉草场基地，加强畜产品质量标准和检验、检测体系建设，为加快发展伊犁河谷开放型畜牧业产业化奠定坚实的基础。

（二）加快外向型农区畜牧业产业化发展

伊犁河谷经济区中部平原农业区，土壤肥沃，饲草料丰富，潜力大，建立农区畜牧业基地，以发展牛、猪、禽并举，重点发展奶牛、家禽和牛羊育肥。发展现代畜牧业以提高畜产品质量为核心，大力培育优质奶（肉）牛、优质细毛羊、优质肉用羊品种，坚持发展城郊奶牛业、农区畜牧业、草原畜牧业相结合。

（三）加速发展外向型畜牧业产业化的重点工程建设

今后十年，伊犁河谷经济区要围绕外向型畜牧业产业化发展加速畜牧业重点工程建设。畜牧业重点建设项目主要有：（1）生态牧业开发高新技术示范，开发建设饲草和牧民定居；（2）牧道建设项目；（3）改良牧草、种籽基地；（4）畜产品质量标准和检验、检测体系建设，建设畜产品质量标准和检验、检测体系建设设施及建筑工程；（5）动物禽类疫防体系建设，建设动物、禽类疫防体系设施及建筑工程；（6）退牧还草工程项目；（7）牧民定居点项目；（8）人工灌溉草场。

（四）加速发展外向型畜产品加工业基地建设

要以伊犁河谷经济区各县市的畜牧业养殖基地为基础，以伊宁市边境经济合作区工业园区、清水河开发区江苏工业园区、霍尔果斯口岸工业园区、伊宁县伊东工业园区、察布查尔县伊南工业园区、新源县工业园区为加工平台，大力发展面向中西亚市场的伊斯兰清真肉食品和乳制品加工业。各工业园区要与各乡镇场联合，在工业园区共同建设开放型畜牧业产品加工业基地建设，联合开展招商引资工作，吸引国内外肉食品和乳制品加工企业集团来伊犁河谷，建立畜牧产品生产、加工、销售一条龙的外向型畜牧业产品加工企业。利用合作中心和精伊霍铁路国际大通道，将县市乡镇场畜牧业养殖基地、工业园区畜牧业产品加工业基地和中西亚伊斯兰清真肉食品和乳制品市场连接起来，把清真肉食品和乳制品加工产业做大做优做强，带动伊犁河谷经济区外向型畜牧业产业化大发展，提高农牧民的收入水平。

四、建立外向型农牧业生产基地

伊犁河谷经济区各县市要依托霍尔果斯口岸和合作中心优势，充分发挥伊犁河谷经济区亚欧大陆桥中心枢纽的区位优势，面向中西亚国际市场、亚欧大陆桥沿线国际国内市场和新疆天山北坡经济带、环天山经济圈及伊犁河谷区域市场，重点发展优质绿色农畜产品生产基地和农畜产品加工基地，并发展为这些特色优势农畜产品生产加工服务的流通、仓储、运输、金融、信息等现代服务业体系，为伊犁河谷经济区在新疆实施向西开放战略中发挥东联西出的前沿根据地作用提供保障。

（一）利用合作中心建设农产品出口基地

1. 建立面向中西亚市场的农产品出口基地的重要性及功能。一是高度重视发挥新疆各级政府的干预引导机制，充分利用合作中心对外开放优势和精伊霍铁路与哈方对接后的交通优势，在伊犁河谷建立集生产、科技、市场三种要素于一体的农产品出口加工模式，即"农产品出口基地"。二是农产品出口基地基本功能为：产品集中生产、科技统一服务、市场专业开发。从实践看，由于农产品是市场竞争型的产品，如果能够以市场开发做龙头，则比较容易形成合力，即市场带动加工，加工带动原料生产。因此，建议伊犁州政府集中力量，在全州建设30个农产品出口基地。

2. 实施伊犁河谷农产品出口基地系统工程建设。农产品出口基地建设是横跨农业、工业和贸易三大领域的系统工程，涉及自治州农口、工交财贸口、海关、检验检疫和金融机构，也涉及县市政府和生产加工企业。

一是建立农产品的生产体系。建议由自治州党委农办为牵头单位，协调各有关单位参与，在伊犁河谷经济区的8县1市选择30个左右条件具备的乡镇场建立农产品出口基地，每个基地的出口规模可确定为在三年内达到年100万美元以上。同时要规定一个龙头企业在不同的县建设不超过五个基地，每个基地的出口不低于500万美元。

基地由县（市）级政府管理，并负责将成功经验在全县推广。基地建设方案的制定，包括出口农产品的选择，应邀请种、养殖业方面的专家、农民产业协会负责人、龙头企业领导和专业技术人员共同参与。

二是建立农业生产技术支持体系。建议由农业局、检验检疫局牵头组织伊犁州农科所、畜科所、林科院等科研机构，联合县（市）、乡镇农技部门，对基地进行定点、统一的科技服务。争取由自治区财政向每个基地每年提供 20 万元的科技服务专项经费。基地与农业科技的支持单位签订合同，合同内容包括服务内容、基本目标（产品、质量、可追诉性）、超产奖励等，确定专人（或小组）负责。

三是建立商品化加工技术支持体系。建议由科技局牵头，联合经贸委等部门，对商品化加工环节进行技术支持。主要是提高加工环节的技术水平，制定相关的标准，促进技术进步。由州、县（市）两级科技局在科技三项费用中提供每年 50 万元定向用于出口农产品的技术开发；由州、县（市）两级经贸部门从技术进步专项经费中提供每年 50 万元定向用于生产加工企业的技术改造。

四是建立农产品国际市场开拓体系。建议由外经贸局牵头，负责向基地推荐、对接进出口企业，并指导企业的国际市场开拓开发业务。负责协调金融机构与出口企业联合对基地建设给予信贷支持。外经贸局国际市场开拓基金向基地倾斜，争取每年从国家外经贸区域协调基金中解决 100 万元定向用于基地农产品的国际市场开发。

3. 努力形成多部门共建农产品出口基地的合力。必须多部门形成合力，集中力量办大事，在各部门间确定一个统一的目标，在不改变资金管理渠道的前提下，将各部门管理的一部分资金集中起来，用于农产品出口基地的建设，在不增加自治区、自治州财政支出的情况下，集中发挥这些支持政策的作用，产生集约化的效果。建议由自治州农业局从设施农业、农业产业化等专项资金中每年提供 100 万元支持农产品出口基地的农畜产品生产。对农产品出口基地进行农业保险政策的覆盖，中央和地方财政用于农产品出口基地农业保险的补助每年不低于 500 万元。积极争取自治区农产品加工部门从专项经费中定向用于农产品出口基地建设的费用外，自治州农业部门每年补贴不低于200万元；畜牧部门从专项经费中定向用于农产品出口基地建设的费用每年补贴不少于100万元；林业部门从专项经费中定向用于农产品出口基地建设的经费每年补贴不低于100万元。为保障农产品出口基地加工业能力建设，积极争取自治区外经贸厅协调国家进出口银行，提供5亿~10亿元的农产品出口基地建设专项贷款。争取自治区人民政府提供每年2个百分点的财政贴息支持，即每年2000万元。

4. 实行以县（市）为主的农产品出口基地管理体制。县（市）级政府实行农产品出口基地管理责任制，负责农产品出口基地的生产建设、农民产业协会组织建设、农业技术人员队伍建设、中亚市场农畜产品价格信息网络建设等管理工作，协助有关部门落实扶持农产品出口基地建设的政策措施，特别是协调优惠贷款的担保问题。各县（市）在农产品出口基地运行成熟的基础上，不断扩大基地规模。伊犁州级人民政府及职能部门在对各县（市）农产品出口基地的生产建设、农民产业协会组织建设、农业技术人员队伍建设、中亚市场农畜产品价格信息网络建设等工作给予指导和服务，同时将县（市）级政府实行农产品出口基地管理责任制列入年终考核内容，对在农产品出口基地建设和经营取得良好效益的县（市）政府和县（市）领导给予表彰奖励。

5. 农产品出口基地建设可采取的主要模式。一是自营模式。就是由农产品出口基地的生产企业自己负责国际市场的开拓，负责产品的生产加工，负责农产品原料的组织生产。二是联营模式。就是农产品出口基地企业负责加工生产，以及原料的组织生产，并与外贸企业联合，外贸企业负责国际市场的开拓并组织出口。组织专业化的国际市场营销队伍是比较复杂的过程，直接利用外贸企业的市场渠道，可以起到事半功倍的效果。三是招商引资模式。就是由农产品出口基地与外地生产加工企业联合，引进资金、技术和市场渠道，本地只负责提供原料生产基地。这可以解决伊犁州普遍存在缺乏投资能力、加工技术能力、国际市场开拓能力的问题，通过引进外地企业把所缺乏的要素都引进来，使农产品出口基地的优势及时得到了发挥。四是引进外资模式或中资境外投资模式。由市场需求方作为共同投资方，与伊犁州或内地企业联合在伊犁州建立农产品出口基地,伊犁州发挥原料生产优势,企业发挥加工生产优势,外资发挥市场优势。也可以实行中资直接到国外投资,占领当地市场,同时建立起一个稳定的出口渠道。

(二)发挥江苏援伊优势,积极建设外向型农业产业化生产基地

1. 组织实施伊犁河谷与江苏各地互为生产供应基地合作方略。伊犁河谷地区各县市要充分利用江苏援疆工作政策机制优势、口岸优势以及铁路、高速公路综合交通优势,解决江苏地少人多和伊犁河谷经济区地多人少的实际问题,要以新思路大手笔组织实施伊犁河谷各县市与江苏各县市互为生产供应基地的双赢式对口支援合作项目。一是要将伊犁河谷经济区建成江苏沿铁路县市的粮肉生产供应基地。伊犁河谷经济区是新疆的粮食和肉食生产地区。伊犁河谷经济区各县市要与江苏沿铁路县市联手,借助铁路交通优势,将伊犁河谷的粮食、肉类大量运往江苏,代替江苏各县市完成国家粮食、肉类生产任务,将替换出来的土地用于生产内地市场和东南沿海畅销的经济作物或农产品加工工业用地。二是将江苏沿铁路县市建成伊犁河谷的农牧业产品生产加工基地。江苏工业发达,大量农牧业生产加工商品需要市场。伊犁河谷经济区各县市要依托地缘优势发展外向型设施农业和农牧业产品出口需要商品源。江苏援疆干部要积极联络江苏铁路沿线各县市与伊犁河谷经济区各县市联手,打着援疆的旗帜,借助铁路交通优势,既可将江苏工业企业在伊犁河谷经济区粮肉生产供应基地生产的粮食、肉类加工成产品大量运往新疆,支持伊犁河谷经济区依托霍尔果斯口岸和合作中心,共同做大做优做强江苏工业品出口,开拓中亚市场,提高江苏商品在中亚市场的占有率。同时利用江苏的技术、资金,在霍尔果斯特殊经济开发区和清水河开发区江苏工业区建立江苏企业农牧产品出口加工基地,对江苏在伊犁河谷经济区各县市建立的粮肉生产供应基地生产的粮食、肉类就地加工转化,不仅能够从根本上解决伊犁河谷经济区各县市农牧民大量生产农畜产品销售的出路问题,还能大幅度提高当地粮农和牧民的收入。

2. 各县市要围绕中亚市场加快建成外向型农业产业化生产基地。

重点生产基地建设项目有：优质粮食产业生产基地建设，优质甜菜生产基地建设，优质棉花生产基地建设，农产品绿色食品检测中心项目建设，农村沼气池建设项目建设，冰葡萄开发建设，甜菜良种繁育基地建设，商品粮种子繁育基地建设，沼气集中供气项目建设，植物保护体系建设项目，农业实用科技培训项目，农产品质量安全（检测）中心，设施农业生产基地（蔬菜、瓜果）建设，优势特色农产品（芳香植物、杂粮、豆类）基地建设，农业产业化服务组织体系建设。

（三）以重点建设项目为依托，发展外向型农业产业化基地

未来五至十年，要重点抓好的农业综合开发项目有：农业综合开发低产田改造项目，在乡镇场改造中低产田建设。提高农业产业化水平，巩固增收基础。以国际国内农牧市场需求为导向，以大型农产品、畜产品加工项目为重点，培育带动能力强、辐射面广的龙头企业，做大做强甜菜、油料、林果、麦类、玉米、蔬菜、奶牛、畜牧产品等十大产业链。有重点地发展葡萄、樱桃、梨、苹果、杏、桃等特色林果业。优化农业产业结构，挖掘增收潜力。在确保粮食安全的前提下，科学建设设施农业基地，积极发展高投入、高产出、高效益的"三高"农业。积极发展现代畜牧业，加快品种改良，增加优质奶牛数量。强化牲畜疫病防治，加强草原建设与保护。加快科技兴农步伐，提高增收能力。大力推广优质小麦、甜菜、棉花品种和农作物多熟技术。抓好农业科技网络建设，为农牧民提供快捷、便利的技术信息服务。培育有文化、懂技术、会经营的新型农民。争取把国家级伊犁农业科技示范园项目办成外向型农业高科技产品生产基地。

（四）加快外向型农牧业产品加工基地建设

1. 各县市工业园区要确定和落实以下工业项目：食品加工业、饮料生产加工业、农副产品加工业和轻工业产品加工业。科学规划、集中力量，加快开放型农牧业产品加工基地建设，重点发展进出口贸易加工型、能源资源加工型企业，把工业园建成招商引资的载体、对外开放的窗口、优化服务的阵地、加快发展的平台，建成天山北坡经济带最西端重要的进出口贸易加工区。加快工业园的道路、电力、供排水、供热、通信和污水处理等基础设施和公共设施建设。创新管理体

制，建立灵活有效的工业园管理体制和运行机制，提高服务水平，加强公共服务设施、物流传输、环境保护等方面的建设，为企业入园和发展提供全方位的便捷的优质服务。积极引进高新技术，努力发展高新技术产业，力争在生物、新材料、信息等高新技术产业方面有新的进展。

2. 各工业园区要将农林牧产品加工业主要面向中亚市场，发挥伊犁河流域及其周边地区农产品资源丰富的优势，通过已建成的工业园的加工能力，按照出口导向型的农业生产新模式，实现标准化、集约化生产。

3. 各工业园区的农林牧产品加工业，要围绕畜牧业重点发展畜产品加工业、饲料加工业和农林产品加工业。畜产品加工业要以肉、奶、皮、毛的初级加工，肉制品和干乳制品的深加工，牲畜内脏、血、骨等副产品的精深加工为主；饲草料加工业要以玉米、苜蓿等饲料作物加工为主；农产品加工业要以玉米、油料、甜菜、豆类等粮食和经济作物深加工为主。

（五）充分发挥伊犁农业科技园区外向型农业高新技术产业化发展的重要作用

1. 要引导伊犁农业科技园区优质农产品生产实现产品标准化和经营产业化。根据国家级伊犁农业科技园区霍城县主园区和察布查尔县、特克斯县分园区"一区三园"的自然条件与经济特点，以开发市场占有率高、国际竞争力强的优质农产品为核心，以开拓中亚市场为主要目标，应用现代农业科技成果，力求种养业"品种新、品质优、结构佳、投入低、效益高"，实现产品标准化和经营产业化，提高伊犁河谷地区农产品的国际竞争力。

2. 要引导伊犁农业科技园区设施农业实现生产规模化和专业化。伊犁州直各级政府和农业、科技部门要指导和充分发挥伊犁农业科技园区农业科技示范引领作用，针对设施农业的发展特点与趋势，实现种苗工厂化、规模化生产，种养业规模化、专业化示范，农产品保鲜、储藏、加工、销售一体化经营等，提高设施农业技术水平和经济效益。

3. 要引导伊犁农业科技园区农业科技企业实现集团化和国际化。

农业科技企业既是科技投入的主体，也是农业产业化经营的龙头。伊犁农业科技园区要实现跨越式发展，必须实行生产、科技、经营一体化发展模式。在兼顾科技优势、区域战略布局、主导产业培育的基础上，要积极引导伊犁农业科技园区走出一条农业科技企业集团化和国际化的道路，培育具有国际竞争力的产业集团。伊犁农业科技园区和清水河经济技术开发区江苏工业园区，要通过加快绿色农业新技术研发试验中心、绿色农牧产品生产与加工基地和现代物流中心的建设，使之成为新疆乃至我国农产品生产、加工和技术展示的窗口与交流平台，并以此引领伊犁河谷各县市绿色、有机优质农产品及其加工产品进入中西亚市场，并向东欧、俄罗斯等国市场挺进。

4. 要引导农业科技园区农产品加工实现高效化和市场化。伊犁州直各级政府和农业、经贸部门要指导伊犁农业科技园区与伊犁河谷各工业园区密切合作，研究生态农产品生产、环保、有机认证、保鲜、加工、仓储、运输、商检、通关及相关配套技术，开发具有本地传统、地域优势、高科技含量、高附加值的深加工产品，延长农业产业链，可持续有效开拓中亚农畜产品市场，实现农产品的增值增效，切实解决各族农牧民的增收问题。

五、实施外向型农牧业产业化人才战略

（一）加强外向型农牧业科技投入及科技人才队伍建设

一是要加大对外向型农牧业科技投入。始终要把加强科技创新、加速科技成果转化、增强自主创新能力与特色农牧产业发展摆在突出位置。积极开展农畜业种资源收集、保存与评价利用工作，建立种质资源库，积极开展新品种引进、选育改良工作。积极争取自治区劳动就业培训专项经费，切实用好地方财政安排的相关培训经费及国家对贫困职业技术学生每人每年 1500 元的专项拨款。进一步加大农民外向型农牧业产业化技能培训投入，各级政府和劳动、农牧业部门要落实职业技术培训补贴政策。二是要加强外向型农牧业人才队伍建设。充分利用对口帮扶、专题培训、挂职锻炼等多种形式，提高农牧业行

政管理人才涉外管理水平和农牧业干部外向型经济知识和外语能力；通过对口援疆项目、引智项目，扩大区域间合作交流，为州直县市培养外向型产业急需的高层次创新型科技人才；积极利用村级组织活动场所开办农民夜校、利用"科技之冬"开展农牧业实用技术讲座和文化知识培训，为农村培养更多的外向型产品生产技术"土专家"和农产品外贸致富带头人。

（二）完善外向型农牧业产业化人才培训体系

抓紧制定全州农民职业技能培训规划，充分利用伊犁职业技术学院、伊犁州农广校、伊犁州电大、职业中专、财贸学校、技工学校等各类职业技术教育培训资源。突出抓好职业技术教育培训中心和实训基地建设，充实师资队伍，开发培训教材。加快构建州、县、乡三级培训网络。鼓励社会资源和公司企业开展农民工职业技能培训，逐步形成以培训基地为依托，行业培训、企业培训、民办职业培训和劳务经纪人、劳务中介组织培训多措并举，政府扶助、面向市场、多元办学的职业技能培训格局。扩大培训覆盖面，全面提高企业员工和农牧民的使用技术和职业技能水平，以此提高伊犁河谷工业产品和农牧业产品的技术含量与质量。

（三）大力开展外向型农牧业产业化生产技能培训

进一步加强外向型农牧业产业化的人才培养培训，全面提高外向型生产企业产品质量。增强农民运用生产技能挖掘农业内部增收潜力的能力，努力把广大农民培养成有较强市场意识、较高生产技能、一定管理能力的现代农业经营者。根据市场需求和农民就业意向，重点围绕传统特色生产加工的职业工种进行培训，提高农民运用生产技能就业创收的能力。

六、树立以中亚市场为导向发展外向型农牧业新理念

（一）切实转变农牧业发展方式，着力提升伊犁河谷外向型农牧业发展能力

在州直农牧业由传统农牧业向现代农牧业转型的重要阶段，着力

提升"粮食、油料、糖料、特色农牧业、设施农牧业"五大外向型农牧业基地建设能力、农畜产品加工增值能力、国际市场开拓和营销能力、科技创新和新技术推广能力，依托合作中心和霍尔果斯经济特区大力发展外向型农牧业，为实现农牧民 8000~10 000 元的年增收目标打下坚实基础。

（二）不断加大农牧业标准化规程的制定和实施，推进农产品标准化生产，提升农产品国际市场竞争力

加快建立和完善农产品质量安全追溯、农产品市场准入和质量责任追究制度，建立健全农产品质量检验检测体系。加强产品质量控制，在产品的检验、包装运输等环节力争与国际接轨。坚持以销定产的市场经济原则，将农牧业工作的重点由生产导向型向中亚市场开拓型转移，积极开展农产品市场平台建设，建立完善的农产品国际市场开拓体系。

（三）围绕中亚国际市场，组织外向型农产品生产加工体系

各县市要坚持按照"统筹规划、合理布局、集中连片、规模发展"的要求建设好外向型农畜产品生产加工基地，在扩大规模、提质增效上下功夫，以发展外向型出口农牧业为导向，更加注重依靠科技提高农民的生产技术水平和经营管理水平，更加注重规模化、标准化生产，推进设施农牧业产业化发展水平；更加注重国际市场的开拓，建立国际农产品市场体系。

（四）坚持以中亚市场为导向，发展伊犁河谷特色高效农牧业

注重发挥比较优势，努力开发名、优、特农产品，大力发展高产、高效、优质、节水种养殖业和高效种植模式，着力提高单位产出和单位效益，利用中亚市场提升伊犁河谷经济区外向型农牧业经营水平。

第六章　将中哈霍尔果斯国际合作中心建成亚欧区域性国际旅游中转基地

霍尔果斯口岸旅游业于 20 世纪 90 年代起步，经过近二十年的发展，已取得了巨大成就，成为霍尔果斯口岸经济的支柱产业之一和中国与中亚各国开展国际旅游业的通道和窗口。随着合作中心的封关运营和中哈国际铁路接轨，霍尔果斯口岸旅游业将面临巨大的机遇和挑战。霍尔果斯口岸具有背靠伊犁河谷丰富而独特的旅游资源条件，但在新的环境和形势下，必须在原有基础上克服妨碍发展的不利因素，突出优势，调整市场，才能确保霍尔果斯口岸旅游业能多元发展，并把合作中心建成亚欧区域性国际旅游中转基地，为推进新疆国际旅游业跨越式发展作出更大贡献。

第一节　霍尔果斯口岸依托合作中心发展国际旅游业的条件分析

作为伊犁州的向西开放的旅游窗口，霍尔果斯口岸拥有发展旅游业的得天独厚的条件。地处中哈边境是霍尔果斯口岸的一个突出特点，这样的地理位置使边境旅游成为霍尔果斯口岸旅游的一个亮点。随着合作中心的建成和精伊霍铁路与哈国铁路接轨，应认真考察分析目前大力发展国际旅游业特别是边境旅游出现的新情况、新形势，以此为契机,针对中国和中亚国家旅游者需求,适当调整相关政策,促进国际旅游业特别是边境旅游的进一步发展,今后,在开拓新疆和中亚国际旅游市场上,霍尔果斯口岸将会占据颇为重要的地位。

一、合作中心国际旅游业发展机遇分析

(一)合作中心建立对旅游业发展带来新机遇

世界上第一个跨境国际经贸合作区——中哈霍尔果斯国际边境合作中心已建成启动,这给霍尔果斯口岸发展国际旅游业带来了千载难逢的大好机遇。合作中心实行封闭管理,享有中哈两国共同赋予的特殊政策。合作中心中方区域按照"境内关外"模式管理,人员和货物可在中心内跨境自由流动,并享相关优惠政策:哈方客商以旅游方式进入中心购物的,可享有每人可携带货值在 1000 美元内的物品,入境免税等优惠政策。合作中心自由贸易区形成后,将成为中亚经济圈形成的一个标志,中国西部地区可以借此与中亚地区形成密切的经济互动关系。霍尔果斯口岸要以合作中心为依托大力发展国际旅游业。

根据中央新疆工作座谈会提出设立霍尔果斯特殊经济开发区,霍尔果斯口岸当前和今后将以跨国边境游为突破口,围绕建设旅游特区,大力发展边境旅游,努力将霍尔果斯打造成为新疆旅游新的增长点。霍尔果斯将充分利用合作中心"一区跨两国"这一中哈两国间合作项目的影响,利用其跨境区域和特殊的两国人员出入管理政策,开辟国内外游客过境旅游渠道,形成以"中哈边境跨国游""边贸购物考察游"为主要内容的涉外旅游载体和跨境旅游项目,同时,加快启动"上合园"旅游项目,按照"一轴、五区、九国"的功能布局进行建设,在近期内将霍尔果斯打造成新疆新的旅游名片,中国首个国家级跨国边境旅游休闲度假示范区,最终成为世界顶级跨国边境目的地。霍尔果斯口岸将进一步提炼旅游文化,打造霍尔果斯品牌,通过持续努力,最终把霍尔果斯口岸打造成新疆面向中亚国家的旅游基地。

(二)中亚国际客源市场发展前景广阔

中亚五国总人口为 6200 万,其中乌国人口达 2707 万,哈国人口

为1557万，其他三个国家人口共1936万左右。五国地区经济稳步增长，2006年中亚五国除吉国以外都有较快发展，土国发展最快，其次是哈国、塔国和乌国。尤其是哈国连续三年GDP增长达9%，2007年人均GDP为6736美元。随着中亚地区经济的迅速崛起和不断发展，人均可支配收入和闲暇时间增加，将会有更多的国际客源产生。这为霍尔果斯口岸开拓中亚客源市场，大力发展国际旅游业提供了发展机遇和可能[1]。

（三）霍尔果斯口岸对中亚旅游市场的开发潜力无限

新疆的国际旅游事业整体水平，远低于哈国、土国和吉国，中亚五国游客在新疆的购物旅游在国际旅游业中占很大比重，而文化游、生态游占的比重较小，乃新疆没有充分发挥其旅游景点优势，旅游产业结构严重不合理所致。在今后的发展中，要认真贯彻落实国务院32号文件中提出的"依托独特的自然风光和人文景观资源，大力发展旅游业。加强区内外及周边国家的旅游合作，打造丝绸之路旅游品牌，形成古丝绸之路旅游环线"。"重点建设好一批国家级乃至世界著名的旅游景点和景区，开发具有地域特色和民族特点的旅游项目"的新精神新要求，改变霍尔果斯口岸过去旅游业发展中重自然旅游，轻人文旅游的被动局面。霍尔果斯口岸要坚持自然旅游与人文旅游资源综合开发的方略，要在继续抓好口岸周边自然资源旅游区建设的同时，要抓住贯彻32号文件和中央新疆工作座谈会精神的机遇，依托百年口岸和周边丰富的历史名胜人文景观资源及独特的自然风光资源，大力发展人文景观与自然风光交相辉映的特色旅游业。充分调整国际旅游产业结构，在广开国际购物旅游的同时加大力度宣传国际观光旅游，走有特色的对外开放之路。新疆旅游发展"十二五"规划，为霍尔果斯口岸发展国际旅游业提供了广阔的发展空间。

（四）通过国家有关部委与周边国家协商，恢复新疆开展边境旅游政策

尽快使新疆周边国家成为中国公民出境旅游目的地国家，对一日

---

[1] 卢铁城. 中国西部旅游经济 [M]. 成都：四川辞书出版社，2000：106~108.

到七日边境游实行旅游通行证和团队互免签证的办法；建议开通直飞欧洲及中西南亚等国家和地区航线，既为游客节省时间，也增加了新疆民航机场的利用率，欧洲等国飞往中国的航班还可经停新疆，增加新疆入境旅游的游客。这对于霍尔果斯口岸发展国际旅游业提供了良好的政策支持。

（五）重大项目建设带动口岸国际旅游业大发展

在合作中心、物流中心、中央商务区、客服中心等重大项目建设的带动下，口岸人流、物流、资金流聚集度进一步提升，连续三年口岸中外观光旅游人数都在50万人次以上。目前口岸已形成了以国门景点参观、购物旅游为基础的旅游业发展平台。这为霍尔果斯口岸发展国际旅游业特别是延长中亚游客购物旅游业产业链提供了新的条件。

二、霍尔果斯口岸国际旅游业发展优势分析

（一）霍尔果斯口岸的区位条件

新疆与中亚五国从地理区位上来划分同属中亚，直接与哈国、吉国和塔国接壤，拥有共同边界线长达3000多公里。与中亚各国交往历史十分悠久，东西方文化在这里交汇，形成了多国家多民族文化交融的特点。伊犁州地处亚欧大陆腹地，东北与俄罗斯、蒙古国接壤，西北部与哈国连接，边境线长达2011公里。全州对外开放口岸8个，其中伊犁州直3个。伊犁是古丝绸之路的主要通道，东西方文化交流荟萃之地。众多保持着各自特色的兄弟民族，使伊犁州到处都是浓郁的民族风情和瑰丽多彩的人文景观。伊犁还是草原文化的发祥地之一，它同新疆和中亚的历史息息相关，在长达2000多年的历史时期内，伊犁是草原民族的重要活动地域。共同的文化渊源、宗教信仰以及千百年邻里共处的心理因素，使得伊犁向西开放具有广延性。

霍尔果斯口岸位于新疆乌鲁木齐市、伊宁市、哈国的阿拉木图市所连接的国际旅游金三角的核心，三个城市之间分别有精伊霍铁路、312国道、218国道和哈国高速公路相连。可以预见，这一地域的城

市化将沿着连接三个中心城市的国际交通线发展，包括霍尔果斯口岸在内的核心区将会成为难得的黄金旅游区域。霍尔果斯口岸是中国与中亚五国、俄罗斯等"上合组织"国家经济、地理联系最为广泛而密切的边疆贸易口岸，也是中国经中亚通往西亚、中东、欧洲陆路捷径的桥头堡。特别是上合组织的建立及合作领域的不断扩展再加上中哈霍尔果斯国际边境合作中心和霍尔果斯特区的建成，霍尔果斯口岸的区位优势凸显。

（二）霍尔果斯口岸及周边旅游资源优势

霍尔果斯口岸所在的霍城县人文历史旅游资源丰富厚重。坐落在惠远古城的伊犁将军府，是清代伊犁将军统辖天山南北包括巴尔喀什湖以东以南广大地区的首府；阿里麻里城是西辽王朝葛逻部落王城的遗址；坐落在大西沟的福寿山庙是清代西域汉族多神崇拜的活动中心；可克达拉是世界名曲《草原之夜》的原创地等，悠久的历史文物遗址和浓郁的民族风情让游人领略新疆的百年沧桑和多民族文化的融合，霍城县区域内的旅游景区具有"人无我有，人有我精"的独特人文旅游资源品质和优势。环绕霍尔果斯口岸的自然生态旅游资源独具特色，有景色迷人的赛里木湖、如诗如画的果子沟风光等，奇异的自然景观和醉人的田园风光相映成辉，具有绚丽多彩的自然旅游资源精品和优势。

第二节　将合作中心建成亚欧区域性国际旅游中转基地

霍尔果斯口岸面临实现旅游业跨越式发展的大好机遇，应适时进入这个大市场。在经营和扩大原有客源市场的同时，将中亚各国过境旅客作为自己的目标市场，并与中亚五国联手经营国际旅游，实现双赢。发展国际旅游最重要的是把旅游质量提高到一个较高的水平，将质量旅游作为总体战略，所有的旅游产品都应该向高质量的方向发展。

一、树立区域合作的"大旅游"经营理念，开展区域合作和联合促销

现有的伊犁河谷和霍尔果斯口岸国际旅游是以边境贸易为依托的，要紧紧围绕这个处在运行中的边境贸易和购物旅游来做大旅游的概念，除了继续对边境贸易核心活动提供各种便利条件、制定有利政策之外，还要做好客源地促销、边贸活动外的服务工作。要充分发挥霍尔果斯口岸边境地区多元文化、生态环境等多方面的优势，以霍尔果斯口岸为"西龙头"，借景、借力、借道，把整个伊犁河谷地区的国际旅游提高到一个新水平。重要的是实现旅游线路的双向延伸，一方面，从边境延伸到内地，把边境旅游与内地相邻省份的国内旅游连接起来；另一方面，从边境向外延伸，使国内外旅游相结合，积极创造条件，进一步将线路向中亚、西亚和欧洲各国延伸，使之形成具有全国和国际竞争力的产品，实现多方效益。边境旅游发展要强调相邻国家的合作，共同采取积极、实际的措施，将原本是边陲、冷清的区域，变成旅游的热点。尤其是双方或多方合作，在霍尔果斯边境地区创建独特的旅游吸引物，变偏远为前沿。例如，新疆与中亚地区的"丝绸之路"旅游线路的合作以及中俄边境地区向东北亚地区旅游合作的延伸，在中、西边境地区探索建设国际和平公园等，都有良好的开发前景，也容易得到国际市场的欢迎。更为重要的是，这些新的合作项目还能够与西部地区各省区乃至中部与东部地区的旅游发展相衔接，促进中国整个旅游产业的发展。

二、实施品牌战略，打造具有国际吸引力的旅游产品

（一）国内出境游主打"中亚文化牌"

做好面向国际国内的霍尔果斯口岸中亚国际文化园区建设，在霍尔果斯口岸重点创建一座大型"中亚国家公园"旅游景点，相当于深圳的"世界公园"，其中涵盖中亚五国有代表性的古代建筑、历史文物、文化建筑、民族风情和著名景点的微缩景观，使国内外游客能够

在"中亚国家公园"旅游景点一睹中亚五国的历史、文化和著名景点。争取国家和中亚五国文化产业集团各种文化、旅游投资项目落地霍尔果斯经济特区,鼓励开办一些有中亚民族风俗习惯的餐馆、宾馆、文艺、游乐、商业、体育项目,丰富霍尔果斯口岸的文化和旅游元素。

(二)国内游和外国入境游主打"中国丝绸之路——清代伊犁将军文化牌"

做好面向国内外游客的清代伊犁将军历史文化旅游区建设。霍尔果斯口岸所在的霍城惠远古城,清代曾是新疆政治、军事、经济、文化中心,清代伊犁将军在惠远城统辖天山南北150年,包括今天哈国境内的许多地方都属于伊犁将军管辖,这里既有着悠久的历史渊源,又有着丰富的历史文化。依托伊犁区域内历史底蕴深厚的特点,以整体创建清代伊犁将军历史文化旅游区为主线,将百年口岸霍尔果斯与惠远古城伊犁将军府旅游城、秃黑鲁·帖木尔汗麻扎等高品级人文旅游资源与果子沟—赛里木湖、可克达拉草原之夜等著名的自然旅游资源串联起来,利用合作中心建成运营的机遇,把霍尔果斯口岸建设为伊犁河谷有边塞地域特色的"中国伊犁历史文化与中亚国际边境游"的主要空间依托,将霍尔果斯口岸打造成具有历史沧桑感和百年口岸异国风情感的伊犁河谷旅游胜地。

三、开发中亚旅游具体规划

(一)推行中亚各国旅游免签,简化出入境手续

霍尔果斯口岸具有良好的区位优势和地缘优势,尤其是与中亚各国的对外交流和贸易活动十分活跃。要逐步实行对中亚各国的旅游免签,这样不仅可以扩大这些国家的入境旅游市场,同时对开发客源市场来说,可以吸引国内到这些国家的商务、会议、观光游客做出境的顺道旅游,从而扩大国内客源市场。

(二)开展旅游宣传工作,做好对外招商引资的邀请工作

充分利用国内对口援疆的江苏省全省各市县合作伙伴关系,积极

联络哈国、吉国和塔国等国际友好伙伴,在"十二五"时期做到每家一项文化项目落地霍尔果斯口岸的邀约工作。霍尔果斯口岸、伊犁州旅游部门和旅游企业要联合加强对中亚各国旅游市场的调查了解,加大资金支持力度,提高中亚市场调研的广度、精度和详细度,为中亚旅游市场的开发和研究提供保障。

（三）发展旅游产品,促进旅游业向国际化和现代化方向发展

要实现霍尔果斯口岸国际旅游业大发展,商贸基地和重点景区国际水准的整体配套开发是关键。这需要一批具有经济实力和现代化管理体制的旅游开发和经营企业,来霍尔果斯口岸进行与世界接轨的旅游经营管理。以留住游客为目的,大力发展夜间旅游产品,促进旅游业向国际化和现代化方向发展,特别是要大力发展有新疆民族特色的餐饮、表演、俱乐部活动等能留住客人的饮食服务和文化产业。这样既可避免盲目地低层次零散开发建设,又可形成伊犁河谷旅游、霍尔果斯口岸国际旅游在国际国内的市场竞争实力。

（四）建设旅游特区,营造良好的国际旅游大环境

中亚五国各自拥有不同的风俗与制度,在开发区建设可包容各国文化的旅游特区,为此要研究各客源国的文化与制度,尽早出台适合旅游特区的包容性管理条例。要吸引国际国内游客,让游客有难忘的旅游经历,就必须有一个良好的旅游大环境,这里的大环境不仅指旅游景点和酒店餐饮服务,而是对旅游者提供全过程所必须的吃、住、行、游、购、娱等各种条件的总和,即旅游者的消费环境和经营者的经营环境的总和,它代表一个地区的形象,反映其物质文明和精神文明的水平。不但要求霍尔果斯国际旅游特区景点优美,而且市容整洁、交通便利、治安良好、服务优质、行政效率高、配套设施完善、人民友善热情,使游客感到优美、方便、舒适。

（五）提供符合国际水平的旅游接待服务环境,做好民族特色服务

霍尔果斯口岸要按照国际化的标准要求加快涉外场所的软硬件改造,完善入境游客的旅游接待服务。在涉外旅游酒店、餐馆、商店、机场、车站增设外币兑换网点和设施,并推行信用卡支付、改善金融服务体系,同时使用汉语、俄语、英语的标志牌;景区、景点的介绍

说明及宣传材料要使用汉、俄、英三种文字。培训涉外旅游接待服务人员使其具备相应的外语交际能力。对入境旅游团队提供专门的便利条件。客流量大的景区入口设置入境旅游团队专门通道，配备专供入境旅游团队包租的游览车辆，设置入境旅游团队专用餐厅，保证入境旅游团队进出快捷方便。

（六）组建霍尔果斯国际旅游振兴促进会，利用节庆会展活动发展入境旅游

通过参加国际旅游交易会、出访促销，与霍尔果斯对外友好省、区与城市、对外友好团体及境外旅行社联系和合作，利用他们的优势与渠道，宣传霍尔果斯国际旅游，为入境旅游的发展创造有利条件。策划特色旅游活动，如全力发展霍尔果斯边境商贸会展游、惠远古城清代伊犁将军府旅游城历史文化游、果子沟—赛里木湖休闲度假游、"草原之夜"民俗艺术游等特色旅游产品项目；策划精品节庆、会展，如举办伊犁新天府国际草原风情旅游节、中国伊犁中亚经济合作论坛、中国伊犁中亚国际商品博览会、中国伊犁中亚国际文化节、中国清代伊犁将军历史文化节、中国伊犁中亚民族赛马节（体育运动等节赛事活动）等各种丰富多彩的活动，使各类节庆活动成为霍尔果斯旅游特区的旅游吸引要素。

（七）建立入境旅游鼓励政策和激励机制

为了充分调动旅游企业的积极性，促进全县入境旅游的发展，建议霍尔果斯口岸制定奖励政策，实行取之于民、还之于民的办法，每年从霍尔果斯口岸旅游发展资金中安排专项经费，设立入境旅游目标奖、入境旅游创汇奖、入境旅游接待奖、入境旅游宣传促销奖。实施入境旅游奖励政策，对积极开展入境旅游业务的旅游企业，对发展霍尔果斯口岸入境旅游做出突出贡献的单位或个人予以奖励。

（八）利用网络提升霍尔果斯旅游品牌知名度

霍尔果斯口岸要加快推进国际旅游信息化建设，鼓励和支持旅游企业构建多语种的旅游网站，争取早日建成一批旅游英文、俄文等语种的对外宣传网站，并逐步完善对外网站的各项功能，与国内外著名网站链接，推进国际旅游网络预定系统，开展旅游电子商务，加强国

际旅游网络市场营销,与主要客源地中亚五国当地有实力的旅行社合作设立国际旅游合作促销网站,大力拓展旅游境外市场。借网络经济之手,大力培育散客尤其是自助旅游市场,从而改写霍尔果斯口岸入境旅游市场行业格局。网络旅游营销成本低、实效性强、影响范围广等优势,是在霍尔果斯口岸财力有限的情况下迅速提升市场营销质量的最佳路径,势必加速促进霍尔果斯口岸入境旅游的新崛起。

(九)坚持与中亚国家合作办学,培养国际旅游人才

高层次旅游专业人才是保障国际旅游业发展的关键环节,霍尔果斯口岸国际旅游业要持续快速发展,需要加快国际旅游专业人才培养。一方面,聘用、引进有经验、有开拓能力的高级旅游管理人才;另一方面,现有旅游人才通过再培训,选送有培养前途的高中层旅游管理人才,到疆内外的大学旅游院系进行专业深造。要积极创建霍尔果斯口岸职教中心,重点开办国际旅游培训班,主要培养国际旅游服务人才,并在旅游淡季对旅游企业员工进行旅游专业知识再培训。为了大力发展国际旅游,要坚持走出国门与中亚国家旅游院校合作办学,或与中亚国家旅游院校联合在合作中心就地合作开办国际旅游人才培训班,为霍尔果斯经济特区培养一批懂俄语(哈语)、懂中亚、懂国际旅游、懂旅游购物、懂霍尔果斯口岸的旅游管理人才和导游人才。同时,霍尔果斯口岸职教中心和国际旅游人才培训班,也要为中亚国家培养一批懂汉语、懂中国新疆旅游、懂伊犁霍尔果斯旅游、懂旅游购物的旅游管理人才和导游人才。

合作中心和霍尔果斯经济特区的建立和运行,对于作为向西开放的前沿、通往中亚窗口的霍尔果斯口岸来说,迎来了历史上的最大机遇,这颗古丝绸之路上的明珠在不久的将来定会焕发更加夺目的光彩,成为中国、中亚和世界旅游者的理想家园。

第七章　中国企业依托中哈霍尔果斯国际合作中心进入中亚市场

在上合组织的影响日益扩大的国际形势下,中国更加重视发展与中亚国家能源和非能源领域的经贸合作。中哈霍尔果斯国际边境合作中心(以下简称合作中心)建成运营,中国企业面临依托合作中心和霍尔果斯经济特区进入中亚市场的大好机遇,发展前景十分广阔,同时也面临困难与挑战。

第一节　中国企业进入中亚市场的投资环境

随着中亚国家市场竞争加剧,中国企业进入中亚市场已不是单纯的贸易领域,而逐渐深化到产业领域,开始参与中亚地区的产业分工。受中亚国家纷纷鼓励向非能源领域投资的政策影响,在中亚国家市场占据重要地位的中国企业在这些国家非能源领域的投资范围越来越广,并已扩展到人文领域,且具有长期、务实和可持续发展的特点。

一、中亚国家的投资环境

（一）法律和法治环境

哈国现行调节企业活动的法规包括《国有企业法》《股份公司

法》《有限和补充责任合伙公司法》《农业合伙公司及其协会法》《信贷公司法》,这些法规界定了各种形式公司各自的活动领域、成立登记的程序以及不同的管理方式,同时也总结了目前哈国主要公司的类型及其特点。

哈国关于外资收购哈上市公司的法律法规包括:对哈股份公司合并和兼并行为主要由《股份公司法》、哈国国家价格和反垄断政策委员会《关于股份公司与反垄断政策机构商定合并(兼并)合同程序的规定》、哈政府《关于通过有组织的证券市场出售属于国家的股份规定》、国家价格和反垄断政策委员会《关于通报购买开放式人民股份公司股份的程序规定》、国家有价证券委员会《关于购买高比例股份的条件规定》等。

2003年1月8日出台的《哈国投资法》规定,国家通过实施特惠政策,通过政府授权机关鼓励流向优先投资领域(农业、加工业、基础设施项目)的投资。特惠政策包括三种形式:减免税、免除关税和提供国家实物赠予。税务投资特惠期(含延长期)最长五年。减免税的对象主要是财产税和利润税。免除关税的期限(含延长期)最长五年,适用对象为投资项目所需设备的进口关税。国家实物赠予的内容包括财产所有权和土地使用权,价值不得超过投资总规模的30%。在投资者权益保障方面规定,投资商可以自行支配税后收入,在哈国银行开立本外币账户;在实行国有化和收归国有时,国家赔偿投资商的损失;可以采取协商、通过哈国法庭或国际仲裁法庭解决投资争议;第三方完成投资后,可以进行投资商权利转移。

(二) 金融环境

1. 银行机构。银行部门是哈国金融部门最大的一个环节。现行的银行体系由三个等级,即由中央银行、二级银行、非银行金融机构(典当行、信贷公司、审计机构等)构成。哈国国家银行是哈国的中央银行,履行货币发行、金融管理等职能。由于中央银行的金融政策不断调整(每月审查一次),对二级银行的管理也处于动态变化之中,使二级银行的数量不断变化。到2005年,哈国共有二级银行35家,外国银行在哈国开设的代表处有17家。阿拉木图是哈国的金融中心,共有29家银行、27家分行和192家银行结算业务支部。哈国主要的二级银行有：哈萨克商业银行、发展银行、联合银行、人民银行、图兰阿莱姆银行、中央贷款银行、欧亚银行、阿拉木图商业金融银行、铁米尔银行、努尔银行、花旗银行、哈萨克工业银行、进出口银行等。

哈国按照资产的规模将银行分成3类：第一类是资产超过40亿美元的银行（至2005年），包括哈国商业银行、图兰银行和哈雷克银行，这三家银行截至2005年2月的资产和债务分别占银行体系的61.54%和62.93%。第二类是资产达到或超过10亿美元的中型银行，其余的为小型银行。近几年，哈国银行资金明显增长，现已达到约国民总产值的48.5%。银行投入经济的信贷总额2004年增长了51.7%达14 840亿坚戈（约为114亿美元），信贷占国民生产总值的比例从2003年的21.2%增长到2004年的26.8%。居民信贷占经济信贷总额的比重2004年增长至20.5%[①]。

2. 信贷市场。2000年年初以来，哈国信贷市场的发展呈积极态势。在信贷规模增长的同时，生产领域（如工业、农业、建筑、交通、通信等行业）的哈国本国货币坚戈的中长期贷款金额的增加超过了其他领域。银行发放的贷款主要用于充实流动资金，优惠期由企业的生产周期和供销结算条件决定，多为3个月至1年。由于坚戈汇率稳定，哈国贷款利率也作了相应调整，各种货币的贷款利率趋于一致。目前，哈国坚戈贷款平均利率在10%以上。

3. 证券市场。哈国积极利用证券市场，同时在金融活动中实行必要的非通胀的金融政策。2005年1月成立的第一个基金交易所——Kazakh Stock Exchange（KASE），是基金市场形势的主要指示器。哈国基金交易所是一个超级基金市场，可以将其划分成4个基础部门：外汇市场、国家有价证券市场（其中包括哈国国际有价证券）、股票市场及集体债券市场、衍生物市场。哈国国家证券市场发育程度较

---

① 薛波. 国际金融中心的理论研究 [M]. 上海：上海财经大学出版社，2009：214~216.

高。国家证券一般由哈国财政部或国家银行（中央银行）发行，主要以中长期债券为主，对所有国家证券市场参加者发售，国家证券实际上是一种用于筹资的内部国债，可靠性和可兑现性都较强。哈国股票市场发育相对滞后，截至2005年1月1日，A股市场债券和股票的发行数量分别为88个和44个，B股市场分别为8个和34个。哈国公民对股市了解很少，在阿拉木图仅有的几家股票交易所也很冷清。

4. 币值的稳定性。哈国独立之初沿用卢布为本国货币，1993年发行了本国货币坚戈。从1999年4月起，货币坚戈实行自由浮动汇率，政府不再干预汇率变化；同年，坚戈对美元比价出现大幅下跌。2004年以来，由于石油和金属类产品价格的持续大幅上涨以及银行和企业国际借贷的增加，大量外汇涌入哈国，造成坚戈对美元比价持续升值。2005年美元兑坚戈的平均汇率为1∶135.16。2007年哈国的金融市场、支付体系、金融部门其他环节的活动采用了欧盟标准，并实现坚戈的完全可自由兑换。坚戈兑美元汇率将逐年坚挺，2007年年平均汇率达到128∶1的水平。

5. 关于向境外汇款的规定。个人和法人均可通过银行向哈国境外汇出其合法的外汇收入，但必须提供以下证明：个人兑换水单、收入来源证明、从境外接受馈赠或遗产证明、外汇带入报关单。法人贸易合同、交纳有关税收的证明。个人和法人在银行开设账户、办理存款、汇款等业务必须有税务登记号。根据《哈国外汇调控法》的有关规定，必须在银行和有经营许可证的外汇兑换点进行外币兑换业务，对坚戈与美元等世界主要货币的兑换在数量上无任何限制。如个人兑换，需交纳1%的手续费。通过哈边界海关时，必须如实填写申报单（携带3000美元以下现金无须填写）。入境申报单应妥为保存，出境时随出境申报单一并交给海关。出境时携带货币不应超过入境时申报数额。如超过此数额，则需提供货币合法来源证明。

（三）税收环境

1. 税制结构和税收负担。哈国实行复合税制，2004年，哈国所得税收入占税收总收入的42%。相当于发达国家的水平，社会税占12%，介于中上等收入和中下等收入国家之间，流转税占21%，接近发达国家水平，已经呈现以所得税为主的发达国家税制结构的特点。2000~2004年，哈国宏观税负平均值为20.74%，属于中等税负国家，低于发达国家28%以上的比例，高于中国窄口径宏观税负16.36%的比例，但又低于中国大口径宏观税负30%~35%的比例。因此，哈国目前的税负水平对民间投资和增强企业国际竞争力是有利的。

2. 税收种类。目前，哈国政府征收9种税（企业所得税，个人所得税，增值税，消费税，矿产资源税及专项交费，社会税，土地税，交通工具税，财产税），13种费（国家法人登记费，国家个体企业登记费，国家不动产登记和交易费，无线电设备及高频装置国家登记费，机械交通工具及拖车国家登记费，海运、河运用小吨位船只国家登记费，民用飞行器国家登记费，药品国家登记费，哈国境内运输通道费，拍卖税，印花税，专项经营权许可费，电视广播无线频率使用许可费），10种支付（土地使用费，地表水资源使用费，环境污染费，野生动物资源使用费，森林资源使用费，专项自然保护区使用费，无线波段使用费，水上航道使用费，户外（可视）广告悬挂费，国家规费和海关税费）。

3. 税费项目。根据哈国税法，主要有以下税费项目。(1) 个人所得税：根据个人年收入总额分档次纳税，税率为5%~30%；年收入额126 675坚戈以内税率为5%（6334坚戈）、年收入126 675~253 350坚戈税额为6334坚戈+超过126 675坚戈部分的10%、年收入253 350~548 926坚戈税额为19 001坚戈+超过253 350坚戈部分的20%、年收入548 926~1 097 850坚戈税额为63 337坚戈+超过548 925坚戈部分的25%、年收入1 097 851坚戈以上税额为173 122坚戈+超过1 097 850部分的30%。(2) 法人所得税：按照年度总收入减去税法规定的扣除项目后的金额的30%的比例纳税，其中经济特区内的法人所得税率为20%。(3) 财产税：财产税的对象是除交通工具以外的基本生产性和非生产性资产，税率为1%。(4) 增值税：税率为15%。(5) 消费税：销售酒类、烟草、鳄鱼、黄金及白银首饰、原油和成品油等商品需交纳数额不等的消费税。(6) 社会税：工资额的21%。(7)道路税：法人年收入的0.2%。(8)社会保障费：工资额的1.5%。(9)职工社会义务保险税：工资额的30%，其中85%用于退休基金，10%用于医疗保险，5%用于社会保险金，外国公民不需交纳退休基金。(10)红利税：所得红利的15%。(11)利息税：所得利息的15%。

4. 税收优惠政策。哈国优先投资领域投资的税收优惠政策（2003年5月公布）。投资优惠体现为免征所得税、社会税和土地税。其中所得税免征期限为1~5年。社会税和土地税的免税期限同投资额挂钩，具体如下：(1)投资额折合500万美元（不含）以下，免征2年；(2)投资额折合500万~1000万美元（不含），免征3年；(3)投资额折合1000万~2000万美元（不含），免征4年；(4)投资额折合2000万美元以上，免征5年。新规定中还设立了各领域享受投资优惠政策投资总额的上限，具体为：农业1亿美元，林业及其服务1亿美元，捕鱼、养鱼及其服务1亿美元，食品生产1亿美元，纺织品生产1亿美元，服装生产、皮毛加工和染色1亿美元，皮革、皮革制品和鞋类生产1亿美元，木材加工及木制品生产1亿美元，纸浆、纸张、纸板及其制品1亿美元，印刷及印刷服务1亿美元，石油制品生产1.5亿美元，化学工业1.5亿美元，橡胶和塑料制品生产1.5亿美元，其他非金属矿产品生产1亿美元，冶金工业1.5亿美元，金属制成品生产1.5亿美元，机器设备生产3亿美元，办公设备和计算机生产1亿美元，电力机器设备生产1亿美元，无线电、电视、通信器材生产1.5亿美元，医用设备、测量工具、光学仪器设备生产1亿美元，汽车、拖车和半拖车生产3亿美元，其他运输设备生产1.5亿美元，家具和其他产品生产1亿美元，原料二次加工1亿美元，电力、天然气、热气和水生产1.5亿美元，集水、水处理和分配1.5亿美元，建筑3亿美元，宾馆和餐饮服务1.5亿美元，陆上运输1.5亿美元，水运1.5亿美元，航空运输1.5亿美元。

5. 税收征管制度。哈国税务机关包括地区间的税务委员会，各州税务委员会，阿斯塔纳和阿拉木图市税务委员会，各边区税务委员会，各地区、城市及市内各区税务委员会，经济特区税务委员会，税务机关直接垂直隶属于上级税务部门，税务机关的主要领导由哈国授权机关的第一领导人委任，主管机关征收上缴财政的各项税费，地方机关收取自然人纳税人的财产税、交通工具税和土地税。哈国税收征管制度规定：税务机关综合性检查每年不超过一次，专项检查每半年不超过一次，税务检查时间不超过 30 个工作日，纳税的诉讼时效为 5 年，对纳税人未按照规定期限履行纳税义务的，可以采取诸如加计滞纳金（每天按官方再贷款利率的 1.5 倍计算），中止银行账户上的支出业务，限制纳税人欠税等措施保障履行。还可以进一步采取：对银行账户资金进行强制征缴，对现金进行强制征缴，从债务人账户进行强制征缴，拍卖被限制支配的财产，强制补充发行股票的办法强制征缴。

二、中国企业可以与中亚国家经贸合作的方向

（一）中国企业可以与哈国经贸合作的方向

中国企业与哈国经贸合作的方向和前景，应该是中亚五国中预期成效最好的国家，必须作为重中之重的战略任务。

1. 矿产领域。这一领域的合作有着很大的潜力，全国各地驻伊犁企业将资本投入哈方的同时，可考虑吸引该领域的哈方企业来伊犁投资，进行矿产品下游产品的生产和开发，就地销售。中国广大的消费市场对哈方企业同样具有极大的吸引力。

2. 建筑领域。主要包括对外工程承包和建材两个市场。目前，哈国对工程合作和建材的需求增长很快，市场潜力巨大。全国各地驻伊犁企业应积极参与哈国新首都建设项目和民用建筑领域的项目承包工作，进一步拓展建材市场的空间。

3. 机电产品领域。包括大型机械设备、家电等的出口。中国机电产品通过新疆向中亚国家出口的份额逐步增长。哈国的工程机械、汽车等原来基本上靠俄罗斯供应，而我国的产品无论从价格、质量、售后服务等方面都有着明显的优势。全国各地驻伊犁企业可在机电产品领域，包括大型机械设备、家电等的出口方面与哈方合作。同时，在

这一领域可考虑在中哈霍尔果斯国际边境合作中心、霍尔果斯工业园区、兵团霍尔果斯口岸工业园区或清水河开发区江苏工业园区筹办组装厂,既能合理避税,又能提高企业收益,降低风险。

4. 加工业领域。包括生产高质量的服装、纱线、布匹、鞋、毛皮制品,高质量的家具及辅料,硬纸制品、纸张新品种、日用及医用纸制品、书写纸、壁纸,农产品加工,肉类加工及罐装、肉食品生产,水果、蔬菜加工及罐装,生产植物油、动物油、脂肪、精炼油、黄油,牛奶加工及奶制品加工,面粉、大米食品加工,生产食用糖,捕捞、养殖、捕鱼业产品的加工、罐装,渔业公司经营活动,农产品采集、储存,建设蔬菜基地、生产现代冷藏装置,生产儿童食品、糖果点心、饼干、夹心馅饼、可长期存放馅饼、巧克力及巧克力糖果,生产不含酒精饮料及葡萄酒、水果汁、蔬菜汁、矿泉水和冷饮料、甜酒,生产纺织机械,生产冷冻、鼓风机械、机床等,生产农业机械,生产摩托车及自行车,生产工业电子产品及日用电器产品,生产矿物肥料及保护植物肥料,磷矿加工、生产黄磷及其制品,生产日用化学品、化妆品,生产医药制剂、植物药类,生产兽医用药剂,采用最新高效工艺生产黑色金属、有色金属最终产品及铝型材,生产先进的新型建筑材料、构件及制品,进行废料加工及建设垃圾再利用工厂。

5. 宾馆、餐饮等服务行业。

6. 通信领域。哈国通信市场发展相对滞后,全国各地驻伊犁企业可在通信基础设施建设和成套通信设备、器材出口方面与哈方合作。

(二) 中国企业可以与乌国经贸合作的方向

1. 中国建材产业比较发达,全国驻伊犁企业可充分抓住乌兹别克吸引外商投资建材产业的机遇,加大吸引国内建材产业的出口力度,将我国具有国际先进水平的建材产业新产品推向乌兹别克市场;同时充分利用乌兹别克不生产的建材,免除海关关税,所节约资金应用于建材工业企业的现代化和技术改造的优惠政策,做好可研报告,在建材产业领域与乌兹别克开展投资合作项目,把产品销售辐射至中亚和欧盟市场,为全国各地驻伊犁的建材企业开拓中亚市场搭建一个平台。

2. 中国特别是江浙一代纺织工业十分成熟，全国驻伊犁企业可充分抓住乌兹别克吸引外商投资纺织工业的机遇，加大吸引国内纺织机械的出口力度，将我国具有国际先进水平的纺机新产品推向乌兹别克市场；同时充分研究乌兹别克投资计划中的项目，做好可研报告，在纺织领域与乌兹别克开展投资合作项目，产品销售可辐射中亚和欧盟市场，为全国各地驻伊犁的纺织企业实施"走出去"战略开拓一条新路。

（三）中国企业可以与吉国经贸合作的方向

1. 吉国畜牧业落后，迫切希望从中国引进绵羊和山羊。如伊犁州和北疆地区畜牧业企业能充分利用吉国（及其他中亚国家）自然条件的优势，把一部分饲养和初加工基地转移到吉尔吉斯等中亚国家，同时着力提高伊犁州和新疆羊绒、羊毛加工的科技含量和附加值，国际合作将会取得"双赢"的成效。

2. 吉国因农产品加工包装产业及运输业落后，造成农产品销售和出口难问题，中国企业可充分抓住吉尔吉斯鼓励外国投资这一重点行业的机遇，加大吸引国内农产品加工包装产业的出口力度，将我具有国际先进水平的农产品加工包装产业新产品推向吉尔吉斯市场；同时充分利用吉尔吉斯减免海关关税的优惠政策，做好可研报告，在农产品加工包装产业领域与吉国开展投资合作项目，为全国各地驻伊犁的农产品加工包装企业开拓中亚市场搭建一个平台。

3. 吉国矿产资源丰富，但生产能力不能满足本国市场需求。目前中国新疆民营企业"天意"公司已开始在吉南方矿区运作开发储量10吨以下的小型金矿。吉国现有的煤炭生产能力不能满足国内需求（100万吨以上），尚有多处煤矿未得到开发。多年来吉国每年从哈国进口煤，最高年份进口达到100万吨。全国各地驻伊犁企业可充分抓住吉国鼓励外国投资这一重点行业的机遇，一方面在吉国开发矿产业，占领吉国市场；另一方面可将我国急需矿产品组织适量进口，满足新疆和内地市场的需求。

（四）中国企业可以与土国经贸合作的方向

1. 要充分利用土国对外商可通过竞争获得特许权和为外国投资者提供许多税收优惠政策，根据土国电力供应设备和线路老化、通信设施比较落后，供水系统也需要大规模更新的情况，中国企业可抓住土国鼓励外商投资这一行业的机遇，加大吸引国内电力和通信设备产业的出口力度，将全国各地驻伊犁企业具有国际先进水平的电力和通信安装技术和高科技产品推向土国市场。

2. 土国化学工业能够生产40多种化工产品，碘、碘制品、硬石膏、硫酸钠、水氯镁石、硫酸镁、工业碳等多种化工产品有出口能力。依据土国化肥的需求量2010年已达到95万吨，目前生产能力不能满足国内需求的实际，中国企业可抓住土国鼓励外商投资这一行业的机遇，与国内有实力的化工企业联合，一方面加大对国产尿素等化肥产品的出口力度，选择我国市场有需求的土国优质化工产品适量进口；另一方面全国各地驻伊犁企业到土国建立化工企业，用我国的先进技术就地生产土国急需产品，以占领土国市场。

（五）中国企业可以与塔国经贸合作的方向

1. 塔国居民对住房的需求在快速增长，建筑市场开发空间较大。塔国建筑材料市场所需的大宗建材，如钢材、水泥和其他建筑材料严重短缺，供不应求，而我国的建筑及装饰材料价廉物美，竞争力强，深受塔国消费者欢迎；塔国目前城建以旧城区改造为主，建筑工程手续办理简单，城市建设配套费及相关开发成本比我国低得多，水电价格便宜，仅相当于我国的20%左右；全国各地驻伊犁建筑行业的工作效率高，施工队仅需六个月即可建成一栋建筑面积1万平方米的七层住宅楼，而塔国的工程公司一般需一至四年才能完成。在管理费用、人工费用上，中国比塔国低70%以上，开发成本仅在人工费用上就会比塔国公司节省20%以上。近几年，中国建筑公司在俄罗斯、哈国等独联体国家建筑市场上诚信经营，得到了当地消费者的信赖，有利于中国的建筑企业尽快进入塔国建筑市场开展业务。建筑材料可通过霍尔果斯口岸从伊犁河谷地区直接向塔国出口，路途较近、运费低，能保证塔国建筑市场需求。

2. 塔国的水泥生产能力严重不足，对水泥的需求量非常大，中国企业可抓住塔国鼓励外国对水泥领域投资的机遇，在塔国投资建水泥厂。同时可以组织国内水泥生产企业和外贸企业向塔国出口国产水泥，占领塔国水泥市场。

3. 塔国的电信产品、机电产品、纺织产品、粮食及水果蔬菜生产能力严重不足，市场需求量非常大。全国各地驻伊犁企业可抓住塔国鼓励外国对这些领域开展经贸合作的机遇，组织国内电信、机电、纺织生产企业和外贸企业向塔国出口国产电信、机电、纺织产品；组织伊犁河谷各县粮食和水果蔬菜生产基地向塔国出口粮食和水果蔬菜，占领塔国这类产品市场。

综上，目前在中亚市场上已有一些中国企业获得了较快、较大的成功，但距离拥有较大产业规模和较高品牌信誉的大型跨国公司的发展目标，还有相当的距离。这是在中亚的中国企业未来的发展目标与努力方向。目前，国际金融危机尚未结束，对新进入中亚市场的中国企业带来了严峻的挑战和机遇；此时全国各地驻伊犁企业进入中亚市场有利有弊，尤其是非能源领域市场的门槛不会太高，容易进入，但融资较难，做优做大有困难。但只要在中亚的中国企业不断夯实、夯牢基础，逐步拓展企业规模、提高市场占有率和产品质量以及品牌知名度，一定会在质和量方面取得长足的发展和显著成就。

第二节　中国企业依托合作中心进入中亚市场的对策

面对竞争日趋激烈的中亚市场，中国企业要开拓中亚市场，就应充分利用霍尔果斯口岸和霍尔果斯经济特区提供的基础和条件，依托中哈霍尔果斯国际边境合作中心进入哈方市场，这不仅符合我国向西开放和新疆外向型经济发展的迫切要求，而且对提升中国企业与中亚国家和企业的经济合作水平具有重要的影响。

一、依据法律政策开拓中亚前沿市场

（一）认真学习国际法律、法规，严格依据国际法律法规办事

中国企业家投资者不仅要了解遵守我国关于对外投资的法律规

定，还要认真学习、严格遵守中亚各投资国的法律法规，严格按国际法律规定办事。目前，有很多的内地和新疆企业认为进入中亚市场很难，其中一个重要的原因就是不了解和不遵守当地的法律，短期行为较多。中国企业家特别是全国驻伊犁河谷的外向型企业在境外投资办企业，一定要学会用法律来保护自己的合法权益，降低投资风险。

（二）新疆各级地方政府应做好对外经贸和外向型企业政策服务和保护工作

一是要鼓励有实力的品牌企业与哈国的企业合作或直接在当地投资或办厂，利用当地的资源和政策优势，根据当地市场的需求组织生产；二是要在上合组织框架内尽可能地解决影响企业投资的法律法规协调、外汇结算、大通关等一系列问题，为企业进入该国和中亚市场减少障碍；三是要制定切合实际的企业进军中亚市场的中、长期发展战略，并在一定程度上为企业提供更多的宏观性的指导意见，避免企业盲目地无序竞争；四是要积极搭建中亚市场信息咨询平台，为企业做好中亚市场信息服务工作。建议霍尔果斯口岸管委会与伊犁师范学院中亚研究所密切合作，积极创建霍尔果斯口岸中亚市场研究咨询中心，通过大量收集中亚国家和中亚市场的经济、政治、贸易、法律、文化历史、现状、动态信息资料，为准备进入中亚市场的中国企业提供全方位的有偿咨询服务，节省国内企业调查了解中亚国家和中亚市场的时间，规避企业进入中亚市场的风险，保护企业的合法权益。

（三）依托合作中心和伊犁河谷经济区开拓中亚市场前沿根据地和大本营

鼓励和支持中国企业加大在哈国等中亚国家的投资力度，利用境内境外两种市场，优化资源配置，在更大范围、更广领域和更高层次上参与国际经济技术合作和竞争。建议全国驻伊犁河谷的外向型企业在对中亚市场和中亚企业没有十分把握的情况下，依托合作中心、霍尔果斯经济特区和伊犁河谷经济区内的伊宁边境经济合作区、清水河开发区和各工业园区，进入和开拓中亚五国市场的前沿根据地和大本营，落地生根，站稳脚跟，进出便利，积累经验，降低风险，开拓市场，稳进发展，获取全胜。

（四）实施大集团、大公司战略，培养企业抵御市场风险的能力

要在政府引导下，以中亚市场为目标，以资产为纽带，通过援疆干部和全国大市场，组建一批援疆省市大企业与新疆企业联合的跨行业、跨地区、跨部门的对外跨国企业集团。依托合作中心、霍尔果斯经济特区和伊犁河谷经济区，建立外向型产业办事机构和物资、人力资源基地，通过建立现代企业制度，实行资产优化重组，形成合力和实力，在关内境外培养中国企业集团抵御市场风险的能力，再出国参与中亚国际市场上跨国公司的竞争。

（五）实施品牌战略，培养和发展名牌产品与治理假冒伪劣产品相结合

目前，已进入中亚市场的部分中国企业创名牌意识淡薄，缺乏广告宣传意识，缺乏有力的营销手段。只有坚持以质取胜方针，严把中国企业生产和销售产品质量关，培养和发展国际名牌产品，提高中国产品在国际上的知名度和美誉度，才是中国企业在中亚市场长久生存并发展的良策。在处理假冒伪劣产品问题上，中国企业可以依托中哈霍尔果斯国际边境合作中心进出境便利条件，在取得霍尔果斯口岸海关和商检局帮助的情况下，采取以下几种办法。一是用俄语和当地民族语言积极从正面宣传树立本企业产品的良好形象，从产品特点、质量和外包装等各个角度向当地消费者介绍自己的产品。二是积极协助中国海关和商检部门查处尚未出关的假冒伪劣产品，力争将假冒伪劣产品消灭在国门之内。三是可以采取综合治理措施。比如，公司可以派人或委托质检部门进行明察暗访，一直查到假冒者生产地点，根据企业实力或诉诸法律，依法严惩；或通过并购将生产假冒产品的企业改造成为总公司的一部分，在总公司的技术指导和质量监控下生产优质产品，由单纯"堵"的方式转变为"堵、疏结合"的方式。达到既打击和禁止假冒产品的生产销售的目的，又能借力扩大再生产，给一些小企业提供一条合法规范经营的生路，取得双赢的良好效果，把坏事变成好事。

二、中国企业进入中亚市场应做好的主要工作和可采取的主要生产方式

（一）中国企业依托合作中心进入中亚市场应做好的主要工作

一是通过合作中心做好投资项目的前期调研工作，制订详细的可行性报告和中长期的投资计划。注意克服企业由于缺少前期调研，情况不明盲目进入，结果无功而返的现象。二是以合作中心为西进基地调研考察中亚市场，选好合作项目，找准合作伙伴，大胆参与哈方市场的竞争。三是依托合作中心组织一支懂语言、懂管理、懂业务、懂法律的高素质的管理队伍，不断加强中哈两国应聘技术和管理人才的培训，提高驻外企业人才队伍素质。四是学习外国优秀企业管理经验，狠抓企业科学管理，树立诚实守信的企业形象。五是要做好产品的市场定位，提高产品质量，完善售后服务，强化品牌宣传工作。六是驻外企业在经营中，要积极取得中国官方派出机构的指导，遇到问题应及时与我国驻外机构或口岸海关、商检局联系。七是尊重中亚各国当地的民俗习惯、文化传统，保护当地民众的合法权益，尽量避免和减少劳资纠纷。

（二）中国企业进入中亚市场可采取的主要生产方式

中国企业通过在合作中心对中亚国家和企业进行充分调查研究，搞清中亚国家和企业资金、技术、管理、市场状况，分析利害风险的基础上，可采用收购股权、租赁、项目承包等办法，或建立合资或独资型生产企业的方式进入中亚市场。生产方式可采用"产品在外、生产在内型"，如在中哈霍尔果斯国际边境合作中心、霍尔果斯经济特区、清水河经济技术开发区等开发区、工业园区建立生产基地；"两头在外型"，即产品、原材料均在中亚国家；"原材料在外、产品在内型"，如通过合作中心、霍尔果斯经济特区、清水河经济技术开发区将产品输入伊犁河谷、新疆和内地市场；"资金、技术、管理、市场在外型"及"混合型"等。

第八章 将中哈霍尔果斯国际合作中心建成区域性中亚国际金融中心

经济发展，金融先行；支持口岸经济跨越式发展，金融业大有可为。在中央的支持下，举全国全疆金融战线之力，依托开发区的大建设大发展，把合作中心建成中亚国际金融中心，是推进新疆和中国西部对中亚五国经贸技术合作战略升级突破口之一，是加快西部区域经济发展的重大战略选择。

第一节 创建霍尔果斯中亚国际金融中心的主要思路

一、提高创建霍尔果斯中亚国际金融中心战略意义的认识

2007年9月，国务院出台了《关于进一步促进新疆经济社会发展的若干意见》，把"实施面向中亚的扩大对外开放战略"作为促进新疆经济社会发展的战略重点之一，并明确提出了"到2020年，把新疆建设成我国西部新的经济增长点和对外开放前沿阵地，实现全面建设小康社会"的战略目标。为实现新疆跨越式发展和长治久安，中央新疆工作座谈会出台了一系列特殊支持政策，批准设立了霍尔果斯特

殊经济开发区，新疆特别是北疆沿边的伊犁州迎来跨越式发展的新阶段。这为伊犁州大力发展外向型经济、扩大对外开放带来了难得的发展机遇。金融部门应充分认识加快霍尔果斯口岸和霍尔果斯特殊经济开发区超常规发展的特殊重要性，深刻领会中央实施向西开放战略推进新疆跨越式发展方针政策的精神实质，切实增强责任感、使命感和紧迫感，全力支持伊犁州通过合作中心和霍尔果斯特殊经济开发区的区位优势、政策优势后发赶超。

（一）新疆银行业金融机构全力助推伊犁州和开发区跨越式发展

将执行货币政策与促进伊犁州和口岸外向型经济加快发展有机结合，保持信贷增长充裕合理；不断增强金融机构社会责任意识，将改善金融服务与促进伊犁州和口岸经济社会协调发展相结合，积极探索金融支持改善民生的有效途径；继续加强金融生态环境建设，将维护金融稳定与确保一方平安相结合，切实保障金融业持续健康发展；加快推进伊犁州和霍尔果斯特殊经济开发区跨境贸易投资人民币结算，提升外汇管理服务水平与促进贸易投资便利化相结合，积极创建中亚国际金融中心，促进向西开放战略实施。

1. 加大对霍尔果斯特殊经济开发区发展的信贷支持。充分考虑伊犁州和霍尔果斯特殊经济开发区跨越式发展的资金需求，立足伊犁州和霍尔果斯特殊经济开发区优势产业，进一步加大信贷投入，调整优化贷款结构。经测算，未来五年伊犁州和霍尔果斯特殊经济开发区信贷增长预期目标年均增速应不低于20%，力争达到23%，2015年年末贷款余额突破500亿元。

2. 推进外汇管理重点领域改革。加快推进伊犁州和霍尔果斯特殊经济开发区跨境贸易与投资人民币计价结算工作，促进伊犁州和霍尔果斯特殊经济开发区对外贸易持续快速增长。未来五年伊犁州和霍尔果斯特殊经济开发区外汇收支增长预期目标是年均增速力争达到18%，2015年年末伊犁州和霍尔果斯特殊经济开发区外汇收支规模突破30亿美元，霍尔果斯特殊经济开发区金融对外开放程度全面提升。

3. 加强金融基础设施建设。伊犁州和霍尔果斯特殊经济开发区金融机构网点布局更趋合理，支付、国库等信息化水平显著提升，伊犁州和霍尔果斯特殊经济开发区城乡金融体系和服务水平显著改善，伊犁州和霍尔果斯特殊经济开发区边境乡镇和边境团场实现金融服务100%覆盖。

（二）向西开放，实施走出去战略，金融要先行

把伊犁州和霍尔果斯特殊经济开发区建设成我国西部新的经济增长点和对外开放的前沿地带，离不开现代经济核心金融业的大力支持。伊犁州扩大对外开放为金融业提供了新的发展空间和难得的历史机遇，金融业要充分认识到伊犁州特别是霍尔果斯口岸在我国向西开放战略中的重要地位和优势，积极适应新形势、新任务的需要，着眼长远，开拓思路，坚持自身发展与伊犁州实施面向中亚扩大对外开放战略相统一，金融机构要坚持自身发展与伊犁对外开放战略相统一，坚持眼前利益与长远利益相统一，坚持局部利益与整体利益相统一，实现支持对外开放战略和金融业自身加快发展的"共赢"。[①]

1. 拓展金融支持领域。认真研究伊犁州扩大对外开放的金融需求，借鉴东南沿海地区金融支持企业"走出去"的成功经验，探索金融支持霍尔果斯口岸和开发区对外开放的新模式、新思路，找准金融支持的切入点和突破口，深化银企合作，增强金融支持的深度和广度。

2. 加强对创建中亚国际金融中心的支持。金融机构要认真研究和采取有效措施，充分发挥伊犁州和开发区在对外开放战略中的重要作用。加快推进中哈霍尔果斯国际边境合作中心金融建设与发展，促进伊犁州区域和开发区协调发展。

3. 积极开展国际金融合作。抓住"上合组织"区域经济合作的良好机遇，扩大与中亚国家的经贸、金融领域合作，重点支持与中亚国家在能源、矿产资源方面的合作开发。依托合作中心，建设面向中亚的区域商贸中心，打造辐射全疆、融合中亚的中亚区域金融中心。

---

① 程志玲. 金融及外汇管理政策支持新疆陆路口岸外贸发展问题研究 [J]. 新疆金融, 2008（12）：18~22.

二、树立敢为天下先的观念，改革开发区的金融体制

中央决定建立开发区后，全国纷沓而来的企业家对伊犁州当地政府一个很重要的期望就是政府要提高办事效率，帮助解决融资问题。为此，自治区党委书记张春贤在率团考察沪浙时曾意味深长地说："跨越式发展关键在人，眼光决定未来，我们要突破有多少钱办多少事的观念束缚，用国际视野拓展发展思路，用现代文化引领科学发展。"这就非常明确地告诉我们不要再因循：凡干事先伸手要政策的老思路。我们要用"敢为天下先"的"新疆效率"来解决发展中面临的一切问题，在这个特定的思想交锋时期，我们一定要重温当年邓小平同志为深圳等特区发展提出的"时间就是金钱""效率就是生命"等系列经典名言，把思想再解放一些，把步子再迈大一些，要"大胆创新，先行先试"朝着既定的目标奋勇前进。

（一）厘清筹融资渠道，支持开发区超常规发展的基础设施建设

由于伊犁州经济发展长期落后和财政非常低的自给率，加之等、靠、要等保守思想作祟，开发区的核心区霍尔果斯口岸和覆盖配套区伊宁市、清水河开发区城市基础设施建设历史欠账严重。基础设施的滞后性已严重影响伊犁经济社会的跨越式发展和长治久安。如何借助此次开发区建设的重要历史机遇，大胆解放思想，创新金融体制和基础设施建设制度，拓宽筹融资渠道，使伊犁在开发区的带动下，今后的生态环境超前发展，基础设施超前发展，外向产业超前发展，民生工程超前发展，小康社会超前发展。有专家认为开发区的核心区霍尔果斯口岸和覆盖配套区伊宁市、清水河开发区当前的城市建设理念首要的就是拉大城市框架，努力实施面积更大、人口更多的城乡一体化统筹发展战略。实施这项战略最为急需的就是投融资。

如果以权威统计数据计算，1平方公里城市基础设施综合投资1亿元以上，目前规划的100平方公里至少需要投资100亿元以上。综合分析目前开发区的起步条件，其基础设施建设的财政资金来源有以下两条筹资渠道。一是中央和自治区计划内的上级财政投资，但其申

报审批程序烦琐，过程漫长，效率低下。二是江苏省的援助资金，每年江苏省政府援建资金总和大约就 3 亿 ~ 5 亿元，这些资金要在 10 个县市分散投资，能够落到伊犁州的核心发展圈——开发区的资金量就会非常有限，显然这是无法满足开发区建设需求的。前两条渠道显然无法满足开发区大建设、大开发、大发展的基础设施巨额投资需要，就必须另辟蹊径，实施第三条筹资渠道，即引进民间资本进入城市基础设施领域。

（二）拓宽筹融资渠道，激励民间资本进入开发区城市基础设施领域

这条筹资渠道在我国东南沿海经济发达地区甚至北疆部分地区已基本推行，实践证明是行之有效的。既然上级公共财政资金难以满足开发区建设的基础设施投资需要，而民间资本又跃跃欲试想进入基础设施领域，政府和金融机构就应该因势利导，大胆进行制度创新，抢抓这个天时、地利、人和的大好发展时机。机不可失，失不再来。伊犁州在改革开放的 30 年中曾经失去了许多重大发展机遇，但绝不能再错失这次千载难逢的大好机遇。张春贤书记提出的"态度决定出路，思路决定高度，眼光决定未来"，这些励志名言，是需要伊犁人好好学习反思的。伊犁人必须以一种时不我待、只争朝夕的追、赶、超、越的"深圳效率"，高速推进开发区的基础设施建设。

（三）充分发挥 BOT 在基础设施项目实施中的投融资优势

目前全球基础设施投资领域效率最高、活力最大的融资方式就是建设—经营—转让，是指政府通过契约授予私营企业（包括外国企业）以一定期限的特许专营权，许可其融资建设和经营特定的公用基础设施，并准许其通过向用户收取费用或出售产品以清偿贷款，回收投资并赚取利润；特许权期限届满时，该基础设施无偿移交给政府。在国际融资领域 BOT 不仅仅包含了建设、运营和移交的过程，更主要的是项目融资的一种方式，具有有限追索的特性。所谓项目融资是指以项目本身信用为基础的融资，项目融资是与企业融资相对应的。通过项目融资方式融资时，银行只能依靠项目资产或项目的收入回收贷款本金和利息。在这种融资方式中，银行承担的风险较企业融资大得

多，如果项目失败了银行可能无法收回贷款本息，因此项目结果往往比较复杂。为了对项目结果进行有效控制，需要做大量前期工作，政府通常委托或公开招标专业性咨询机构（包括专业性的学术研究机构和市场化的专业性咨询公司）对项目进行充分的科学论证。在 BOT 项目实际运作过程中，政府或项目公司的股东都或多或少地为项目提供了一定程度的支持，银行对政府或项目公司股东的追索只限于这种支持的程度，而不能无限地追索，因此项目融资经常是有限追索权的融资。由于 BOT 项目具有有限追索的特性，BOT 项目的债务不计入项目公司股东的资产负债表，这样项目公司股东可以为更多项目筹集建设资金，所以受到了股本投标人的欢迎而被广泛应用。如果伊犁人在开发区超常规发展中，能够激励民间资本进入开发区城市基础设施领域，充分利用金融政策，发挥 BOT 在基础设施项目实施中的优势拓宽融资渠道，预计开发区大建设、大开发、大发展的速度就会加快一半以上。

三、推进外汇管理重点领域改革，培育功能较为完善的外汇市场

伊犁州辖区因受地理、人文环境影响，与其有边境贸易的伙伴国在不断增加，但从贸易额来看仍高度集中在中亚五国。其中，哈国在边境贸易伙伴中贸易额一直位居第一，双方经贸合作发展快速。从与中亚国家贸易结算情况看，美元一直是中国同周边国家结算的主要币种。中哈边贸结算中美元现钞占边贸交易额的 80% 以上，其他为现汇，以及少量的信用证、托收等结算方式，人民币在哈国结算量不大。因人民币是不可兑换货币，多年来一直没有进入官方银行兑换牌价中。但是，在哈国临近中哈边境地区有一部分非官方兑换点设有坚戈与人民币的挂牌汇价，近年来，这种非官方的兑换点越来越多，人民币也出现在哈国中央银行公布的二十多种可与坚戈兑换的货币汇率表中，这说明在当地中哈边境居民实际生活中，人民币被居民所接受的趋势逐步形成。据估算，目前人民币每年在哈国携带出入量为 1 亿元左右，而滞留量约为 3000 万元。

（一）加强相关部门的沟通协调，共同推进双边本币结算进程

1. 调整人民币和坚戈出入境、结算、进出口核销、出口退税等政策，鼓励在周边国家使用本币计价结算或对外直接投资。

2. 充分发挥政府部门现有的职能优势和资源优势，通过部门合作、专门推广会议等多种方式，加大宣传力度，解决现行通关、核销、退税等方面的瓶颈问题，使银行、企业和相关部门积极投入到边贸本币结算的试点和推广工作中去。

（二）建立双边对等合作机制，为人民币跨境结算创造条件

由于基层人民银行（外汇管理部门）和国有商业银行没有独立的外事权，对外切磋沟通的权威性不强，因此，中哈两国边境贸易本币结算问题必须由当地政府部门牵头协商解决。各级政府应进一步加强与哈国双边关系，建立多层次、宽领域的合作项目，消除贸易摩擦，开放金融领域，为人民币跨境结算创造条件；同时，在中哈两国政府的高端会谈中，应协商哈方共同出台政策，推动两国银行同步开办人民币与坚戈的现钞兑换、汇划业务，减少民间市场操作行为，规范边境贸易结算的市场环境。在跨境贸易人民币结算试点政策推行后，已成功开办首笔对哈国跨境贸易人民币结算业务。例如：2010年7月14日，新疆伊犁霍尔果斯东虹贸易有限公司通过霍尔果斯口岸以人民币计价结算报关出口哈国的两批边贸出口货物顺利通关。7月22日，中国工商银行霍尔果斯支行顺利收到了由哈国中国银行汇来的两笔合计33万元人民币出口货款。

（三）积极疏通和扩大结算渠道，规范民间外汇市场有序运作

在合作中心积极运转的有利时机，在加强监管的前提下试点性地批设货币兑换公司，设立人民币、坚戈自由兑换试验区以疏导的方式规范民间外汇市场有序运作。双方在中心内互设金融服务网点，开展本币结算试点工作，探索解决人民币与坚戈差额清算问题，实现双方货币区域化，尽快弥补边贸本币结算的空白。由于兑换公司具有专业化规范运作模式、相关的专门人才、对民间外汇市场熟知度高、客户资源丰富，以及机构设置灵活便利等优势，一定程度上可以将游离于监管体系之外、活跃于民间外汇市场中的外币现钞纳入合规渠道及监

管范畴，为实现跨境货币流通监测提供有效的信息来源。同时，将对规范和发展边境贸易、促进外贸企业的稳健经营、推动与周边国家本币结算，以及打击恐怖融资和洗钱、减少民间非法倒汇行为引发的违法案件，促进经济社会稳定发展产生积极的作用。当前可在口岸本外币兑换经营者中选取几户规模较大的，采取独资或者股份制等多种方式设立货币兑换公司。并应考虑在工商管理、税收等方面予以优惠，以调动其积极性。

（四）加强对外合作与交流、提高跨境调研和货币流通监测的能力和水平

在合作中心设立中亚办事处，适时收集中亚国家政治、经济、人文等信息资料，分析并建议提出国内对外交往政策，其中也应包括人民币计价结算的相关信息资料；建立监管协调机制和统计监测体系，堵塞跨境人民币现钞国际收支申报漏洞和洗钱、非法交易等活动。同时，跨境调研和监测工作也是势在必行，边境地区人民银行和外汇管理部门应加强这方面的工作。上级人民银行是否可将对哈国等中亚国家的金融合作、沟通协调、跨境监测和调研等方面的外事权下放到新疆自治区中心支行，以加快基层工作人员办理出境手续的速度，提高政策和信息反馈的时效性。

四、健全和完善口岸金融机构体系，合理布局口岸金融机构营业网点

（一）中亚区域经济的蓬勃发展需要多种形式的金融机构

营造良好的金融生态环境，对政府、对企业、对个人都显得尤为重要，更是构建金融中心的基础，任重而道远。目前霍尔果斯银行类金融机构力量薄弱，需加快设立和建设政策性银行、股份制银行、小型社区银行、投资银行、担保公司、财务公司等多种形式金融机构。

相比霍尔果斯巨大的经贸发展空间，这几家金融机构所能提供的金融支持和服务实在是太少了，银行网点少，金融品种少，业务

单一，服务水平不高。没有建立区域银监机构、人民银行、金融机构、工商等部门信息共享机制。现有机构无法全面掌握企业各方面信息，为银行服务和企业融资带来诸多不便。目前口岸无人民银行分支机构，形成了人民银行履职盲点区，一定程度上影响了口岸经济金融协调健康发展。在当前形势下，为加强口岸货币信贷政策窗口指导、外汇管理、支付结算、反洗钱、征信等金融管理，在霍尔果斯口岸设立人民银行分支机构推动口岸经济发展已显得更为迫切和必要。

近两年口岸金融业发展滞后，2015年各项存款相比2014年减少了约12.7%；贷款虽有较大幅度的增长，增幅达到53.7%，但贷款大多局限在个人消费贷款上，中小企业融资难问题尚未解决。在这种情况下有必要尽快建立和完善信用体系，推动建立由政府牵头、相关部门和金融机构参与的金融生态环境建设工作新机制。

（二）金融工作与地方经济是"同命运、共发展"的关系

2010年7月19日，在银行业金融机构支持新疆经济社会跨越式发展工作座谈会上，银监会主席刘明康指出，在中哈霍尔果斯国际边境合作中心和中方配套区域范围内鼓励金融机构在这两个区域内设立分支机构，建设国际贸易结算功能，以方便为跨境贸易提供金融服务。借此时机，政府要鼓励各类银行机构在口岸设立服务网点，支持股份制商业银行、进出口银行和外资银行到口岸设立分支机构。借鉴辖内成功经验，积极推进在口岸成立银行信贷担保有限责任公司，最大限度缓解中小企业贷款难的问题[1]。同时应当把霍尔果斯口岸、清水河经济开发区纳入各家支行执行货币政策重点关注、协调的视野，进一步健全完善霍尔果斯口岸经济金融运行分析例会制度，规范金融统计工作。

（三）抓紧建立霍尔果斯口岸金融组织体系

在加强监管、规范引导的基础上，应尽快建立起以人民银行为核

---

[1] 曹刚. 中哈霍尔果斯国际边境合作中心建设现状及金融支持问题 [J]. 西部金融，2008（12）：12~20.

心，以国有商业银行、股份制商业银行、合作金融为主体，其他金融组织为补充的口岸金融组织体系，积极组建适合外贸经济实际特色的金融服务机构，有效解决金融服务断层和"真空"问题，尽快在中哈霍尔果斯国际边境合作中心建设大型、多功能、多方位、一体化的金融营业场所，提高金融服务效率和质量，以满足口岸经济发展的迫切需要。

五、整治口岸社会信用，优化口岸金融生态环境

受经济发展的制约，口岸金融生态环境相对较差，为此各相关部门要建立社会信用体系，强化银政企合作，规范行政行为和执法行为，严厉打击逃废银行债务行为，加快中介机构的建立步伐，加强小企业和特色产业的培育，从社会环境、法制环境、政策环境等各方面营造有利于金融机构成长的良好空间。政府部门要倡导和建立社会主义市场经济条件下的社会信用基础，努力营造"金融安全区"环境。良好的金融生态环境是建立金融中心的必要保证。

（一）建立中小企业、民营企业的信用评估和担保机制

要大力宣传、倡导诚实守信，强化中小企业、民营企业信用观念。建立中小企业、民营企业贷款信用评估和信用登记制度，进而建立中小企业、民营企业的信用担保机制。建立信用担保机制必须以政府的积极介入为前提，以市场的有效运作来推动，并制定相应的政策法规来保障。同时应建立民营企业的多元担保制度、担保监督机制和风险预警机制。

（二）采取切实有效措施坚决制止和打击恶意逃废金融债务行为

针对那些不守信用、有钱不还的"赖债户""钉子户"，要利用法律、行政、经济、媒体等多种手段联合制裁，使不讲信用者无处藏身；建立符合市场经济发展需要的新型银企关系、银政关系，规范政府的经济行为，严禁对商业银行的信贷业务进行行政干预，规范企业的改制行为。特别要规范企业的破产行为，培育良好的社会信用体系，为经济发展营造一个良好的外部金融环境。

第二节　创建霍尔果斯中亚国际金融中心的对策建议

一、依托合作中心加快口岸金融事业发展

合作中心封关运营、开发区的开发建设和精伊霍铁路与哈国接轨，全国各地大量的人流、物流、资金流将涌入霍尔果斯口岸，必然对霍尔果斯口岸金融产生一定的影响。一是各项存款将持续增长，存款结构发生变化。受合作中心和精伊霍铁路通车影响，霍尔果斯口岸第三产业如旅游、餐饮、酒店、运输、特色产品销售等发展势头趋好，驻口岸企业销售收入有一定增幅，导致各项存款尤其是企业存款增加较多。二是金融机构现金收支将有较大幅度增加，银行卡交易量增长迅速。商品销售收入、储蓄收入、服务业收入和城乡个体经营收入都会有较大增长。三是其他金融业务将迅速扩大。广大个体工商户、农民农产品专业大户、农民中介组织与中小企业对传统金融业务和新增的商业保险、快捷的汇兑、现代理财等业务的需求都会增加。因此，要进一步加快霍尔果斯口岸金融机构改革，尽快建立面向外向型企业和中小企业的口岸金融体系和信用担保体系。

（一）努力健全和加强口岸金融体系

要在加强监管、规范引导的基础上，逐步建立起以国有商业银行合作金融为主、其他金融组织为补充的口岸金融组织体系。形成覆盖口岸和附近团场、乡镇，辐射出口基地农户、中小企业、民营经济的口岸金融网络，使国家的政策性金融和商业性金融业务在霍尔果斯口岸区域较好地衔接起来，以产生最大的货币政策效应和经济效益。把霍尔果斯口岸、清水河经济开发区纳入各家支行执行货币政策重点关注、协调的范围，在霍尔果斯口岸搭建四个平台：金融分析平台、银企政沟通合作平台、银行信贷资金供给保障平台和多边交流切磋平台，切实掌握涵盖霍城县在内的泛霍尔果斯区域经济发展数据和规

划。致力于使霍尔果斯成为外贸合作成本最低、效率最高、服务最好、环境最优的边境地区,最大限度地将地缘优势转化为政治优势、经济优势,立足于"东联西出""西去东来"的功能定位,建成新疆重要的进出口商品集散地,进出口商品加工基地,涉外旅游基地的目标,做大做强工业园区,中哈国际边境合作中心,启动国际物流中心,实施中央提出的设立霍尔果斯经济特区的开发战略[①]。

中央支持新疆建立开发区优惠政策的出台,对霍尔果斯口岸区域金融的发展具有推进作用,要积极吸引国内外金融机构,特别是股份制银行在开发区设立分支机构。伊犁州政府和霍尔果斯口岸管委会要主动与铁路部门和交通银行联系,争取在开发区设立交通银行分支机构。伊犁州政府相关部门和伊犁州各家银行金融机构可通过调研和可行性分析,提出进一步加快口岸金融机构改革,建立面向外向型中小企业的信用担保体系的意见和建议。

(二)积极拓展霍尔果斯金融服务新领域

加快银行中间业务的发展。霍尔果斯口岸各家银行要从以下几方面加快拓展中间业务。一是业务品种要多样。各经营网点要扩大中间业务,在竞争策略上力求做到品种全而精。二是市场营销要高效。要简化操作程序,建立专门的中间业务管理部门或管理协调领导小组,具体负责中间业务的市场调研,制定发展规划并研究开发新品种的营销、宣传、推广。三是金融服务要人性化。要改变传统的银行与客户之间的沟通方式,根据客户的不同需求实行个性化服务。四是金融信息系统要完备。尽快开发出统一的中间业务公共平台,为中间业务的发展创造技术和信息条件。五是人才培养要加快。从现有员工中选拔素质较高、知识结构良好的人员,培养一批具备金融、法律、财会、税收、工程、企业管理、计算机等专业知识的人才,尤其是国际贸易方面的人才,逐步建立起一支既能胜任专业技术管理,又能胜任金融业务操作的复合型人才队伍。

---

① 李寿龙. 金融支持新疆跨越式发展的几点认识 [J]. 中国金融, 2010 (16): 79~81.

在金融工作中要重点解决好民营企业融资难的问题。伊犁州金融机构和霍尔果斯口岸分支机构要强化服务意识，增强服务功能，积极拓展金融服务新领域。一要充分借助现代科技手段为资金在企业、行业、地区间的流转顺畅通道，提高资金的利用率；二要采取多种办法，灵活实现中介服务创新，支持口岸经济的发展，如开办代收代付业务、信息查询咨询业务、代理企业和个人理财业务，建立客户理财中心，帮助企业和个人商讨投资计划，为其提供理财方案；商定本外币存储、外汇交易、债券认购、证券投资的资金管理和投资组合管理等。

（三）整治口岸社会信用，优化口岸金融环境

伊犁州政府部门和霍尔果斯口岸管委会要树立保护金融债权即保护地方金融发展，进而保护地方经济发展的意识，大力倡导和建立社会主义市场经济条件下的社会信用基础，努力营造"金融安全区"环境。一是要大力宣传、倡导诚实守信，强化中小企业、民营企业信用观念。建立口岸中小企业、民营企业贷款信用评估和信用登记制度，进而建立口岸信用担保机制。必须以政府和霍尔果斯口岸管委会积极介入为前提，以市场有效运作推动建立口岸区域中小企业、民营企业的信用担保机制，应建立民营企业的多元担保制度、担保监督机制和风险预警机制。二是要在霍尔果斯口岸积极推行信用企业、信用个体户的评定工作，建立借款人行为激励和约束机制以及信用档案，抓好口岸信用秩序的转变，把口岸信用状况的好转延伸辐射到合作中心信用环境的建立健全，最终达到全面提升开发区域内信用水平的目的，从而净化经济金融环境，推动口岸经济可持续增长。三是要采取切实有效措施坚决制止恶意逃废金融债务行为，针对驻口岸的一些不守信用、有钱不还的"赖债户""钉子户"要利用法律、行政、经济、媒体等多种手段联合治理；建立符合市场经济发展需要的新型银企关系、银政关系，规范政府的经济行为，避免对商业银行的信贷业务进行行政干预；规范企业的改制和企业的破产行为，培育良好的社会信用体系，为霍尔果斯口岸经济和开发区经济的发展营造一个良好的外部金融环境。

（四）全力加强对口岸中小企业信贷扶持

加强对口岸中小企业信贷扶持，是加快霍尔果斯口岸和开发区新型工业化产业进程的重要动力源。当前要重点支持技术装备水平先进、具有一定规模、经营状况较好、发展前景好、资产负债结构合理、产权明晰的骨干企业，主动开展市场营销，通过实施银团贷款方式，加大信贷投入。在加大对高产、优产、特色农产品信贷投入的基础上，通过完善统一授信、扩大信贷投入等信贷政策，开展农副产品深加工，提高附加值，延伸农业产业链，实现生产、加工、销售的良性循环。霍尔果斯口岸金融部门要千方百计寻找新的贷款增长点，对口岸的中小企业及来霍尔果斯口岸和开发区投资办厂的企业进行摸底调研。认真做好手续齐备、信誉良好、有发展前景的优质中小企业的信用等级评定工作，超前研究，分析客户发展趋势，把握客户风险状况，择优扶持驻口岸农业产业化龙头企业，以及具有市场潜力的中小企业，同时紧密关注新来企业，锁定目标客户，建立良好的银企合作关系，超前为今后可能提供的金融服务做好准备。

二、发挥政府主导作用，努力推进霍尔果斯中亚国际金融中心建设

金融是现代经济的核心。营造良好的国际金融生态环境，是伊犁州地方经济持续、稳定、健康发展的重要保证。伊犁州各级政府要加强对金融工作的领导，把建立霍尔果斯中亚国际金融中心的工作纳入政府工作的议事日程，使伊犁州和合作中心的国际金融工作与政府工作目标同步实现。

（一）建立银行支持口岸经济发展的激励机制，加大信用担保体系建设力度

为调动银行支持口岸经济发展的积极性，对口岸经济发展贡献突出的银行和金融系统员工给予奖励。进一步扩大对担保公司的注资，提升担保公司的资本实力，利用担保公司的杠杆效应做大企业融资业务规模。政府应出台中小企业贷款风险补偿的相关办法，拨付财政资

金对各家银行新发生中小企业贷款损失按一定比例进行补偿，调动银行发放中小企业贷款积极性。

（二）建立信息共享机制，构建银企沟通平台

一方面，建议在政府门户网站设立中小企业服务专栏，实现政府、监管机构、商业银行、司法、工商等部门和企业的全面合作，解决银、政、企三方信息不对称问题；另一方面，建议政府相关部门定期组织召开银企通报会、银企洽谈会、对接会，组织有融资需求的中小企业和银行面对面洽谈协商，构建银企沟通交流平台。

（三）外向型经济的发展需要政府与银行合作

中方银行对中亚各国经济、金融、外汇等相关政策及金融机构情况的了解，均依靠边贸企业、对方客商、银行驻外机构提供的信息，信息渠道狭窄、质量不高，缺乏系统性、有效性，制约了双边在合作中心金融合作的沟通及开展。因此，加快与外方的探讨，加紧政策研究和制定支持合作中心超常规发展的金融政策实施方案和细则，使其早日通过国家审批。尤其是加快与哈国一方政策衔接工作，从国家层面督促哈方比照中方的政策，制定区别于哈国其他区域的金融优惠政策。具体而言，外汇政策可考虑从以下几方面制定：

1. 按照"自由贸易区"的属性赋予合作中心更加优惠的外汇政策。本着"一线放开、二线管住、区内自由"的原则，将合作中心视同境外，在中心内实行金融自由化政策。同时，在合作中心的配套区以《保税区监管区域外汇管理办法》为依据执行现行的外汇管理政策。进一步放开携带人民币现钞出入境限额，改携带人民币出境限额管理为申报管理，畅通人民币流通渠道。增强双边贸易和旅游合作，借鉴中越、中泰等人员出入境管理模式，简化出入境手续，开通一日游、三日游、七日游等出国游方式，以人流、物流带动资金流，从客观方面推动双边货币的跨境流动。从而促进边境贸易本币结算工作顺利进行。

2. 加强研究探讨，积极促请中哈双方共同制定《共同建立霍尔果斯中亚国际金融中心协定》实施方案和细则，早日通过国家审批。同时，加快与哈方政策衔接工作，从国家层面督促哈方比照中方的政

策，制定区别于哈国其他区域的金融优惠政策。

3. 中方和中亚各国本着互惠互利的原则开展联合宣传，适时组织国际经贸会和国际金融论坛等活动。进一步提升合作中心在国际上的知名度，吸引国际投资者和银行家进行投融资，推动合作中心建设项目资金和产业发展资金早日到位。

4. 中方和中亚各国银行间应加快建立沟通与交流机制。要在加深双方了解的基础上，相互选择实力较强与资信较好的银行加强业务合作，建立代理行关系、互开本币结算账户，以促进双方经贸关系的发展。同时改进金融服务，发展信用证、托收、保函等多种结算工具，将本币结算最大限度地纳入银行结算渠道，形成正常有序的双向流通机制。

三、银行业应加强金融服务，有效支持口岸企业发展

经济发展金融先行。支持口岸经济，金融业大有可为；但在口岸经济发展中，目前银行只是提供结算等被动服务，对于边贸企业急需的流动资金贷款却爱莫能助。原因在于，近年来，各家银行从控制风险的角度出发，纷纷上收贷款权限，加之边贸企业大多规模小，缺少抵质押物，达不到银行的放贷条件。因此造成一方面银行业整体流动资金过剩，另一方面中小企业"嗷嗷待哺"。要进一步促进口岸经济发展，必须彻底解决边贸中小企业贷款难的问题。这要求银行业金融机构开阔视野、转变观念。对边贸中小企业的资金需求，银行完全可以特事特办的原则予以解决。其他相关部门也应根据具体情况制定相应的优惠政策，帮助边贸中小企业解决燃眉之急。

（一）商业银行应制定较为灵活的适合小企业的信贷管理机制，积极开发或推出信贷新产品，创新贷款担保抵押方式

要完善信用评级办法，制定符合小企业特点的信用等级评定制度。授予基层分支机构贷款审批权，简化贷款手续，减少审批环节，优化贷款审批流程，为口岸经济发展投入更多的信贷资金。按照企业不同发展时期的特点，设计开发一系列金融产品组合，最大限度地满

足企业的融资需求。同时，在法律法规允许的范围内，探索权利和现金流质押等新的担保方式，包括存货、可转让的林权和土地承包权等抵押贷款，以及知识产权、应收账款等质押贷款，推进股权质押贷款等。

（二）加强实地调查，积极向上争取政策，转变经营理念

要注重倾听基层意见，倾听企业呼声，面对面地商量办法，研究措施，以真诚的服务塑造良好的银行形象，赢得社会的回报。要增强支持中小企业发展的服务意识，做到不以企业规模大小作为贷款条件，不以企业所有制决定信贷取舍，从而建立起与中小企业贷款业务相适应的信贷文化。

四、建议引进东亚银行为创建霍尔果斯中亚金融中心发挥重要作用

东亚银行作为自治区首家外资银行，对构建中亚金融中心态度积极。霍尔果斯口岸处于中亚经济圈的中心地带，是中国与中亚五国自由贸易和货物中转的桥头堡，有责任和能力发挥中哈经贸之间较强的互补性和自身的地缘、区位、历史、文化等方面的优势，结合自由贸易区的建立，开展全方位的对哈经贸合作关系，提高经贸合作的层次和结构。通过东亚银行在合作中心设立分支机构能为霍尔果斯口岸和霍尔果斯特殊经济开发区带来更多的外资和外资银行，不断充实霍尔果斯中亚金融中心的力量。

东亚银行参与创建霍尔果斯中亚金融中心将取得双赢的良好效果。东亚银行在霍尔果斯口岸和霍尔果斯特殊经济开发区乃至中亚地区的发展将始终伴随着霍尔果斯中亚金融中心构建的全过程，二者相互支持、密不可分，将取得霍尔果斯口岸发展和东亚银行盈利的双赢良好效果。东亚银行将以从事国际金融的丰富经验支持创建霍尔果斯中亚金融中心。东亚银行完全可以将香港构建国际金融中心的做法和经验，结合新疆实际应用到构建霍尔果斯中亚金融中心上来，为建设具有前瞻性和国际性的中亚区域金融中心，发挥独特的

借鉴作用。

东亚银行的企业文化在构建霍尔果斯中亚金融中心文化中也将发挥示范作用。东亚银行的企业文化既有中国儒家传统文化中的诚实信用的一面，更有西方现代企业强调的以人为本、公平竞争的一面，加上根植于香港这一国际金融中心，因此，东亚银行企业文化完全可以在构建霍尔果斯中亚金融中心文化方面发挥建设性作用，为形成良好的中亚区域金融生态环境做出独特的贡献。

东亚银行贴近市场的产品以及细致周到的高品质服务可为构建霍尔果斯中亚金融中心发挥拾遗补缺的作用。专家认为，构建霍尔果斯中亚金融中心是一项极其富有远见的设想，这个设想既有必要性，也有可行性。东亚银行进驻合作中心能加速霍尔果斯中亚金融中心的建成。合作中心和霍尔果斯特殊经济开发区已经成为向中亚、西亚乃至欧洲国家的出口商品基地和区域国际商贸中心。合作中心和霍尔果斯特殊经济开发区总体目标是：充分发挥中哈国际边境合作中心地跨中、哈二国的区位优势，依托国内外市场，建立一个投资、贸易、人员出入自由与高度开放的综合性国际自由贸易区，使霍尔果斯口岸成为东联西出的枢纽，成为新疆地区乃至中国的国际商品交易中心、物流中心、信息服务中心和面向中亚国家市场的国际化自由贸易区。东亚银行加盟创建霍尔果斯中亚金融中心，将大大加快合作中心和霍尔果斯特殊经济开发区的跨越式发展。

第九章　依托中哈霍尔果斯国际合作中心实施文化兴边战略

合作中心的全面启动运营，将推进伊犁州外向型经济大发展。全面开拓中亚国际市场，需要有适应外向型经济发展的开放型文化为其提供人文基础。依托合作中心实施文化兴边战略，大力发展开放型文化，促进中国（新疆）与中亚国家的文化合作与交流，有利于伊犁州实施外向型经济发展战略，促进伊犁州乃至新疆的跨越式发展和长治久安。

第一节　伊犁州依托合作中心实施文化兴边战略的主要思路

一、以科学发展观为指导，解放思想，树立开放型文化发展新理念

在科学发展观指导下，各级文化部门和文化工作者要不断解放思想，结合新时代的新形势、新任务，回答好伊犁州在新的历史条件下为什么要实施文化兴边战略，为什么要发展开放型文化，实现什么样的发展，怎样发展和发展为了谁，发展依靠谁等一系列重大问题，为推动全州开放型文化大发展大繁荣提供重要理论依据。通过对伊犁州实施文化兴边战略问题进行调研和深入思考，专家认为，今后全州各级文化部门和文化工作者要努力树立八个方面新的文化发展理念。

（一）在开放型文化地位和作用上，要明确开放型文化建设是伊犁州经济社会发展事业总体布局的重要组成部分

当今世界，文化越来越成为民族凝聚力和创造力的重要源泉和地方综合实力竞争的重要因素，丰富精神文化生活越来越成为全州各族人民的热切愿望。伊犁州全面发展的小康社会，必须是政治、经济、文化、社会、生态协调发展的社会，只有经济增长，没有文化的大发展大繁荣，经济社会的发展就缺乏智力和道德的支撑，是不可持续的。因此，伊犁州实施文化兴边战略，加强开放型文化建设的作用十分重要。伊犁州实施文化兴边战略，推动文化实现开放式、跨越式发展，一定要用新的理念认识文化，充分看到文化与经济发展、民生幸福、民族素质、国家软实力的内在联系，把文化建设放在更加突出的位置，自觉肩负起促进文化大发展大繁荣的责任和使命；充分看到中央重视、社会关注、群众期待为发展开放型文化创造的良好环境，充分看到对外开放不断扩大、国际影响日益提升为文化发展提供的广阔舞台，紧紧抓住开放型文化发展面临的难得机遇，积极推动伊犁州文化实现开放式、跨越式发展。

（二）在开放型文化发展方向上，牢牢把握社会主义先进文化的前进方向

伊犁州实施文化兴边战略，推动开放型文化发展中，要建设社会主义核心价值体系，发展"三个面向"的民族的科学的大众的社会主义文化。坚持马克思主义在意识形态领域的指导地位，在全州形成统一的指导思想、共同的理想信念、强大的精神力量和良好的道德风尚。以爱国主义为主旋律，认真贯彻"二为"方向和"双百"方针，正确处理好尊重差异、包容多样与坚持主导、发展主流的关系，发扬学术民主、艺术民主，在实施文化兴边战略发展开放型文化中，要遵循保护创作自由，尊重个性，保护特色，鼓励开放，支持创新，宽容失败的规律和原则。

（三）在开放型文化发展目的上，坚持满足人民日益增长的精神文化需求，保障人民基本文化权益

一是把满足人民群众日益增长的精神文化需求、保障公民的基本文化权益、促进人的全面发展作为伊犁州实施文化兴边战略，开放型文化工作的出发点和落脚点。二是必须充分发挥开放型文化在教育人民，引导社会方面的重要功能，坚持用社会主义核心价值观积极引领社会思潮，用中国特色社会主义共同理想凝聚力量，用以爱国主义为核心的民族精神和以改革创新为核心的时代精神鼓舞斗志，用社会主义荣辱观引领风尚。三是必须切实尊重人民群众在实施文化兴边战略，开放型文化建设中的主体地位，坚持以人民群众满意不满意作为衡量、检验、评价文化部门和开放型文化建设成效的根本尺度。尊重人民群众的首创精神，保护创新成果，形成引导有力、激励有效、活跃有序、宽松和谐、不同主体踊跃参与开放型文化创造的机制和环境。

（四）在开放型文化发展动力上，坚持改革创新和科技进步，破除制约开放型文化发展的体制性障碍，不断解放和发展文化生产力

体制机制和科技创新，是开放型文化创新体系的两大重要支撑。伊犁州实施文化兴边战略，要进一步深化文化体制改革，通过建立新体制加快解放和发展文化生产力，建立起符合开放型文化发展规律和市场经济发展要求的文化管理体制与富有活力的运行机制。开放型文化建设必须依托和利用科技进步，运用高新技术手段，推进开放型文化内容和形式、传播方式和传播手段的创新，提高开放型文化产品的感染力和传播力，在推动文化与科技的融合中抢占开放型文化发展的制高点。

（五）在开放型文化发展思路上，要一手抓公益性文化事业，一手抓经营性文化产业，两手都要硬

在抓公益性文化事业中，要努力构建覆盖全州城乡、惠及各族群众的公共文化服务体系，保障公民基本文化权益，为各族群众提供基本的公共文化服务；在抓文化产业中，要努力壮大全州开放型文化产业、繁荣社会主义文化市场，充分发挥市场在文化资源配置中的基础

性作用，通过经营性文化产业来满足人民群众多层次、多方面、多样化的精神文化需求。在发展开放型文化市场的问题上，必须坚持以抓繁荣为第一要务，以抓管理为制度保证，推动伊犁州开放型文化快速协调健康发展。

（六）在开放型文化发展格局上，要努力形成以公有制为主体、多种所有制共同发展的开放型文化产业新格局

伊犁州实施文化兴边战略，加强开放型文化建设，必须适应市场经济和对外开放的时代背景和新形势要求，注重利用市场机制，充分发挥社会各方面参与开放型文化建设的积极作用，积极鼓励和引导非公有制资本进入开放型文化领域，利用各种民间资本以及海外资本进行开放型文化建设，形成推动伊犁州开放型文化建设的强大合力。

（七）在开放型文化发展战略上，要坚持提升伊犁州的开放型文化软实力

提高各民族的思想首先要提高道德素质和科学文化素质，促进人的全面发展，充分利用合作中心和霍尔果斯特殊经济开发区的对外开放的区位优势和政策优势，实施文化"走出去"战略，增强中华文化国际影响力。这是伊犁州开放型文化适应国际国内形势新发展的重大战略选择。

（八）在开放型文化发展的领导力量和依靠力量上，要始终坚持党对开放型文化工作的领导

加强党对开放型文化的领导，核心是要坚持马克思主义的指导地位，用一元化的指导思想引领、整合多样化的社会思想，不断增强党的思想理论工作的创造力、说服力、感召力。马克思主义是我们立党立国的根本指导思想，是社会主义先进文化的旗帜和灵魂。面对深刻变化的国际国内形势和开放型文化工作的复杂局面，只有始终保持政治上的清醒和坚定，始终坚持马克思主义的指导地位，才能不断巩固党执政的思想基础，才能保证党和国家的事业沿着正确方向前进，才能使伊犁州开放型文化发展坚持正确的道路。要充分发挥人民群众在开放型文化建设中的主体作用，最大限度地焕发广大文化工作者的积极性、主动性和创造性。

二、伊犁州依托合作中心发展开放型文化的基本方略

（一）坚持文化引领与文化防范相结合

当今世界文化"西强我弱"的整体格局没有改变。国际上的民族分裂势力、宗教极端势力、暴力恐怖势力向新疆境内渗透，与国内"三股势力"相勾结，对广大穆斯林群众进行以泛突厥主义、泛伊斯兰主义为主要内容的民族分裂宣传煽动。面对这一严峻形势在实施文化兴边战略中，要发挥开放型文化在加强民族团结，反对民族分裂，维护社会稳定中的重要引领作用。一是要以爱国主义为主旋律开展开放型文化艺术工作，二是要以民族团结为核心开展群众开放型文化宣传工作，三是要以"四个高度认同"为目标开展群众开放型文化宣传工作，四是要以"新疆三史"为主要内容开展开放型群众文化教育工作。在处理开放与防范的关系时，各级领导干部和文化部门要对中华文化充满信心。既要坚持民族的、科学的、大众的社会主义文化方向，继承弘扬民族文化，保持和突出伊犁州各民族文化鲜明的民族特色、民族特性；又要顺应全球化和全面对外开放的时代潮流，实施文化"引进来"与"走出去"相结合战略，以更加宽广的胸怀勇于和善于吸收、融汇世界优秀开放型文化成果，同时增强开放型中华文化的吸引力、亲和力、说服力和导向力。

（二）坚持文化开发与旅游开发相结合

文化是旅游的灵魂，旅游是文化的重要载体。在实施文化兴边战略中，加强开放型文化和旅游开发的深度结合，有助于推进伊犁州开放型文化体制改革，加快开放型文化产业发展，促进伊犁州旅游产业转型升级，满足人民群众的旅游文化消费需求；有助于推动中华文化遗产的传承保护，扩大开放型中华文化的影响，提升开放型文化软实力，促进社会和谐发展。伊犁州各级党政领导和文化、旅游部门要从构建社会主义和谐社会的高度，以"树形象、提品质、增效益"为目标，采取积极措施加强开放型文化与旅游开发相结合，切实推动自治州文化兴边战略目标的全面实现。

（三）坚持文化事业与文化产业相结合

公益性文化事业是保障公民基本文化权益的重要途径，经营性文

化产业是满足人民群众多层次、多方面、多样化的精神文化需求的有效手段。长期以来，制约伊犁州文化发展的一个症结，就是把公益性文化事业和经营性文化产业相混淆，政府统包统揽，缺乏开放性。在实施文化兴边战略中，各级政府和文化部门必须准确认识和把握开放型文化的双重属性，既不能片面强调文化的意识形态属性而排斥文化产品的商品属性、产业属性，也不能片面强调文化产品和产业属性而忽略其意识形态属性。要分清公益性文化事业和经营性文化产业，要坚持一手抓公益性文化事业，一手抓经营性文化产业。开放型文化建设既能产生社会效益，也能产生经济效益。发展文化事业和文化产业都要坚持把社会效益放在首位，这是精神产品创作与生产的内在规律所决定的。对公益性文化事业来说，就是要追求社会效益的最大化。对文化产业来说，既要讲社会效益，也要讲经济效益。要鼓励文化产业在确保导向正确的前提下，争取更大的经济效益。在市场经济条件下，文化产品具有一般商品的属性，要遵循价值规律。各族群众通过市场满足文化需求，优秀的开放型文化产品，购买的人越多，社会效益就越广泛，经济效益也就越好。没有经济效益文化产业无法实现再生产，社会效益就是空的。过去伊犁州有许多作品把领导当成基本观众，群众不爱看，经济效益无从谈起，社会效益就无法实现。但如果不讲社会效益，经济效益最终也无从谈起。实现社会效益与经济效益的有机统一，是伊犁州开放型文化产业可持续发展的重要条件。

第二节　伊犁州依托合作中心实施文化兴边战略的建议

一、依托合作中心大力开展文化国际交流与合作

在实施文化兴边战略中，伊犁州要加强与中亚国家的经济贸易交

流与合作，加快发展开放型经济，必须开展文化和教育国际交流与合作，创造良好的国际人文关系。合作中心建成启动，精伊霍铁路与哈国接轨后，不仅为伊犁州加强与中亚国家的经济贸易交流与合作搭建了平台，也为伊犁州与中亚国家开展文化和教育国际交流与合作创造了条件。通过文化和教育的国际融合发展，加强伊犁州与中亚国家的经济贸易交流与合作，达到加快伊犁州外向型经济发展的目标，是伊犁州文化和教育部门为振兴伊犁州外向型经济服务应担负的重要责任。

（一）开展文化国际交流与合作，为加快伊犁州外向型经济发展服务

1. 文化处于关系国家兴衰的战略地位，文化产业的发展无疑是新经济时代一个潜力巨大的经济增长点，在伊犁州经济结构战略性调整过程中的地位不容忽视。中国文化产业发展始于20世纪90年代，从表面看同西方在开放型文化产业研究和实践方面基本是同步的，但西方开放型文化产业虽是最近20年才兴起的，但大部分西方国家开放型文化全面走向市场，从意识形态型向开放型产业经营型的转化早在19世纪就已经完成，有了成熟的市场运作积累。而我国开放型文化产业发展是在停滞多年之后的重新发展，虽然取得了很大的成果，但由于中国长期实行计划经济体制所带来的与市场经济的隔离，开放型文化市场的发育在中国依然处于一种初级状态。因此开放型文化产业的形成需要有一个过程，大型文化企业的建立，是市场竞争的必然趋势，离不开文化市场充分发展这样一个基础。当发展开放型文化产业的浪潮催生了新疆越来越多的文化企业之后，伊犁人才越发清醒地认识到，开放型文化产业的基础是市场，没有一个发育完备的文化市场，伊犁开放型文化产业的发展就缺乏必要的生存基础。因此，在把伊犁文化产业建设成为经济发展新的增长点、支柱产业这些目标之前，各级党委、政府和文化部门首先要下大力气加强开放型文化市场环境的建设，深化开放型文化管理体制的改革。对伊犁州来说，开放型文化市场的研究和建设，已成为提升伊犁州文化软实力更加迫切的战略任务。

伊犁州面向中亚国家发展开放型文化的优势：一是地缘优势。伊犁州与哈国和俄罗斯有1391公里的边境线，有霍尔果斯口岸、都拉塔口岸、木扎尔特口岸等6个口岸与哈国相连，中亚国家和中国居民互相通商的过程中，可以把本国的文化传播到对方国家的人民群众中去。二是历史人文优势。在历史上，伊犁曾经是西域文化、中原文化、中亚文化、西亚文化、俄罗斯文化的交汇地区，曾经有大量苏侨长期在这里生活，有着浓厚的中亚文化和俄罗斯文化情结。新疆人民十分喜爱中亚文化和俄罗斯文化艺术，中亚国家的人民也非常喜爱中国各民族的文化艺术。三是民族语言优势，新疆与中亚国家特别是哈国的哈萨克族、俄罗斯族等民族都是跨境民族，相互间的国际民族文化交流很容易被对方所接受，具有发展开放型国际文化交流与合作的良好国际环境。

2. 围绕发展外向型经济大力开展开放型文化国际交流与合作。

一是要大力培养培训适应外向型经济的文化人才。新中国成立后，中苏友好时期，伊犁地区的民族文化中，包含了俄罗斯文化和中亚文化诸多元素。后因中苏两党政治分歧而减少了交往，在社会和群众文化生活中，限制了俄罗斯文化和中亚文化的发展，使伊犁虽与中亚国家隔河而望，与俄罗斯互为近邻，青年一代却对中亚文化了解甚少。改革开放后，特别是苏联解体以来，中亚国家加强了与中国的交流。上合组织建立后，中亚国家与中国的经贸合作和文化交流更加密切化，进一步推进新疆向西开放的合作中心已建成运营。在这种情况下，伊犁州发展与中亚五国的经济贸易关系的同时，需要大力发展与中亚五国的文化国际交流与合作。要发展开放型文化，必须大量培养开放型国际文化人才。伊犁州各级教育行政部门和大中专院校开展国际交流与合作，必须把培养开放型文化人才作为发展伊犁州外向型经济和开放型文化，开拓中亚文化市场的主攻方向。

二是要围绕外向型经济加强与中亚国家开展文化国际合作与交流。伊犁州要充分利用全世界特别是中亚国家已经兴起的中国热和后世博热的良好国际环境，依托合作中心出入境便利条件，积极创造条件为中亚国家文化团体和经商人员在中国活动期间，开展各种文化活动搭桥铺路，搭建平台。建议伊犁州党委、政府和文化部门在制定"十二五"伊犁州文化发展规划和年度计划中，要把发展与中亚国家的文化国际交流与合作，作为伊犁州发展开放型文化，使伊犁州开放型文化走向世界的重要任务之一。要加强外向型文化产业和演艺业。州文体局要与大中型企业合作，以学校和社区文艺宣传队伍为基础，举办企业文艺团体，既担负企业和社区文化宣传，也担负伊犁州涉外文化、国际旅游文化宣传和演出活动，增强伊犁州旅游业的开放型文化内涵，提高伊犁州境内外开放型社会文化和旅游文化氛围。文艺演出的内容既要有面向我国内地游客的俄罗斯、中亚国家和新疆少数民族特色的文艺节目，也要有面向独联体国家游客的中国历史文化传统节目。要充分利用伊犁州的非物质文化遗产，开发民族文化艺术的繁荣发展，为发展国际国内特色旅游业服务。

三是要积极开展对外文化宣传活动，大力发展国际出版业。据了解，目前中亚国家出版物市场上只有宏观上介绍中国的书刊，很少有全面介绍新疆和伊犁州经济社会发展的图书和报刊，中亚国家民众对新疆和伊犁州的经济社会发展情况了解甚少。面对这一现实情况，建议自治区人民政府和区外宣、文化出版部门，帮助指导和委托伊犁州政府和州外宣、文化出版部门，利用伊犁州沿边地缘和区位的便利条件，面向中亚国家积极开展对外文化宣传活动，大力发展国际出版业。改革开放以来，新疆伊犁州经济社会有了翻天覆地的发展变化，同时已经出版了一大批伊犁图书，为伊犁发展国际出版业奠定了坚实的基础。其中有关伊犁历史文化类图书有八部[1]，经济类图书有四部[2]，

---

[1] 主要有贾合甫·米尔扎汗著《哈萨克历史与民俗》，苏北海著《哈萨克文化史》，姜崇仑主编的《伊犁历史与文化》，赵嘉麒主编的《哈萨克文化研究》，努尔泰·克亚斯别克主编的《哈萨克优秀传统文化遗产系列丛书》，贺元秀、乌鲁木齐拜主编《哈萨克文化新论》，吴元丰、赵志强著《锡伯族历史探究》，王刚、金永辉主编的《新编锡伯族民间故事集》等。

[2] 主要有王友文等编著的《西部大开发·伊犁的定位》《西部国际大通道》《聚焦中亚与霍城开放型经济》《亚欧大陆桥与霍城发展前景》等。

旅游类图书有四部①，史志类图书十几种②；期刊类主要有《伊犁师范学院学报》汉哈两种文版、《伊犁州委党校学报》汉哈两种文版，还有全国各类期刊上发表的有关伊犁州经济社会发展的数以万计的学术著述和宣传文章。完全可以在这个基础上，利用开发区对外开放的政策优势，筹划组建股份合作制的"伊犁国际文化出版有限公司"，与中亚国家出版部门合作，专门从事策划翻译出版俄文版的《中国新疆（伊犁）经济社会发展系列丛书》为主的国际出版业。通过对伊犁经济社会发展系列丛书的翻译、出版、发行和经营，逐步占领中亚国际图书市场，既能达到宣传伊犁经济社会发展，让中亚国家民众了解新疆伊犁、提高与伊犁开展经济贸易交流与合作的热情，为伊犁州发展外向型经济营造良好国际环境环境的目的，又能利用中哈国际图书市场的需求，达到加快发展伊犁州外向型文化产业的目标，取得社会效益与经济效益双赢的良好效果。

（二）开展教育国际交流与合作，为加快伊犁州外向型经济发展服务

1. 大力培养培训适应外向型经济的外语人才。从历史上讲，伊犁州曾经有过大量苏侨，各级教育机构开设的外语都是以俄语为主，适应了当时中苏友好的国际环境。后因中苏两国政治分歧，减少了交往，当地的教育机构开设的外语学习均由俄语改为英语。改革开放后，特别是苏联解体，独联体国家加强了与中国的交流，上合组织建立后，俄罗斯和中亚国家与中国的经济合作和贸易往来更加密切化，独联体国家以俄语为主要官方语言。在这种情况下，伊犁州发展与中亚五国和俄罗斯的经济贸易关系，需要大量的俄语人才和懂俄语的管理人才、技术人才。伊犁州要发展外向型经济，必须大量培养外语人

---

① 主要有刘长明主编、闵长庆著《揽胜伊犁》，张永江、武琼瑶著《行吟阿勒泰》，文昊编著《珍藏喀纳斯》，张莉著《伊犁天堂的浪漫之旅》等。

② 主要有伊犁州地方志编纂委员会编辑的《伊犁哈萨克自治州志》《伊犁哈萨克自治州地名图志》《伊犁年鉴》，伊犁州各地、县市《地方志》《地名图志》《年鉴》、兵团农四师史志编纂委员会编辑的《农四师志》《农四师年鉴》和各团场《志》书、李耕耘编著的《新疆·伊犁风物志》、王克之编著的《伊犁地名史话》等。

才。伊犁州教育行政部门和职业教育培训中心，要把培养俄语翻译、俄语导游、俄语管理人员、俄语技能型人才作为发展伊犁州外向型经济，开拓中亚市场为抓手和主攻方向。建议对一部分职业高中班和职业初中班的学生开设的外语课程由英语改为俄语，以适应合作中心和霍尔果斯特殊经济开发区的俄语人才需求，满足伊犁河谷大力发展以中亚和俄罗斯市场为主的外向型产业人才需要。

2. 围绕外向型经济培养开拓中亚市场的各类专业人才。依托合作中心发展伊犁州外向型经济的关键，在于要培养大量的各级各类的懂外经贸适应中亚市场需要的各类人才。伊犁州教育行政部门和职业技术院校，要把培养适应中亚市场需要的外经贸经营人才、管理人才、翻译人才和各类人才技能型人才作为发展伊犁州外向型经济，开拓中亚市场的重要任务。建议伊犁州组织动员职业技术院校、社会力量与中亚国家职业技术培训机构合作，在霍尔果斯特殊经济开发区成立一所"霍尔果斯国际中亚人才培训学校"，请外经贸和外向型企业的专业人员授课，同时邀请中亚国家的外籍专业教师授课，培养在开拓中亚市场中能够站得住、用得上、能干事、能成事的涉外经贸人才和技能型人才。

3. 围绕外向型经济加强与中亚国家开展教育国际合作与交流。伊犁州要借助全世界特别是独联体国家已经兴起的汉语热，积极创造为中亚国家和俄罗斯青少年学生和经商人员在实践中学习汉语的条件。在全州公共场所、交通要道、办事机构、企事业单位、旅游景点设置和悬挂有哈语、汉语、俄语的牌匾，使独联体国家人员进入伊犁境内不仅感到办事方便，而且有一种以本国语言学习中文的亲切感和吸引力。为了提高教育机构培养适应中亚市场的外经贸人才和技能型人才的能力，建议伊犁州政府制订计划，建立培训基金，分期分批选送职业技术院校的教师赴中亚国家对口学习，深入具体了解中亚国家的经济贸易状况、市场需求情况、企业人才需求情况、职业技能培训的内容和要求、劳务市场需求的职业技能人才类型等，培训回来后，瞄准中亚市场的需求和实际特点，培养所需人才，为外经贸机构和外向型企业培养和输送各类外向型专业人才和管理人才。要大力支持伊犁师范学院与哈国阿不来汗国际关系与世界语大学加强国际交流与合作，努力办好在哈国阿不来汗国际关系与世界语大学联合创办的中国汉语培训中心，为中亚国家发展同中国的经济文化合作交流事业培养汉语人才。同时将哈国阿不来汗国际关系与世界语大学联合创办的中国汉语培训中心，办成伊犁师范学院俄语专业大学生在哈国的国外实习基地。

二、精心打好清代伊犁将军历史文化牌，推进伊犁州开放型文化产业

（一）伊犁州打好清代伊犁将军历史文化牌的重要意义

1. 积极推动伊犁州实施文化兴边战略。清代伊犁将军统辖新疆150年，伊犁成为当时包括巴尔喀什湖以东以南现哈国部分区域在内的新疆天山南北广大地区政治、经济、文化中心，形成了丰富多彩、积淀厚重的以伊犁将军和伊犁将军府文化为核心的清代新疆历史文化。全力抢救、挖掘和开发清代伊犁将军历史文化，全面繁荣具有伊犁区域特点的历史文化，举全州、全疆、全国史学界、文化界、旅游界之力，打造清代伊犁将军历史文化品牌，对推进伊犁州文化大发展大繁荣具有特别重要的战略意义。通过组织创作一大批以清代伊犁将军和历史文化为主题的书刊、剧本、电影、电视剧等文化影视作品，吸引和培育一批文化产业骨干企业和战略投资者，实施重大文化产业项目带动战略，加快伊犁河谷西部文化产业基地和区域性特色文化产业群建设，繁荣文化市场，促进伊犁州文化创新和文化产业大发展。将会使伊犁州成为新疆清代历史文化长廊的核心部位和文化基地，成为新疆实施文化兴边战略的重要组成部分，大大提升伊犁州的文化软实力。

2. 推进伊犁州旅游业发展繁荣。《国务院关于进一步促进新疆经济社会发展的若干意见》中提出，新疆要"依托独特的自然风光和人文景观资源，大力发展旅游业。加强区内外及周边国家的旅游合作，打造丝绸之路旅游品牌，形成古丝绸之路旅游环线"的精神。伊犁是

古丝绸之路北道，清代伊犁将军府所在地——惠远古城是古丝绸之路北道上的重镇。全面抢救、挖掘和开发清代伊犁将军统辖新疆150年形成的古代历史文化，繁荣具有伊犁区域特点的历史文化，通过打好清代伊犁将军历史文化牌，把霍城县"清代伊犁将军历史文化旅游区"打造成古丝绸之路旅游环线上的独特景区和璀璨明珠，对伊犁州实施文化大州战略和旅游名州战略具有重要意义。

3. 推进伊犁州经济社发展繁荣。全国各地开展文化搭桥，经济唱戏的成功经验值得我们借鉴。努力发展有伊犁特色的清代伊犁将军历史文化，以丰富的清代伊犁将军府和伊犁将军历史文化产品为基础，加快建设"清代伊犁将军历史文化旅游区"和惠远镇"清代伊犁将军府旅游城"，抢抓精伊霍铁路通车和创建霍尔果斯经济特区的历史机遇，吸引全国游客和客商来神秘的"清代伊犁将军历史文化旅游区"和惠远镇"清代伊犁将军府旅游城"观光旅游，就近参观考察霍尔果斯口岸、合作中心、霍尔果斯经济特区、清水河经济技术开发区、伊宁边境经济合作区、都拉塔口岸、木札尔特口岸和中亚市场，将会取得推进伊犁州和霍尔果斯经济特区旅游产业大发展和促进招商引资两个方面的良好效益。

（二）建议伊犁州尽快成立清代伊犁将军历史文化学会

为了实施文化兴边战略，打好清代伊犁将军历史文化牌，必须有强有力的学术文化组织作保证。因此，建议伊犁州借鉴吐鲁番成立"吐鲁番学会"、库车县成立"龟兹文化学会"、乌鲁木齐成立"乌鲁木齐学研究会"，大力发展繁荣地域性特色文化的作法和经验，尽快牵头成立"清代伊犁将军历史文化学会"，组织一大批专家学者参加清代伊犁将军历史文化的研究和宣传活动。

1. 清代伊犁将军历史文化学会的宗旨。清代伊犁将军历史文化学会以邓小平理论和科学发展观为指导，坚持"百花齐放，百家争鸣"的方针，团结海内外各界专家学者，全面持久深入系统地开展清代伊犁将军和伊犁将军府历史文化研究宣传活动，为繁荣新疆社会科学服务，为实施"文化兴边"战略服务，为"四个文明"建设服务，为加快发展伊犁特色旅游业服务，为开发建设清代伊犁将军历史文化旅游区服务。通过文化搭台、旅游唱戏，把清代伊犁将军府所在的霍城县建成新疆乃至全国的历史文化大县和旅游名县，从而推动伊犁州开放型文化产业和人文旅游产业加快发展，促进伊犁州跨越式发展和长治久安。

2. 清代伊犁将军历史文化学会的主要职责和任务。研究宣传清代伊犁将军维护祖国统一、维护民族团结、维护边疆稳定、治理新疆所作贡献的历史故事与文化特点；研究宣传清代伊犁将军统辖新疆 150 年期间新疆的政治和社会发展的历史故事；保卫新疆和抗击沙俄侵略、反分裂斗争的历史故事；新疆的经济发展和人民生活的历史故事；发展各民族文化教育的历史故事；屯垦戍边建设边疆的历史故事；在伊犁和新疆范围保存历史遗址的历史故事与文物古迹；清代在伊犁、塔城等地区形成以满族文化为核心，各民族文化融合发展历史格局的历史故事与保留的非物质文化遗产；惠远古城和伊犁将军府的历史演变及形成当时新疆政治、军事、经济、文化中心盛况的历史故事；"伊犁九城"兴建、发展、变迁的历史故事；霍尔果斯口岸百年边境贸易兴衰的历史故事；伊犁 13 个世居民族维护民族团结和祖国统一，为保卫和建设新疆做出重要贡献的历史故事；汉文化在新疆传播发展的历史故事；开发建设清代伊犁将军历史文化旅游区的历史文化创意和每个景点的历史故事。

3. 清代伊犁将军历史文化学会的组织机构。清代伊犁将军历史文化学会的成员主要有霍城县的各级领导、全国的清史专家、新疆科研院所、大中专院校的历史学专家教授、各级史志部门的编辑学者组成；伊犁州大中专院校、中学历史教师和对研究清代伊犁将军与伊犁将军府历史文化有兴趣的各级干部、专家学者亦可选入。

4. 清代伊犁将军历史文化学会要开展丰富多彩的学术交流活动。2007 年中国社会科学院、新疆社会科学院联合与霍城县联合举办了一次全国范围的清代伊犁将军学术研讨会，国内外 60 多名学者出席会议，其中台湾学者 7 名、日本学者 1 名，国内国际学术界对清代伊犁将军和伊犁将军府历史文化表现出极大的热情。建议伊犁州政府和文化局每年在霍城县或合作中心举办一次伊犁州范围的清代伊犁将军历史文化节暨清代伊犁将军历史文化学会年会（简称"伊犁将军文化节"，因清朝乾隆皇帝谕旨设立总统伊犁等处将军的时间为1762年10月，故可选该月某日）；每两年举办一次全国范围（包括海峡两岸）的学术年会；每三年与中国社会科学院、新疆社会科学院联合举办一次全国范围的学术研讨会，借全国之力打造清代伊犁将军历史文化品牌和基础。

（三）依托全国学术界文化界力量把伊犁州打造成"清代新疆历史文化长廊"

在伊犁州实施文化兴边战略中，要尽快做好清代伊犁将军历史文化学会的组建工作；依托清代伊犁将军历史文化学会，借助全国清史专家、满族文化协会、中国社会科学院、国家清史编纂委员会、清代文化影视界的力量，大力开展清代伊犁将军历史文化的研究和宣传活动，全力把霍城县建设成"清代新疆历史文化长廊"。伊犁州文体局和霍城县要与伊犁师范学院伊犁学研究中心、伊犁将军经济文化发展公司、西部生态科学研究中心西部经济文化研究所密切合作，联合成立清代伊犁将军研究所，在霍城县建立满族文化与清代伊犁将军研究基地，努力为伊犁州实施旅游名州战略提供人文旅游产业发展的学术成果和文化产品基础。

（四）积极推进惠远古城老城遗址文物保护和开发利用，大力发展开放性文化

1. 做好组织申报霍城惠远古城老城遗址保护与开发建设项目工作的重要意义。惠远古城是清代伊犁将军管理新疆150年的最高军政机关所在地，是新疆自古以来就是中国不可分割的一部分的重要见证古迹遗址，有很高的历史、考古、学术、文化和旅游价值，是国家级文化与自然遗产地。目前，惠远古城老城的东城墙和护城河的一部分还保存较好，但是南城墙、西城墙、北城墙和原钟鼓楼的古遗址，已绝大部分被毁，只留下很少一点文物遗迹，亟须向国家申报抢救性文物保护设施建设项目。做好组织申报霍城惠远古城老城遗址保护与开发建设项目工作，对国家级文化与自然遗产地的保护、维护祖国统一和新疆社会稳定、建设好清代伊犁将军府爱国主义教育基地和开展反分

裂斗争再教育、大力发展清代伊犁将军历史文化产业和建设清代伊犁将军府旅游城都具有重要意义。要组织州内外专家学者和技术力量，向自治区和国家组织申报霍城惠远古城老城遗址保护与开发建设项目。对清代新疆第一城、国家级历史文化名镇惠远古城老城进行抢救性文物保护设施建设，恢复惠远古城老城原型，与新城共同建成伊犁将军府旅游城和国家级爱国主义教育基地。

2. 霍城惠远古城老城遗址保护与开发建设项目立项内容。要综合实施沿河发展战略，修复和开发建设惠远老城文物遗址保护区和满族民俗风情园。抢抓中央支持新疆实施文化兴边战略的大好机遇，组织申报惠远古城老城遗址文物保护区建设工程项目，争取将惠远古城老城保护和开发利用，纳入国家实施文化与自然遗产地保护工程计划。要坚持惠远古城老城抢救性文物保护与旅游规划开发相结合的原则，坚持伊犁河沿岸生态环境保护与旅游开发相结合的原则，在惠远古城老城附近，沿伊犁河北岸开发建设惠远原生态满族民俗风情园，实施沿河发展战略。

三、积极保护和利用伊犁州非物质文化遗产，为发展开放型文化服务

（一）非物质文化遗产的保护和开发利用，对实施文化兴边战略具有重大意义

伊犁悠久的古代历史孕育了哈萨克族、维吾尔族和汉族等13个世居民族的局面。现在伊犁州居民有47个民族成分。伊犁州的每一个民族都有丰厚的非物质文化遗产，特别是人口较多的哈萨克族。哈萨克族非物质文化遗产的各个类别都有可观的蕴藏量，并且具有浓郁的民族特色。哈萨克族的民间文学，包括神话、民间传说、民间故事、民间歌谣、英雄叙事诗、婚姻爱情叙事诗、民间谚语、民间谜语等，哈萨克族学者尼·蒙加尼认为哈萨克族在各个历史时期创作的英雄史诗就有102部。哈萨克民间音乐，包括民间歌唱曲、器乐曲、套曲、舞蹈曲，以及民间乐器。哈萨克民间舞蹈作为哈萨克民间传统的

表演艺术，具有浓郁的草原文化特色。特别是哈萨克民族在长期从事畜牧业生产实践活动中形成了一套独具特点的游牧生产惯制以及游牧知识体系，一直保存在人们的记忆里，通过口头方式一代代传承着，是哈萨克历代人的经验和智慧的结晶，是弥足珍贵的非物质文化遗产。

非物质文化是人类文化发展的精神财富，是非常重要的文化资源；就语言、民间音乐、舞蹈和民族服装来说，它们都能让我们从更深刻的角度了解它们背后的人和这些人的日常生活。在新疆历史上，伊犁州域内以哈萨克民族非物质文化遗产为主体的13个世居民族文化遗产，通过语言途径传播的口头传统和哲学、价值观、道德尺度及思考方式构成一个社会生活的基础。尽管非物质文化的表现形式包括若干方面，但是，所有的形式都是与孕育它的民族、地域生长在一起的，构成文化综合体。各个群体和团体随着其所处环境、与自然界的相互关系和历史条件不断变化，使这种代代相传的非物质文化遗产得到创新，也使他们自己具有一种认同感和历史感，同时促进了文化多样性和人类的创造力，这样的文化综合体是不可拆解的。特别是伊犁州的少数民族与中亚国家的同一民族，尽管属于不同国家，但是其对本民族所形成的文化遗产却都有着浓厚的认同情感。伊犁州拥有丰富的非物质文化遗产资源要素，为非物质文化的发展成为文化产业提供了条件，有丰富的非物质文化底蕴深厚，历史文化资源品位高、内涵深。伊犁州民间文化、民俗文化，具有浓郁的地方特色，风格独特，各族群众有着历史的民间文化传承意识，民间文化的保护工作形成了长期的愈来愈牢固的链条。这些非物质文化遗产都是伊犁州实施文化兴边战略的宝贵文化资源。

（二）积极保护和开发非物质文化遗产，为伊犁州实施文化兴边战略服务

我国现已公布了两批国家级非物质文化遗产代表作名录，2006年5月公布了第一批代表作518项；2008年6月公布第二批国家级非物质文化遗产名录510项和第一批国家级非物质文化遗产扩展项目名录147项。其中，伊犁州经国家批准公布的非物质文化遗产名录的代表

作尤为突出①。2007年4月自治区人民政府公布第一批自治区级非物质文化遗产名录108项。2008年12月，伊犁州人民政府办公厅公布了第一批州级非物质文化遗产名录89项。伊犁州直近几年来已成功地申报了国家级项目8个，自治区级项目13个，建立了州级名录，目前正在推进县（市）级非物质文化遗产名录建设。经过对这些项目的保护、开发和加工提高后，都能够为伊犁州实施文化兴边战略，发展开放性文化和外向型经济服务。尽早发挥其文化搭台、旅游唱戏，经济收益的良好效果。伊犁州要大力支持伊犁师范学院对伊犁哈萨克族阿依特斯和铁尔麦传统教育传承工作，高质量地办好奎屯校区设立的两年学制的哈萨克族阿依特斯专业和铁尔麦专业，保证定向培养的一大批哈萨克族文艺专业人才学有所用。支持伊宁县吐鲁番圩孜乡办好伊犁木卡姆传承点，提高传习教育的水平，创造条件开展伊犁木卡姆艺术展演活动。

（三）要加强对非物质文化遗产保护和开发利用工作的领导

伊犁州政府和文化部门要重视加强伊犁州非物质文化遗产保护研究中心专业人员队伍建设，积极组织力量开展非物质文化遗产保护和开发利用工作。将非物质文化遗产保护和开发利用工作经费列入财政预算，财政部门要加大经费投入。伊犁州文化部门要以新的思路对全州非物质文化遗产的项目进行整合，用伊犁古代历史上的乌孙古国、秃黑鲁·帖木耳汗墓、伊犁将军府等重大历史遗存，这些历史文化为主线把它们串起来，在分项目申报的基础上，再将其作为非物质文化遗产的大项目，进行重新包装组合，向上申报，争取整体立项。每年召开大型历史文化节，邀请国际友人和国内专家学者参加会议。

---

① 主要有哈萨克族传统婚俗、哈萨克族达斯坦、哈萨克六十二阔恩尔、哈萨克族民歌、哈萨克族冬布拉艺、哈萨克族铁尔麦、哈萨克族库布孜、哈萨克族卡拉角勒哈、哈萨克毡绣和布绣、哈萨克族服饰、哈萨克族毡房营造技艺；维吾尔族赛乃姆、恰克恰克；锡伯族传统婚俗、锡伯族西迁节、锡伯族贝伦舞、锡伯族刺绣；蒙古族绰尔、蒙古族呼麦、蒙古族长调民歌、花毡、印花布织染技艺；俄罗斯族民居营造技艺、诺茹孜节；还有塔塔尔族撒班节、塔吉克族婚俗、回族传统婚俗、乌孜别克族埃希来、叶来、柯尔克孜族库姆孜艺术等。

四、推进伊犁州开放型文化与旅游开发融合发展的主要措施

（一）利用多民族非物质文化遗产资源优势，开发文化旅游产品

坚持既要保留非物质文化遗产的原生态和本真性，又要通过旅游开发向外界宣传推广伊犁州以乌孙古国历史为主线、哈萨克文化为主体多民族非物质文化遗产的独特性和多样性。对乌孙古国历史文化、哈萨克民族文化、汉家公主文化传统技艺类非物质文化遗产，应组织专门的生产厂家进行专营批量生产，通过生产性保护方式合理利用，为旅游业和开放型文化产业发展注入新鲜元素。对传统表演艺术类非物质文化遗产，一方面注重原始形态的展示，另一方面通过高质量的专业编排，成为具有伊犁民族特色和市场效益的开放型品牌文化旅游节目，借助合作中心和开发区对内对外开放的扩散和辐射功能，影响全国，走向世界。

（二）实施清代伊犁将军文化品牌战略，创建伊犁将军府旅游文化品牌

伊犁州能对全国乃至国际游客产生巨大吸引力的人文旅游景区，就是创建清代伊犁将军府旅游城为中心的清代伊犁将军历史文化旅游区。伊犁是中国清代伊犁将军管辖天山南北的军政机关首府所在地，拥有厚重的历史文化积淀、独特的自然风光和浓郁的民族民俗风情。清代伊犁将军是新疆境内目前保存最完好的古代城池遗址，已被列入国家级历史文化名城。建成的以清代伊犁将军府旅游城为中心的新疆清代伊犁将军历史文化旅游区，将成为新疆古丝绸之路旅游环线上以历史文化人文景观为主，人文景观与自然景观相融合的国家级乃至世界著名的综合型文化旅游景区，成为新疆北部最重要的历史文化人文旅游胜地。在此基础上同时建成清代新疆影视城、清代伊犁将军府爱国主义教育基地和满文化民俗风情园，其旅游线路辐射当年伊犁将军管辖范围的历史文化遗址旅游景点，将发展成为新疆旅游产业中具有地域特色和民族特点的最重要的支柱文化旅游开发项目，借助合作中

心和开发区对内对外开放的扩散和辐射功能,将全面拉动新疆国际国内人文旅游业的大发展。

(三) 鼓励国有文艺团体与民营演艺团体密切合作,共同打造高品质旅游演艺团队

文化和旅游部门要从促进开放型文化和旅游发展的角度,鼓励对现有演艺资源进行整合利用,鼓励民营资本以投资、参股、控股、并购等方式进入旅游演出市场。鼓励国有文艺团体与民营演艺团体互相参股、参演,充分发挥国有文艺团体正规化、专业化的优势和民营演艺团体机制灵活、善抓市场的优势,共同开拓国内国际开放型文化旅游演出市场。每年定期组织伊犁州国有文艺团体与民营演艺团体相结合的股份合作制的演艺团体,配合外向型经济贸易会展活动,赴中亚各国开展商业性巡回文化旅游演出活动,在展示中国各民族文化艺术成果的同时,大力发展以文化演艺活动为主的伊犁国际文化产业。鼓励运用现代高科技创新演出形式,提升节目创意,突出地域特点和民族文化特色,打造一批有伊犁特色的优秀旅游演出节目。全州 2A 级以上旅游景区(点)要将吸纳文艺演出团体和艺术表演人才参与景区旅游演出和经营,作为创建高品位综合文化型 3A 级以上旅游景区(点)的评价条件之一,尽快提高各景区(点)的开放型文化内涵。

(四) 以办好开放型文化旅游节为抓手,打造开放型文化旅游系列活动品牌

在积极参与文化部、国家旅游局主办的中国文化旅游主题年和中国国际文化旅游节活动的同时,要以伊犁州历史文化为背景,精心策划,举办好区域性文化旅游节庆和全国性文化旅游节庆活动。为此,需要积极争取将"中国天马文化旅游节""中国清代伊犁将军文化旅游节""中国哈萨克草原阿肯弹唱文化旅游节"纳入文化部和国家旅游局公布的地方开放型文化旅游节庆活动扶持名录,并通过与文化部和国家旅游局联合举办,取得国家政策优惠、资金补贴等多种方式的支持,把伊犁开放型文化旅游节活动打造成为拉动伊犁州经济文化发展的一种旅游系列活动品牌。

第十章　依托中哈霍尔果斯国际合作中心发展新疆兵团外向型经济

根据党和国家扩大对外开放的战略方针，中哈霍尔果斯国际边境合作中心（以下简称合作中心）已建成即将封关运营，国家批准成立的霍尔果斯特殊经济开发区（以下简称霍尔果斯经济特区）已开始全面建设。把新疆生产建设兵团（以下简称兵团）放进新疆跨越式发展和改革开放的大格局中看，兵团发展外向型经济恰逢其时。充分发挥兵团独特的地缘优势，充分利用合作中心和霍尔果斯经济特区的特殊优惠政策，积极承接东部产业向西的"梯度"转移，通过资源组合和优势资源转换战略大力发展兵团外向型经济，是"兵团经济增长极之一"，也是推动兵团经济跨越式发展重中之重的战略任务。

第一节　兵团与中亚五国经济合作之劣势与优势分析

一、兵团与中亚经济合作的劣势分析

（一）领导者思想观念问题

一是传统农业思想过重。拘泥传统屯田模式，对发展工业认识不足，自成产业体系，没有完全融入区内外统一的市场体系中，限制了兵团在更大范围配置资源、优化产业结构的空间和综合实力的提高，

制约了兵团外向型工业的发展。二是重行政轻市场。兵团各级领导干部更多注重的是各级组织行政职能的实现，而忽略了企业市场经营能力的培养和发展。三是对周边国际市场的研究和开拓不够。兵团的各级领导干部对加强新疆、兵团与中亚国家和中亚市场的经贸合作关系，抢占中亚市场缺乏紧迫感，开拓中亚市场的力度不大，措施不力。四是走出去的胆量不够大，在国际市场的营销能力不够强。兵团的外向型经济目前仍停留在"产品走出去"为主的发展模式上，同时产品推广、品牌营销的力度不大，"人走出去、企业走出去、广告走出去"的全方位走出去尚未实现。

（二）外贸企业发挥集群效应较弱

一是兵团未形成发育充分的外贸产业集群。现有的外贸中小企业发育不充分，企业与企业之间、企业与政府、各机构和民间组织的联系不够紧密，企业之间关联度不高，缺乏较大规模和较强竞争力的企业及项目带动；二是兵团外贸产业之间的配套、协作机制不够完善，外贸企业与进出口基地之间联系不够紧密，没有充分形成竞争优势，未充分发挥出集群效应。

（三）招商引资呈竞争弱势

与新疆地方单位相比，兵团单位在招商引资方面处于劣势和弱势，这主要基于以下三方面原因。一是资源的制约性。新疆是资源大省，但兵团175个团场"两周一线"的布局，对自然资源的占有量不大，投资潜能有限。二是体制性劣势。兵团虽属计划单列，但无工商、税收权，在优惠政策制定方面缺乏吸引力。三是人为的行政障碍。就目前来看，兵团各级干部的思想解放程度还远远不能适应大开发、大开放形势发展的需要。招商引资的审批手续人为的行政障碍太多，导致办事效率低、贻误商机，严重挫伤了投资商的积极性。

（四）结构性人才匮乏，高层次人才资源短缺

兵团的外经外贸人才数量不足，尤其是高层次高素质的外贸人才更是短缺。受外经贸人才制约，兵团的一些外贸企业在国际市场的开拓工作受阻，外贸企业在加强涉外企业规划、进行企业外向型发展战略研究及涉外国际品牌建设等多方面，缺乏专业复合型的外贸管理

人才和涉外产业技术人才。

（五）进出口市场集中度过高，亟须化解风险

兵团的外贸企业在开拓国际市场方面的能力不强，出口贸易市场主要集中在哈国和吉国，其中 2008 年对哈国的出口贸易占兵团出口贸易总额的 35.2%，对吉国的出口贸易占兵团出口贸易总额的 44.5%。出口市场过于集中会使兵团对某些国家依赖性过大，容易受到对方国家经济社会政策波动影响，使进出口贸易面临较大风险和不确定性。兵团进口贸易市场主要集中在哈国、乌国和吉国。2008 年兵团对这三个国家的进口比重分别为 40.2%、9.9%、18.8%，合计占比 68.9%，进口商品主要是废钢、钢材、未锻造的铜及铜材等。兵团进口市场过于集中于这三个国家市场容易受供货方的钳制，一旦出现问题将会造成严重后果。

（六）外贸进出口存在结构性矛盾

一是出口商品结构中自产品少，对经济的拉动作用还不强。兵团出口的自产品主要有番茄酱、线椒、瓜果蔬菜、焦炭、水泥等。兵团出口的主要商品大部分不是兵团生产的，出口的自产品也大部分是低附加值的，受基地建设和后期深加工能力的制约，一些产品难以在国际市场上开拓稳定的销售市场。兵团自产品出口额只占进出口贸易总额不到二成的份额，而对进口的主要商品又多不具备深加工的能力。因此，外贸对于兵团的农业结构调整，新型工业化的促进，整体经济发展，促进就业，增加职工收入等方面发挥的推动作用还很有限。

二是进出口比重失衡。长期以来，兵团的出口贸易额远远高于进口贸易额；出口货物中内地产品多于本地产品。进出口结构上的严重失衡已致兵团的外向型企业发展速度慢、数量少；出口企业基地建设相对滞后，出口商品中普遍存在着技术含量低、拥有自主知识产权的核心技术少，使技术性贸易壁垒成为兵团外向型经济发展的巨大障碍，加工贸易在进出口贸易中始终处于弱势。

三是贸易主体结构不平衡。兵团的外贸主体按经济类型分主要有国有企业、民营企业和三资企业三种，进出口贡献率差别很大，三资企业进出口贸易额占进出口额的比重过小。

四是对外贸易方式比较单一。兵团外贸的主要贸易方式是边境贸易，占到兵团进出口总额的近八成，一般贸易和其他贸易形式发展相对不足。

（七）绿色食品加工企业问题显现

在兵团外向型绿色食品的发展中，存在着质量水平不高、企业规模较小、专业销售市场不发达、内部缺乏协调统一、市场体系不规范、法制不健全等一些亟待解决的问题。

二、兵团与中亚五国经济合作的优势分析

（一）兵团与中亚五国经济发展状况具有很强的相融性

一方面，兵团地处的新疆地区与中亚五国均属于经济欠发达地区，在不同的领域中都有巨大的市场空间，都存在资金相对不足、技术不够发达、购买力发展余地较大的基本情况。另一方面，兵团与中亚五国原有的经济体制基本相同，都实行计划经济，目前也都在致力于改革，向市场经济过渡，在经济交往中彼此有更多可以相互借鉴的东西。中亚国家对中国在经济领域改革取得的成功非常有兴趣，希望加强同中国兵团这些部门之间的联系，这为双方加强合作，发展国际经贸合作关系创造了条件。

（二）兵团与中亚五国在经济贸易上存在很大的互补性

中亚是独联体的重要原材料生产基地，石油、天然气及矿产资源较为丰富。兵团乃至整个新疆不但需要中亚的能源和原材料，更需要中亚比较先进的成熟的矿产开采、选矿、冶炼及加工技术，这些适合兵团的技术和产品，是我们从西方发达国家那里无法得到的。中亚各国则大量需要新疆、兵团为其提供中国的食品及轻工产品。近年来，我国与中亚各国的经贸关系逐渐增强，通过兵团向中亚五国出口的初级产品主要有粮食、活动物、饮料、烟草、动植物油脂等。工业制品主要有纺织品、服装、玻璃及制品、陶瓷制品、橡胶制品、塑料制品、轻工机械产品、家电、日用消费品、各类食品等其他工业产品。兵团从中亚五国进口的产品主要是钢材、化肥、有色金属、重工机

械、化工原料、棉花、原皮、羊毛等原材料和初级产品，其中棉花、钢材、化肥、石油及天然气又是中亚各国出口的强项。兵团与中亚五国在经济上存在很大的互补性，这是我们双方发展经贸关系和经济技术合作难得的条件。

（三）中亚五国是兵团广阔的农副产品和食品工业市场

中亚五国中，除哈国粮食生产情况较好外，其他各国粮食生产远远不能自给，都为粮食和食品供应问题而困扰。在前苏联的工业布局中，中亚五国的食品加工业几乎是空白；独立后虽然有意发展轻工业和食品工业，但由于国家需要大量外汇，不得不侧重发挥自己已形成的优势产业。因此，他们为解决大城市的粮食和食品供应，几乎完全依靠进口食品，为此付出了国家约一半的外汇收入。加之中亚各国人口增长率很高，巨大的人口压力使粮食和食品问题显得更为重要，供求矛盾更加尖锐。中亚各国对农产品和食品的巨大需求，为兵团发展外向型农业提供了潜力巨大的市场。兵团现代农业生产潜力巨大、优势凸显。只因兵团粮食生产成本较高，在国际市场上缺乏价格比较优势，才使中亚各国舍近求远大量进口北美和欧洲的粮食与食品。兵团每年有大量的国储粮和农民储备粮难以调运和销售出去（约为30亿公斤）。只要能把粮食生产成本降下来，提高产品质量，兵团就能占领中亚巨大的粮食和食品消费市场。

（四）中亚五国是兵团劳务输出的巨大潜力市场

除塔国外，中亚五国中其余四国都不同程度地存在缺乏熟练劳动力的问题，特别是在建筑业、项目承包、农业种植、果蔬种植、特种养殖、粮食、食品、轻工加工业和饮食服务等行业，需要大量的技术人员和熟练劳动工人。兵团对中亚各国开展劳务输出，优势突出，一是双方语言基本相通，习俗相近，感情融洽，更有利于互相沟通；二是中亚各国目前尚不富裕，外汇支付能力不强，而兵团劳动力价格比发达国家和国内东部地区低，对中亚劳务市场有很强的吸引力。只要做好中亚劳务市场调查研究，摸清中亚劳务市场需求结构，有针对性地开展科学的语言、技术培训，在近十年内，中亚将会成为吸纳兵团待业青年和农业富余劳动力的潜力巨大的劳务市场。

第二节 兵团利用合作中心加快发展外向型经济的思路与对策

一、兵团利用合作中心发展外向型经济的战略定位、战略方针和战略布局

战略定位以提高中亚市场占有率为主攻方向，以合作中心和各边境口岸为开拓中亚市场的平台和国际大通道，以实施开放带动战略为动力源，综合实施资源转换战略、人才科教战略、可持续发展战略，以推动兵团外向型经济大发展为新的增长极，加快实现兵团经济社会跨越式发展宏伟目标。

战略方针是开放型经济，兵地融合共建合作中心、霍尔果斯经济特区和兵团霍尔果斯口岸工业园区，充分发挥开放口岸优势和产业比较优势，坚持"东联西出、西进西出、西来东进"的方针，积极承接东部产业梯度转移，走兵地融合发展的外向型经济之路，推动兵团经济社会跨越式发展，快速集聚经济实力，为新疆的长治久安作出更大贡献。

战略布局是依托亚欧大陆桥、沿边境口岸通道等地缘优势，以线串点，以点带面，点、线、面相结合，坚持"东联西出、西来东进、西来西出"的大开放原则，形成突出特色——兵团"农"字产业、加强八大出口基地、重视辐射圈——团场发展、关注职工收益的空间布局，形成石河子经济技术开发区、兵团霍尔果斯口岸工业园区、吐尔尕特—伊尔克什坦—卡拉苏口岸贸易区三个兵团外向型经济增长中心。沿乌鲁木齐至精伊霍铁路沿线农四师、五师、六师、七师、八师、九师、十二师的团场和企业，要充分利用合作中心和霍尔果斯经济特区，大力发展以农畜产品出口加工为主的外向型产业。兵团和农四师要把兵团霍尔果斯口岸工业园区超常规建设和发展，摆到兵团外向型工业发展全局的首位加以谋划布局。

二、兵团利用合作中心发展外向型经济的对策

（一）把农四师西线团场打造成兵团北疆各垦区发展外向型经济的沿边开放带

1. 创建支撑合作中心和霍尔果斯经济特区的伊犁农垦边境外向型经济带。兵团农四师 61 团、62 团、63 团、64 团、65 团、66 团 6 个西线团场，在伊犁河谷西部沿边地区，沿中哈边境线对霍尔果斯口岸和合作中心形成了万亩包围圈，成为霍尔果斯口岸和合作中心对外开放的直接后方承载地，连接着伊犁河谷各县市和全疆各地。农四师 62 团位于伊犁河谷西部边境霍城县境内，西至霍尔果斯河与哈国为界，北至可克达拉干渠与 61 团接壤，东至开根沟与霍城县莫乎尔牧场毗邻，南与 63 团相连。向西距霍尔果斯口岸 3 公里，向东距清水河经济技术开发区（镇）25 公里、距霍城县城 40 公里、距伊宁市 82 公里、距乌鲁木齐市 675 公里。团部附近有伊精霍铁路和霍尔果斯火车站和 312 国道。与农四师 62 团隔河相望的是位于察布查尔县中哈边境地区的农四师 67 团，霍都公路（霍尔果斯—都拉塔口岸）贯通两地，各连队之间有连队道路相联系，路宽约为 5 米，对外交通十分便利。农四师 6 个西线边境团场与伊犁河南岸的边境团场 67 团，自然形成了沿中哈边境线包含霍尔果斯—都拉塔 2 个口岸的伊犁农垦边境外向型经济带。可以通过大力发展兵地融合经济创建伊犁农垦外向型经济沿边开放带，既能加快农四师外向型经济大发展，又能支撑合作中心和霍尔果斯经济特区的可持续综合发展。

2. 依托精—伊—霍铁路在 62 团创建大型商贸物流仓储中转基地和交易市场。精—伊—霍铁路全线贯通，霍尔果斯火车站设在 62 团团部附近。精—伊—霍铁路与哈国铁路接轨后，霍尔果斯路桥口岸货物吞吐量将倍增，为在 62 团创建大型商贸物流仓储中转基地和交易市场提供了区位优势和充足的货源。兵团农四师要充分利用 62 团毗邻霍尔果斯口岸和铁路火车站的区位优势，在 62 团区域内创建西部大型商贸物流仓储中转基地和交易市场。

3. 把农四师 62 团中亚市场贸易信息做为全兵团对外贸易的风向标。中亚市场形势瞬息万变，信息就是决胜筹码。进入 21 世纪，在由生产、流通、消费组成的经济社会中，流通界（由物流、商流、信息流、资金流 4 部分组成）将起到愈来愈大的作用，信息流与物流、商流、资金流是流通过程密不可分的四个职能。物流、商流、资金流是信息流的基础，没有物流、商流、资金流的信息流是不存在的；信息流是物流、商流、资金流的反映，信息流及时地反馈物流、商流、资金流变化的各种信息、情报、资料、指令等，在传送中形成经济价值；信息流是否及时、准确又制约着物流、商流、资金流，对物流、商流、资金流流量、流向的预测与决策有直接的影响。鉴于 62 团所处的特殊地理区位，兵团应在 62 团建立中亚市场贸易信息流平台，培养一支有一定专业水准的信息服务队伍，为兵团发展外向型产业提供信息支撑和决策依据。

（二）把兵团霍尔果斯口岸工业园区建成全兵团外向型经济基地和辐射源

1. 把兵团霍尔果斯口岸工业园区建成兵团外向型经济发展的基地和中心。兵团霍尔果斯口岸工业园区位于农四师 62 团团域境内。它北至精—伊—霍铁路，东至东湖公园以东 3.0 公里处，南至 62 团四连以南 0.8 公里处，西到霍尔果斯河为界。总面积为 32.32 平方公里。兵团霍尔果斯口岸工业园区北面有中哈霍尔果斯边境合作中心配套区和 62 团团部。兵团霍尔果斯口岸工业园区采用"一心、四片区"的规划结构。"一心"是指综合服务中心。"四片区"分别是指工业区、铁路站场区、仓储物流区、绿化休闲区。

抓住中方配套区税收优惠政策，发挥工业园区的功能。与工业园区毗邻的中哈霍尔果斯边境合作中心中方配套区主要税收政策为：境外货物入区保税；货物出区入境按货物进口的有关规定办理报关手续；境内区外货物入区视同出口，办理出口报送手续，实行退税；区内企业之间的货物交易不征收增值税和消费税。工业园区的设计一则为外贸企业入住配套区解决了后顾之忧，即外贸企业可在工业园区和中方配套区分设加工生产线，部分产能设在配套区以满足国际市场，部分产能设在工业园区以满足国内市场，避免了货物出区入境按货物进口缴纳进口关税的问题；二则有利于实现资源的"大进大出"，即与长三角、珠三角和环渤海经济圈物流的衔接；三则有利于逐步用中亚市场的牵引战略，引导承接东部产业转移；四则为兵团招商引资搭建了平台，增加了竞争筹码和成功概率。

建立进出口加工区。在工业园区首先要建设好出口产品加工业，还要建设好进口产品加工区，重视对进口资源的加工和利用，特别是紧缺矿产资源的利用，这是国家大力支持的重点领域；合作中心原设计的中方配套区主要功能为出口加工、保税物流、仓储运输，没有设计进口资源加工这项功能，兵团霍尔果斯口岸工业园区要设计承担进口资源加工这项功能，使中亚国家进入中国的部分原料和初级产品经过加工实现中国化，更好地适应中国新疆和内地市场的需要。

2. 依托兵团霍尔果斯口岸工业园区在62团建北疆最大的商贸物流集散中心。兵团应做好"金三角"——62团这篇文章，充分发挥其区位优势，依托合作中心和霍尔果斯经济特区的政策优势和对外发放优势，在兵团霍尔果斯口岸工业园区创建北疆最大物流集散中心。

（三）立足农垦资源地缘优势，促进兵团外向型经济发展

1. 立足资源优势，发展外向型产业集群。要利用合作中心和霍尔果斯经济特区对外开放的政策高地和国际通道，通过开拓中亚市场来培育和发展以出口为导向的优势产业基地。

一是特色农产品产业。以冠农果茸、北疆红提、三丰果业、昆仑山枣业等企业为龙头，抓好香梨、苹果、葡萄、大枣、辣椒、哈密瓜等特色农产品的出口，带动其他农产品生产基地的建设。推进农产品出口产地认证工作，提高果品保鲜水平，实现农产品分级、包装、加工、仓储、运输、销售一条龙，扩大特色农产品出口。

二是纺织服装产业。以石河子市、天北新区及农十二师的纺织企业为龙头，以新型纺纱、中高档坯布和棉毛纺服装面料生产加工为主，进一步开发高支纱、精梳纱、高档面料、服装等高端产品，提高产品档次，延长产业链，提高产品附加值，逐步扩大纺织服装出口。

三是食品饮料产业。以中基、冠农果茸和新天等公司为龙头，进

一步巩固原料生产基地，使企业与团场、职工形成利益共享、风险共担的利益联结机制，提升产品档次，实现可持续发展。

四是化工产业。以天业公司为龙头，加大聚氯乙烯、烧碱、塑料制品等化工产品的出口，同时支持文昌塑料等加工贸易企业加快发展。

五是焦炭产业。以鸿基焦化、双新焦化等企业为龙头，加快实施焦炭综合化工项目，大力开发煤化工下游产品，延伸煤焦化产业链，"十二五"期间建立焦炭出口基地。

六是肉制品加工产业。以天康、绿翔牧业等企业为龙头，建立起包括农四师、九师在内的畜产品生产加工销售为一体的产业集群；抓好猪肉、羊肉、牛肉等畜产品基地建设，加大中亚市场开拓力度，提高肉制品的保鲜、分割、仓储、运输能力，促进规模化发展，"十二五"期间建成肉制品出口基地。

七是家具制造产业。以安佳木业、久康木业两家家具生产企业为龙头，进一步扩大产能，拓宽市场销售渠道，使两家企业成为家具行业的出口龙头企业。鼓励各类有实力的企业加大对俄罗斯林木开发、木材进口力度；充分发挥地缘和资源优势，大力发展家具加工业，使之形成产业集群。

八是医药保健品产业。以昆仑神农、金鹿药业、华世丹药业为龙头，充分利用周边国家资源和中亚市场，实现特色资源转换，拓展发展空间，"十二五"期间建成药品生产出口基地。

2. 立足地缘优势，建成兵团沿边垦区出口加工带。依托霍尔果斯口岸和合作中心为开拓中亚市场的前沿基地和桥头堡，努力在"十二五"期间，以劳务输出和"飞地模式"建成新疆北部"兵团沿边垦区出口加工带"。

一是立足于相同于中亚国家的民族、语言等人文优势，大力发展劳务输出，目标是中亚加强劳务外派培训基地建设，积极开拓境外工程承包和劳务外派市场。

二是采用"飞地模式"实现兵团内部和对外产业承接。"飞地模式"是指两个互相独立、经济发展存在落差的行政地区打破原有行政区划限制，通过跨空间的行政管理和经济开发，实现两地资源互补、经济协调发展的一种区域经济合作模式。它的良好运行可为中西部发展和东部的产业转移提供了一个新的平台，从而有力推动新疆兵团区域经济协调发展。兵团利用"飞地模式"是在推进工业化和招商引资过程中，援疆各省区和各师各团场和兵团霍尔果斯口岸工业园区通过打破行政管辖关系，把援疆各省区和各师各团场招入的资金和项目放到行政上隶属农四师地的兵团霍尔果斯口岸工业园区，利用税收、利润、股份红利分配、政绩考核等科学的利益机制，扩大两地合作广度，加深两地合作深度，从而实现互利共赢。

三是依托与中亚资源和产业的互补性，通过在境外投资办厂、收购兼并，对外搞嫁接、建基地、设网点、人网站，开拓新的中亚市场，在更大的范围和更深程度上参与国际市场的竞争和合作。

四是通过"飞地模式"实现对沿海地区产业转移的有效承接，包括服装产业、制鞋产业、五金产业、陶瓷产业、铝型材产业、机电产业等；整合兵团内产业资源向兵团霍尔果斯口岸工业园区、兵团伊犁垦区外向型经济沿边开放带集中，形成产业集聚和乘数效应，促进兵团霍尔果斯口岸工业园区的迅速发展。

（四）促进兵团贸易均衡化，全力开拓多元化国际市场

1. 调整产业布局，优化兵团进出口商品结构。产业结构是贸易结构的基础，具有国际竞争力的产业在贸易结构中的比重会不断上升，而缺乏国际竞争力的产业在贸易结构中的比重会不断下降，因此产业结构的不断优化可以有效地调整出口商品结构。2000年，兵团三次产业在GDP中所占比重分别为40.60%、27.51%和31.89%，2007年分别为36.83%、28.92%和34.25%。从2000~2007年兵团产业结构变化的整体趋势来看，第一产业比重不断下降，第三产业比重略有上升，按三次产业在GDP中所占比重大小排序，兵团的产业结构是"一三二"型，第二产业发展滞后，严重影响兵团出口产品的质量。虽然兵团出口产品中制成品占绝对优势，但出口商品以粗加工的资源产品为主，较少涉及高附加值的制造业产品和高新技术产品。"十二五"期间，兵团应加大科技投入，大力引进国内外先进技术，加强技术更新改造和新产品开发，增强对资源型产品的深加工和精加工能

力，提高出口商品的质量和附加值。同时，瞄准中亚市场，构筑新型产业体系，大力发展高新技术产业，促进制造业升级换代，实现兵团出口竞争优势由低端的资源出口比较优势向技术出口比较优势转换。随着兵团经济的发展，对原材料、机械设备及高新技术产品的需求会大幅增加，"十二五"期间，兵团应加大机电产品和高新技术产品进口，改变目前机电产品和高新技术产品进口额较小的局面，为兵团产业结构的调整和升级创造有利条件。

2. 大力发展一般贸易和加工贸易，促进贸易方式多元化。从贸易方式上看，兵团外贸快速发展的主要原因是对地缘优势的充分发挥，而兵团外贸要保持可持续发展，需要积极发展加工贸易和一般贸易。首先，优先支持发展加工贸易。抓住我国产业梯度向西部转移的机遇，通过各项优惠政策吸引国内外投资者利用合作中心和兵团霍尔果斯口岸工业园区的区位优势和政策优势，投资发展资本密集型、技术密集型的附加值高、污染少的加工制造业和高新技术产业，改善投资环境，发展"两头在外"的出口加工贸易模式，扩大出口加工贸易产业领域，引导出口加工贸易转型升级，不断提高兵团企业出口加工贸易的规模和水平。其次，大力发展一般贸易。一是兵团各级领导要与地方政府协调合作，对一般贸易企业在生产经营、税收等方面给予优惠待遇，解决制约一般贸易企业发展的生产技术和发展资金等问题，通过政策引导一般出口贸易生产，加大一般贸易的发展；二是兵团一般出口贸易企业要利用自主知识产权和自有品牌生产高新技术产品，不断提高企业的产品层次和技术含量，提升企业的国际核心竞争力，提高一般贸易进出口商品的层次，增加外贸企业收益；三是兵团还要充分发挥伊犁垦区为主的沿边地缘优势，利用以霍尔果斯口岸开展边贸的优越条件，继续大力发展边境贸易。

3. 实现外贸市场的多元化，分散市场风险。兵团外贸客户群主要集中在哈国、塔国、乌国及俄罗斯等国，外贸市场集中度高，外贸风险较大，而与新疆接壤的国家有 8 个之多，发展外贸应坚持市场多元化。要充分发挥合作中心通过中亚各国的辐射功能，利用新亚欧大陆桥的国际商贸大通道作用，进一步加强对土国、巴基斯坦、蒙古、土耳其、印度、阿富汗等周边国家市场和欧洲市场的开发力度，扩大兵团对国际市场的出口份额，提高国际市场占有率，造就兵团外经外贸新的增长点。

4. 积极培育兵团外贸企业，实现对外贸易主体多元化。2007年兵团外贸企业有1066家，只有6家进入全国进出口企业500强，兵团单个企业进出口规模偏小，对外贸易大型支柱企业和企业集团较少。因此，一是应依托兵团的产业优势和资源优势，积极培育一批具有发展潜力的大型骨干外贸企业集团，增强外贸企业抵御市场风险、参与国际竞争的能力，使其成为兵团外经贸持续健康发展的骨干力量。二是应鼓励和扶持具有产品特点和经营特长的中小企业积极参与外贸经营，发展壮大对外贸易的经营主体。三是优化利用外资的软、硬投资环境，把利用外资同兵团产业结构调整、开发利用兵团优势产业和优势资源以及与改造传统产业相结合，加快培育兵团的外资加工企业，在兵团霍尔果斯口岸工业园区和合作中心建立大规模的出口产品加工基地，借助外资企业扩大兵团在国内外的市场份额和影响力，形成兵团各类经营主体共同发展的新格局，通过日益发展壮大对外贸易经营主体，构筑兵团对外贸易发展的坚实基础①。

（五）积极培养外经贸人才，建立通畅的跨国经营信息系统

兵团要培训一批外贸专业人才，充实外贸部门，设立中亚市场研究咨询机构，认真加强对中亚国际贸易的研究和外贸商情信息的分析预测，按照中亚国际消费市场变化和各类出口商品的销售对象，进行出口商品的精选和基地建设与外经外贸职业技术人才培养培训向结合。根据国际市场的不同要求，统筹规划，发挥各垦区优势，以招收和择优定点的办法，确定一批农副产品和工矿产品建设项目和出口加工基地，专门生产在中西亚国际市场有竞争能力的深加工产品和农副产品加工，食品、罐头、饮料、奶粉等劳动密集型产品，形成从种棉、纺纱、织布、印染到服装加工出口的一条龙外向型产业。

---

① 朱远乐．四师、可克达拉市：兵团向西开放的桥头堡［J］．当代兵团，2015（6）：11~23.

（六）实施品牌发展战略，打造兵团名牌产品开拓国际市场

1. 形成品牌企业与品牌产品，是提升国际市场竞争力的关键。通过举办洽谈会、招商会等多种形式，把兵团的优势产业、优势产品、知名品牌和骨干企业全方位推向中亚国际市场。要积极培育出口经营主体，大力扶持外向型农业产业化龙头企业，鼓励企业有针对性地参加专业国际展会，支持企业依托和利用合作中心，首先在中亚国家建立具有一定规模和辐射能力的贸易机构，支持有条件的企业在主要出口市场设立销售机构，帮助企业逐步建立国际营销渠道，使产品直接进入终端市场。尽快形成一批具有较强开拓国际市场能力的重点企业，大力支持企业走外向型经济发展之路。

2. 要把实施品牌战略作为发展外向型经济能力建设的核心。一要有品牌营销意识，利用洽谈会、招商会、产品展示等多种途径和形式推介产品和品牌，加大自有产品中亚市场开拓力度，培育一批具有自主知识产权和自主品牌的出口商品；二要有品牌保护意识，对已有品牌要及时在境外注册商标、申报专利，寻求法律保护；三要有品牌质量意识，要抓好产品质量管理，引导、鼓励企业建立售后服务体系、质量可追溯体系。指导农民科学育种、种植，合理使用化肥，建立健全绿色农产品种植基地、出口加工企业质量安全管理体系、检验检测体系和有机农产品标准化体系。同时，要提高产品包装质量，对销往中亚市场的商品要标注俄语，对已经具有知名品牌的香梨、番茄、红花、葡萄、枸杞、啤酒花、哈密瓜等产品，进一步提高质量，努力适应中西亚国际市场要求。

（七）加大招商引资力度，为外向型企业发展创造良好环境

1. 兵团应紧紧抓住"外资西进、内资西移"，劳动密集型产业大量向西部转移的大好机遇，切实加大招商引资的力度。要坚持"谁投资谁受益"和"让利在先、得利在后"的发展原则，深入研究国际产业发展走向和国内产业转移动向，主动跟踪资本流动和产业重组新趋向，制定产业链招商、优势资源招商的新机制和新措施。要充分利用好"乌洽会""西洽会"等商贸洽谈会，大力宣传沿边垦区的资源优势，营造招商、引商、重商、亲商、爱商、护商的良好氛围。

2. 要通过以存量引增量、以市场换资金、以资源换项目，"不求所有，但求所在"，吸引区外有实力的各类投资者到兵团霍尔果斯口岸工业园区来投资。对引进的项目从引进到落户，从建设到投产，从起步到成熟，从发展到壮大，实行全程优质服务，要抓项目落户，更要抓项目投产和效益。按照科学发展观的要求，理性设置准入门槛。既要招商又要选商，切实把那些科技含量高、经济效益好、资源消耗低、环境污染少、产品质量高、资源优势得到发挥的好项目引进兵团霍尔果斯口岸工业园区和沿边各师团工业园区。

（八）促进区域经济协调发展，提高兵地融合型外向型经济发展水平

一是根据兵团区域经济发展不平衡情况，发挥兵团各师、团经济的基础作用，打破各师团之间的行政壁垒，优势互补，加强合作，缩小兵团垦区间经济差距，促进兵团区域经济协调发展，切实增强兵团外向型经济的整体竞争力。二是加强与地方的联系、沟通与合作，提高兵地融合发展水平。一方面，兵团应积极争取自治区的外贸发展政策，将兵团外贸企业纳入扶持范围，研究制定兵团外贸发展的鼓励和激励措施；另一方面，兵团和地方要建立商品和生产要素自由流动机制，打破行政和地域界限，树立区域经济发展的全局观念，优化资源配置，实现资源共享、优势互补、融合发展。三是兵团和地方要开展全方位、多形式的经济合作，建立有效的利益协作机制，通过强强联合，利益共享，风险共担，维护兵地共同利益，实现利益"双赢"，通过联合提高兵地外贸企业的综合竞争力，共同开发中亚市场。

（九）更新发展理念，提高兵团外向型经济发展战略思维能力

一是分析优势、找准定位，解决外向型产业集群发展的方向问题。兵团加快北疆各垦区外向型产业集群建设，必须紧紧围绕中西亚国际市场需求的总目标，充分利用自身在资源、环境、区位等方面的优势和已奠定的良好基础条件，把握发展机遇，找准外向型产业发展定位。兵团应立足于招商引资，不断寻求可靠的合作伙伴；立足于股份合作，不控股、不独资、不单干，坚持实践东部经济特区奉行的"让别人发财求自己发展"的借船出海的新理念；立足于机制创新，

用利益联结的方式集聚各方企业力量开拓中亚市场，让改革成为外向型企业发展的动力源。

二是因地制宜、量力而行，解决好积极发展与理性决策的战略思想问题。兵、地各级党政领导要以正确的政绩观落实科学发展观，克服急功近利的思想。在发展兵团外向型产业决策过程中，巧妙处理好有所为与有所不为的辩证关系，避免与地方单位发生同一地区同一项目重复建设，无序竞争的现象。既要立足当前，着力解决影响外向型产业集群发展的突出矛盾和问题，争取近期内取得突破性进展。还要着眼长远，多做一些为提高外向型经济发展后劲打基础的工作。如夯实面向中亚市场的绿色农畜产品生产基地建设、兵团霍尔果斯口岸工业园区"三通四平"的基础设施建设、外向型人才队伍建设等。

三是尊重市场规律，走兵团特色的外向型经济发展道路。兵团的外向型经济应坚持市场国际化和效益最大化原则，按照"不怕干不好，招商引资就行；不怕不会干，不控股就行；不怕股份少，能分红就行；不怕规模小，多办几家就行"的要求，以开拓中亚市场，提高在中亚市场的占有率为目标，加大外向型产业的招商引资和项目引进工作力度，以股份制为重点，大力发展混合所有制经济，提高兵团外向型企业在国际市场的竞争力。继续坚持优势资源转换和利用，积极培育"农"字号绿色农畜产品出口加工企业，突出发展水果、蔬菜、乳制品等特色产业，提高出口农产品的增值水平；围绕垦区种子加工、生物肥料、节水器材和小型农机具等在中亚国际市场适销对路的产品和产业，扶持发展一批有市场、前景好、有效益的中小型出口加工业企业，通过加快团场外向型经济发展，进一步壮大边境团场工业经济实力。

三、兵团利用合作中心发展外向型经济的建议

（一）建议中央、自治区和兵团加大对兵团霍尔果斯口岸工业园区的政策支持力度

建议中央、自治区对兵团霍尔果斯口岸工业园区制定专门的落户企业免收、缓收土地使用费的优惠政策；制定专门的落户企业3年免

征企业营业税、所得税的优惠政策，3年后的税收金额向兵团霍尔果斯口岸工业园区退税的兵地融合发展的方式，加快兵团霍尔果斯口岸工业园区的发展，使其成为中亚国际合作中心和霍尔果斯经济特区跨越式发展的有力支撑。建议兵团和农四师也要制定加大对兵团霍尔果斯口岸工业园区的政策。

（二）建议成立伊犁州和兵团农四师共同组成的霍尔果斯特殊经济开发区管委会

建议新建立的霍尔果斯特殊经济开发区管理委员会由伊犁州和兵团农四师领导干部共同组成。以利于兵地双方领导在霍尔果斯特殊经济开发区规划、开创、开发、建设、发展全过程中统一思想，共谋大事，协调一致，融合发展，双赢双利，使霍尔果斯特殊经济开发区健康、顺利、高效地建设和发展。

建议兵地领导干部混合组成的霍尔果斯口岸管委会领导班子。建议霍尔果斯口岸管委会领导与农四师62团领导交叉兼职。以利于兵地双方领导在霍尔果斯口岸规划、开发、建设和制定政策中统一思想，共同协商，协调一致，融合发展，使霍尔果斯口岸可持续发展。

（三）建议成立兵团中亚研究所深入开展中亚国家和中亚市场研究

1. 兵团中亚研究所的机构框架与隶属关系。兵团中亚研究所受兵团农四师党委和兵团政研室的双重领导，实行与农四师党校一套班子，两块牌子，两项职能的领导体制，为正团级单位，设专职事业编制3人（其中含专职副所长1人），其余工作人员和研究人员从农四师党校编制内调剂使用。研究所的事业经费由农四师财政列入年度财政预算，科研费由兵团科技局和农四师科技局从科技三项经费内给予列支科研项目课题费资助解决。研究所对企业提供的中亚信息资料和委托研究成果，实行有偿服务，以所养所。

2. 加强兵团中亚研究所建设的对策。一是确定研究方向重点，加强兵团中亚研究所学科建设。二是认真抓好《兵团党校学报》和《兵团经济研究》"中亚研究"栏目建设，使这个专栏成为兵团中亚研究所专家发布中亚研究成果的重要园地和载体，成为团结、联合国内外中亚研究专家学者的重要纽带和桥梁，成为对外宣传兵团外向型经济和兵团中亚研究所的重要窗口。

3. 兵团实施外向型经济发展战略中要充分发挥兵团中亚研究所的作用。一是兵团党委和农四师党委要把兵团中亚研究所作为自己研究中亚，发展外向型经济的智囊团，加强对兵团中亚研究所的领导。二是兵团外经贸局和兵团政研室要加强对兵团中亚研究所工作的指导和支持。三是兵团党委宣传部、兵团社科规划领导小组和兵团科技局要重视和支持兵团中亚研究所的课题申报立项工作。四是兵团党校、行政学院和农四师党校、行政学校要积极支持本校教研人员与兵团中亚研究所专家学者合作开展课题研究和涉外经济人才培养工作，为兵团和农四师实施外向型经济发展战略和实施外贸强师战略提供智力支持和人才保证。

第十一章　中哈霍尔果斯国际合作中心与霍尔果斯经济开发区互动发展新路

开发区作为新疆向西开放的重要门户和桥头堡，在开拓和发展国际国内两大市场中作用重大。如何利用国家加快发展开发区的优惠政策，依托开发区创造的新环境办好合作中心，充分发挥合作中心在全国对外开放中的作用意义重大。

第一节　开发区的区划范围和功能定位

从实施新疆跨越式发展和长治久安战略出发，特别是实现北疆地区外向型经济跨越式发展，担负中国西部向西开放国际大通道功能的角度考虑，开发区的发展战略定位首先要解决好经济开发区范围面积、建立口岸城市、战略定位和发展思路四个问题。

一、开发区的模式和范围

（一）开发区的模式和范围

霍尔果斯口岸既然有了经济开发区的性质和定位，其经济开发区规模和范围究竟该有多大？应划出那些区域实行经济开发区的特殊政策？如果只将霍尔果斯口岸现有面积划为经济开发区，由于目前口岸规划面积为12.5平方公里，建成区只有4.5平方公里，常住人口只有1.5万人，加上流动人口尚不到4万人，以这样的规模范围基础，要想实现内引外联的龙头作用和西部国际大通道作用，并为实施中国（新疆）—中亚经济圈发展战略产生辐射效应，提供全方位的服务，就会有很大的困难。借鉴深圳、厦门等经济开发区的经验，开发区在初期的城市建设规划、行政级别设定等方面，应当在霍尔果斯口岸原有基础上进行适当扩展。目前专家学者已经提出了开发区范围扩展的三个方案。

1. "一区三园"模式范围。"一区三园"的模式是指霍尔果斯口岸园区、伊宁市边境经济合作园区、霍城县清水河经济技术开发园区，三园合一为特区范围。霍尔果斯口岸园区主要作用为进出口贸易、信息物流集散、境内关外加工、边境旅游等。伊宁边境经济合作园区主要作用为接纳高新技术产业、绿色食品与生态制药产业、低碳环保产业等新型工业化产业基地，西部绿色国际商贸城，为西部经济全面转型树立典型和示范。清水河经济技术开发园区作用为对进口原材料深加工，直接输入内地使用；对内地产品按照中亚市场需求策划、包装出口；对本地资源、农产品深加工后，向内地和中亚市场转移。

2. "一区多园"模式范围。"一区多园"模式是指"一区六园"或"一区八园"等模式，经济开发区范围包括霍尔果斯口岸园区、伊宁市边境经济合作园区、霍城县清水河经济技术开发园区、察布查尔县都拉塔口岸园区、察布查尔县伊南工业园区、伊宁县伊东工业园区六园合一，或在原有"一区六园"的基础上增加伊犁州那拉提风景区、伊犁州奎屯—独山子工业园区八园合一为特区范围。都拉塔口岸园区主要作用为防止霍尔果斯口岸拥堵，实现南北两端通关功能互补；伊南工业园区作用为出口农产品深加工、资源能源开发和仓储中转；伊东工业园作用为清洁能源开发、生产、转换和运输，为特区和西部提供清洁能源；那拉提风景区作用为保护和挖掘少数民族传统文化，建成为国际知名的旅游度假区，为特区提供娱乐休闲服务；奎屯—独山子工业园区作用为石油石化深加工，发展高新技术和机械加工，带动天山北坡经济带快速发展。

3."一区一园，多政策覆盖"模式范围。"一区一园，多政策覆盖"模式是指集中办好以霍尔果斯口岸区域为主体的经济开发区以及霍尔果斯口岸工业园区的同时，利用国家给经济开发区的优惠政策覆盖伊宁边境经济合作区、清水河经济技术开发区和伊犁河谷经济区内的其他五个工业园区，作为经济开发区的配套区，实行非行政隶属管理性质的松散型一体化经济区，为经济开发区分工担负相关的产业职能。对经济开发区的建制和机制采取"不求所在，但求所用"的新理念，以求对伊犁河谷经济区内的边境经济合作区、经济技术开发区和工业园区产生带动和辐射功能的良好效益。

(二) 开发区模式范围的可行性分析

1.设置"一区多园"模式的可行性分析。从以上第1种和第2种经济开发区模式范围分析，无论是"一区三园"模式，还是"一区多园"模式，其主要优点是：可以形成经济开发区较大的产业基地网络，有利于产业分工合作，支撑经济开发区的产业发展基础，为经济开发区和合作中心开拓中亚市场提供地产品经贸服务。"一区多园"模式的主要缺点是：开发区的口岸主体区域，与其他几个分园区不连片，都有一定的距离，同时其他几个分园区分别属于不同县市区划，隶属于不同县市人民政府管理。在3～8个园区内如何设立管理部门是个难题，县市之间的协调难度很大。目前，在全国已建立的经济开发区中还没有这种设置可借鉴。

2.设置"一区一园，多政策覆盖"模式的可行性分析。"一区一园，多政策覆盖"模式，便于按照中央的要求集中力量办好经济开发区以及霍尔果斯口岸工业园区，经济开发区初创期摊子不要铺的过大，便于划分经济开发区和非特区的范围，有利于集中管理和集中投入，同时，充分利用国家给经济开发区的优惠政策覆盖伊宁边境经济合作区、清水河经济技术开发区和伊犁河谷经济区内的其他五个工业园区。使经济开发区利用优惠政策带动伊宁边境经济合作区、清水河经济技术开发区和伊犁河谷经济区内的其他五个工业园区加快发展。经济开发区又能依托伊犁河谷经济区的边境经济合作区、经济技术开发区和工业园区的资源优势和经济实力加快自身发展。

二、开发区的发展思路

创新开发区发展思路，必须确立一个新概念，就是"泛霍尔果斯经济区"的概念。这个概念应当定义为：以开发区为基础，以沿边二县市一团场（伊宁市、霍城县、农四师62团）为前沿，以伊犁哈萨克自治州和援疆省市为依托，带动整个北疆地区的发展，形成向西出口加工基地、商品中转集散地、进口能源和稀缺矿产资源的国际大通道和辐射区。通过与哈国等中亚国家经贸合作，在上合组织的框架内积极建立中国（新疆）—中亚经济圈，进一步开拓中亚市场和亚欧大陆桥沿线欧洲市场，促进内地开放型产业向西转移，以经济强势建立起国家战略后方，威慑敌对势力，确保西部的长治久安。

开发区和合作中心的市场是消费型的。开发区和合作中心乃至伊犁河谷的市场不在内地，不在东部，而在中亚。由于在伊犁的投资回报率低于在东部地区的投资回报率，因此开发区和合作中心到国外去招商引资，不可能吸引更多外资来。要在境内争取东部和中部大企业大集团来伊犁投资上下功夫，关键要抓两头即东部和民间的资金。开发区和合作中心应以吸引民营企业为主体的区外资金投入。在选择发展的产业上要优，进入开发区和合作中心的企业门槛要高，产业定位上有一个导向，要注重提高招商引资的质量和效益。贸易决定投资，投资的核心是招商。政府招商引资要高度重视出台税收减免优惠政策，坚持征税与养税相结合，以养税为主的方针，实行藏富于民的富民政策，以求开发区跨越式发展的经济后劲和后发经济优势。政府招商引资的优惠政策的内容应包括货币、市场、土地、资源、人才、财政和创业软环境等多方面，要让投资者看中开发区和合作中心的投资环境，真心想来投资，这是招商引资的内动力。

三、开发区的战略定位

中央新疆工作座谈会，明确提出在霍尔果斯口岸设立国家级特殊经济开发区，充分显现了霍尔果斯在全疆对外开放、引领外向型经济发展中的特殊地位。霍尔果斯从口岸向"特区"的升级，不仅仅是名称上了档次、政策上得到了优惠，更加重要的是实现了"从点到面""从通道到网络""从城镇向城市圈"的进化升级。霍尔果斯的"特区"定位成为发展的核心要义。

对开发区的战略定位主要有三个方面。

（一）上合组织成员国实现贸易自由化的示范区和中国沿边改革开放实验区

实施"东联西出、西来东去"的向西开放战略，开发区将推动示范样本的产生，促进新疆的口岸优势成群迸发。开发区面向广阔的中亚市场，背靠坚实的内地供给市场，远眺欧洲的美好前景，走出一条外向型产业落地、物流圈网建设、贸易三产齐发的新路子，本世纪中叶，开发区将成为中国（新疆）—中亚经济圈发展的国际经贸重要支点城市，成为我国与中亚各国有效开展经贸往来和文化交流的中心城市，中国西部最具活力与魅力的经济开发区。

（二）我国向西开放的桥头堡，西部最大的商品集散地、加工基地和涉外旅游基地，连接东方和西方市场的中心枢纽

要将开发区建成经济繁荣，功能齐全，环境优美，自由开放，社会文明的现代化口岸城市。在未来几年里，要借创建"经济开发区"重大机遇和国家赋予合作中心的优惠政策，吸引国内外客商云集经济开发区，携内资、外资投资经济开发区外向型工业、商贸服务、仓储物流、国际旅游、国际金融、商务会展六大行业。开发区要与承接东部地区产业转移接轨，建成西部出口产品组装加工基地、进出口产品集散地、物流大通道和国际商贸中心。

（三）兵地融合共建西开放开发区和谐新城示范区，发展外向型经济的平台和基地

"经济开发区"概念是霍尔果斯今后发展的长足动力。当务之急是做好政策设计和产业规划，基础性工作是整合当前已有的经济发展资源和要素。争取相关优惠政策，尽快明晰优惠政策实施范围、项目和程度，全力打造中国向西开放桥头堡政策高地是推动经济开发区发展的重要动力。

四、开发区的功能定位

在提出设立开发区过程中，2007年开工建设的合作中心成为其一个推动器。围绕合作中心这一重点国际项目加快建设，争取在最短时间内实现合作中心封关和商业运作，打造投资平台，尽快实现中心商业开发项目落实，形成开发区发展的主动力。

（一）开发区的规模

开发区初步规划为100平方公里。按照国家和自治区的要求，本着兵团和地方共建、少占耕地的原则，选定区域有沙漠、荒地和农田，其中沙漠和荒地占到了近60%，包括兵团农四师62团场的一部分。围绕"三个中心"（国际物流中心、国际服务中心、国际区域性进出口加工中心）、"五大支柱产业"（进出口加工、物流、外贸、旅游、房地产）、"四大园区"（合作中心、中心配套区、铁路口岸、兵团经济开发区）的规模开展规划与建设。

到2015年初步形成以外向型经济为重点的产业基础和国际化服务体系，开发区新增工业增加值100亿元以上；到2020年把经济开发区建设成为面向中亚、西亚、东欧，辐射全疆和西部地区的国际物流中心、国际服务中心、国际区域性进出口加工中心，打造成国家向西开放的重要窗口。

以国家支持合作中心建设为契机，加快合作中心开发建设，着力引进一批战略合作伙伴和战略项目，努力在项目、资金落实上实现重大突破，力争2011年全面运营，把合作中心打造成开发区的示范基础和前沿阵地。

（二）开发区的功能定位

在开发区各园区功能定位上，将霍尔果斯口岸定位为面向中亚、西亚、东欧的区域性商品集散中心、仓储物流中心、商务会展中心、旅游中心、进出口商品加工中心、文化休闲服务中心、中亚金融中心，并尽快设立霍尔果斯市，为开发区提供城市功能服务。同时，把外围的清水河园区发展成面向中亚和新疆的重要农副产品加工基地和轻工、机电组装、机械加工、建材出口加工基地；把伊宁市发展成为以生物制药和高附加值、高技术的先进制造业为主导，以商贸物流、涉外会展、商务旅游为补充的综合性产业聚集区域，发挥中心城市的辐射带动作用。

通过全力推进铁路口岸建设，加快中哈铁路、公路对接项目建设，服务好中亚天然气管道建设，实现口岸通关功能的快速提升，将开发区打造成我国面向中西亚的国际交通中心枢纽，建设成为我国向西开放的窗口、重要的能源进口大通道，出口产品组装加工基地、进出口产品集散地、物流大通道和国际商贸中心。

第二节　开发区超常规发展的战略选择

根据党中央、国务院和自治区党委、人民政府期望开发区在国家和新疆发展、改革、开放中应发挥的特殊作用，同时结合目前霍尔果斯口岸和合作中心面对中亚国际市场的前景、已具备的基础条件、形成的综合经济实力、实际发挥的作用、有利因素和制约因素、存在的困难和问题等方面考虑，要围绕全力打造开放的霍尔果斯、奋进的霍尔果斯、绿色的霍尔果斯、和谐的霍尔果斯这条主线，着眼提高霍尔果斯的经济社会发展水平和各族干部群众生活水平，实现开发区跨越式发展目标，应综合选择以下六大发展战略。

一、中国（新疆）—中亚经济圈发展战略

（一）中国（新疆）—中亚经济圈发展战略的含义

中国（新疆）—中亚经济圈，是指以合作中心和开发区为核心，以中国和哈国为主体，在上合组织框架内建立的中国与中亚五国联合形成的中国（新疆）—中亚经贸市场一体化的国际经济合作区域。中国（新疆）—中亚经济圈发展战略，是指在上合组织框架内，建立的

中国与中亚五国联合形成的中国（新疆）—中亚经济圈经贸市场一体化的国际经济合作发展战略。

（二）实施中国（新疆）—中亚经济圈发展战略的必要性

1. 中国地缘政治战略价值的需要。通过发挥合作中心和开发区的功能作用，加强中国与中国（新疆）—中亚经济圈内各国的区域合作，对抵御国际政治、经济等领域的各种风险，具有重要的现实意义和战略意义。发展中国（新疆）—中亚经济圈，有利于进一步加强和巩固良好的周边国家关系，有利于扩大双边和多边的安全合作，防止非传统安全因素的滋扰和传统安全因素的威胁，打击"三股势力"，构建和加强新丝绸之路安全屏障，提高中国的国际地位和国际影响，进一步维护中国（新疆）的稳定和国家安全。

2. 区域经济一体化发展的需要。上合组织主要考虑地缘政治和地区安全问题，经济等多领域的合作则刚刚开始。中国（新疆）—中亚经济圈的建立和发展，将突出中国在这一区域的经济发展战略的主导作用。圈内的各个经济实体在文化、民族和宗教等方面有着相似性，在经济、资源上有明显的互补性，将有助该地缘经济合作区内各经济实体在经济社会发展方面的全面合作与交流，从而使各国经济体能在更大范围形成区域经济一体化的发展态势。

3. 中国经济发展的需要。近年来，中亚各国经济的快速发展，使居民的消费结构发生了显著变化，消费需求从普通的日用消费品领域转向注重品质的较高层次的消费品领域。对中国来说，非常需要这个发展潜力巨大、前景非常广阔的中亚市场。中国经济的飞速发展，对石油、天然气等能源产生了巨大的市场需求。而中国（新疆）—中亚经济圈的中亚国家自然资源丰富，特别是油气资源十分丰富。这一经济圈的建立和发展，既有利于加强中国与圈内国家的资源合作，缓解中国经济发展过程中的资源约束，又有利于中国（新疆）—中亚经济圈其他国家的能源资源科学整合。

4. 新疆经济发展的需要。发展中国（新疆）—中亚经济圈，有利于加强中国新疆与圈内各国的区域经济合作，促进其相互之间的贸易发展，有利于新疆吸引更多的外资，在经济合作中获取更多的发展机会，分享更多的合作利益，使新疆进一步成为中国西部地区经济增长的重要支点，成为中国向西开放的国际大通道和战略根据地。新疆经济发展水平大幅度提高后，又会以更大的经济吸纳力、辐射力和凝聚力，加速经济圈内各经济体之间生产要素的多重循环，产生市场拓展和产业联动的功能，加强彼此之间的经济渗透和一体化合作，为圈内其他国家的经济体提供发展的机遇，使它们分享新疆经济发展所带来的好处。

（三）实施中国（新疆）—中亚经济圈发展战略的可行性

1. 地缘、交通的便利性，文化的认同性。从交通条件来看，中国（新疆）—中亚经济圈各国之间已建立了比较完善的交通网络。在公路方面，中国同中亚国家已开通87条公路客货运输线路。在铁路方面，已经有亚欧亚大陆桥横贯整个经济圈。在航空方面，开辟了以新疆为地理中心的国际航线空中快速通道。运输条件的改善为在中国（新疆）—中亚经济圈内深入广泛地开展国际贸易与合作提供了交通便利。中国（新疆）—中亚经济圈内各国宗教、民族和文化语言相通，多民族聚居的传统和强大的文化习俗融合能力增加了圈内各国的区域认同程度。

2. 上合组织为中国（新疆）—中亚经济圈区域经济合作提供了组织保障和交流平台。中国（新疆）—中亚经济圈各经济体涵盖了上合组织的成员国和观察员国。上合组织成员国在边境地区的军事互信程度的提高，在政治安全领域合作的深化，在地区和国际事务中共识的扩大，在经贸往来中合作领域的扩展。这些都有助于中国（新疆）—中亚经济圈的进一步发展。上合组织比较完善的区域合作机构框架，以及相应的协调机制为中国（新疆）—中亚经济圈战略的实施奠定了基础，对区域和谐发展起到了推动和宣传作用，为经济圈区域合作走向世界提供了组织保障和交流平台。

3. 中国（新疆）—中亚经济圈内各经济体经济的互补性。建立中国（新疆）—中亚经济圈可以使油气资源在该经济圈内部得到合理配置，满足不同国家经济发展的需要，促进这些国家经济的共同增长，实现利益"多赢"的局面。圈内各经济体在产业结构上具有很大的差异性和多层次性，使中国（新疆）在产业结构上与中国（新疆）—中亚经济圈其他经济体形成互补。

（四）实施中国（新疆）—中亚经济圈发展战略的重大意义

1. 中国（新疆）—中亚经济圈区域经济合作有助于增加互信，化解矛盾，维护区域安全稳定。中国（新疆）—中亚经济圈区域经济合作需要各国良好的政治关系作保证。同时，中国（新疆）—中亚经济圈的发展有利于优化区域国际环境，促进区域内各国之间政治关系的良性互动。通过中国（新疆）—中亚经济圈区域经济合作，结成中国同中亚国家的利益联结纽带，增进相互了解和信任，促进相互协调和支持，合力提升区域整体竞争力。

2. 中国（新疆）—中亚经济圈区域经济合作有助于优势互补，实现区域共同发展。中国（新疆）—中亚经济圈的各经济体在自然资源状况、产业经济格局方面存在较大的差异性和互补性，便于开展经贸合作，实现双方或多方经贸共赢的良性格局。因此，通过实施中国（新疆）—中亚经济圈发展战略，能够提高经济圈内各经济体经贸合作的专业化水平和福利水平，形成区域贸易创造和贸易转移效应，扩大贸易规模，提高贸易水平，增加双向投资，促进产业对接，形成区域合理分工，推动区域内国家和地区积聚资源和生产要素，实现圈内各国共同发展和繁荣。

3. 中国（新疆）—中亚经济圈区域经济合作有助于促进国际区域交流与和谐发展。在中国（新疆）—中亚经济圈框架内，经济合作将以合作中心、开发区（含哈国开发区）和交通、口岸合作为先导，以产业合作为重点，覆盖基础设施建设、物流、金融、工业、农业、矿业、能源、旅游、科技、信息、知识产权、环境和人力资源开发等合作领域，这将带来物流、人流、资金流和信息流的大量积聚和高效配置，推动经济圈内各经济体经济快速发展，带动社会文化的交流合作。经济圈区域经济合作将有利于扩大区域内中高等教育机构之间的合作；有利于加强青年交流项目；有利于增进媒体、体育、学术、艺术等社会文化领域的交流合作，为区域国际关系的互动发展增添生机与活力，促进区域国际关系的和谐发展。

4. 中国（新疆）—中亚经济圈区域经济合作有助于促进中国和哈国边疆地区的大开放大开发。中国（新疆）—中亚经济圈区域经济合作的核心区是中国新疆地区和哈国阿拉木图州地区。新疆是中国西部边疆少数民族欠发达地区，是国家实施西部大开发的重点省区，但由于长期开放不足、发展滞后、人民生活水平与东部地区有很大差距，迫切需要通过大开放促进大改革、大开发、大发展。伊犁州处于中国最西部的边境地区，是农牧业大州；过去由于远离东部发达地区、人才、资金技术短缺和交通瓶颈等原因，经济社会发展落后于全国。阿拉木图州原是哈国首都阿拉木图市所在地，由于阿拉木图州地处哈国的东南边疆地区，城市扩展余地有限，1997年12月10日年哈国首都从阿拉木图迁往中北部的阿斯塔纳。哈国首都迁往阿斯塔纳后，阿拉木图州已逐步失去了哈国政治、经济、文化中心的地位。全州人口数量从1977年开始出现递减趋势，该州1977年人口为158.46万人，2001年减少到155.84万人，减少了2.62万人；阿拉木图州是农牧业州，远离国家发达地区，经济社会发展缓慢，2001年全州生产总值1125.339亿坚戈（不含中央直辖市阿拉木图市），在哈国14个州排第14位（倒数第一位），如果没有外力因素的支持，未来有被边缘化的可能，该州迫切需要通过对中国大开放促进本区域的大开发、大发展。因此，通过实施中国（新疆）—中亚经济圈发展战略，能够提高经济圈内中国新疆地区和哈国阿拉木图州地区对外开放水平、经贸合作水平和人民生活水平，实现两国边疆地区优先发展繁荣、辐射带动两国纵深区域加快发展的长远目标和长效机制。

二、生态立区发展战略

（一）生态立区发展战略的含义

所谓生态立区发展战略，是指在开发区和合作中心的长期发展中，坚持以建设生态文明和绿色霍尔果斯为目标，以生态建设和环境保护为立区（中心）之本的发展战略。

生态立区发展战略的具体含义是：以人与自然资源、人与人、人与伊犁社会发展和谐共生、良性循环、全面发展、持续繁荣为基本宗旨，以发展绿色经济，建立生态型开发区（含合作中心，下同）的可持续经济发展模式、健康合理的消费模式及和睦和谐的人际国际关系的科学发展战略。生态立区战略倡导开发区的社会经济建设在遵循人、自然资源、环境优良、经济持续繁荣、社会和谐发展这一客观规律的基础上，追求物质与精神财富的创造和积累。把建设资源节约型、环境友好型开发区，放在开发区的新型工业化、现代化发展战略的突出位置，力争以较少的自然资源和环境代价支撑和实现开发区的经济社会又好又快发展，最终实现开发区的经济社会均衡、协调、全面、可持续发展的目标。

加快建设生态文明，是开发区实现又好又快发展的重要保障。按照党的十七大关于建设生态文明的精神，开发区要深入贯彻落实科学发展观，通过实施生态立区战略，加大生态环境保护的力度，发展生态型经济开发区，以资源和生态环境保护作为发展基础，探索一条"生态建设产业化，产业发展生态化"的生态文明发展新路，把开发区建设成绿色特区、环保特区、开放特区、繁荣特区、文明特区、和谐特区。

（二）生态立区发展战略是可持续发展战略的核心、基础和重要目标

建设生态文明，不同于传统意义上的污染控制和生态恢复，而是克服工业文明弊端，探索建设资源节约型、环境友好型社会发展道路的过程。由于未来十年，全国各省区、企业界在开发区将形成巨大的人流、物流、资金流，较快的人口递增和迅速扩大的经济规模，即使采用各种末端治理措施，也难以避免严重的环境影响，要真正实现人与自然和谐相处，需要大规模地开发和使用清洁的可再生能源，实现对自然资源的高效、循环利用。这对于尚处于新型工业化发展初期的开发区来说，挑战是巨大的，但作为后发区域，开发区又具有积极借鉴和吸收东部经济开发区经验的优势。这要求开发区必须抓住历史机遇，采取有力措施，大力推进开发区的生态文明建设。

（三）实施生态立区发展战略是开发区实现生态文明特区目标的重要举措

1. 实施生态立区发展战略有利于把资源节约和环境保护作为开发区经济社会发展的重要目标。开发区的生态文明既是理想境界，也是最终实现的目标。加强资源节约和环境保护是开发区的实施生态立区战略的重要环节，既关系到开发区的各族人民和中外客人的切身利益，也关系到开发区的经济社会可持续发展的大局。霍尔果斯口岸的自然环境和气候条件是整个伊犁河谷相对较差的区域，人均资源紧缺、环境承载能力较差，水、空气、土壤、环境污染率呈上升趋势，生态系统整体功能呈下降态势，抵御各种自然灾害的能力较弱。这就决定了必须把资源节约和环境保护作为开发区经济社会建设的重中之重，力争以较小的资源和环境代价支撑和实现开发区和合作中心经济社会又好又快发展。因此，对开发区的环境污染问题要高度关注，否则后患无穷，把生态效益和社会效益放在首位，确保开发区的产业的可持续发展。

2. 实施生态立区发展战略有利于强化开发区的生态环境治理工作。由于开发区的工业化发展尚处于起步阶段，生态环境质量总体讲还未超标，污染物排放总量在控制的范围内。在开发区加快工业化进程的今天，如果我们只图经济的一时发展，忽视生态环境保护，最终导致人们喝的是受到污染的水、吸的是受到污染的空气、吃的是受到污染的食品，身体健康遭受严重威胁，那么建设这种工业化、现代化对开发区的发展就失去意义。因此，必须高度重视开发区的生态建设与环境保护，最大限度地提高自然资源的利用效率，减少污染物的排放。

3. 实施生态立区发展战略有利于开发区加快新型工业化发展与生态环境保护并举目标的实现。随着开发区经济的快速发展，保护环境，减轻环境污染，遏制生态恶化趋势，成为开发区加快新型工业化建设的重要任务。解决口岸突出的环境问题，促进经济、社会与环境协调发展和实施可持续发展战略，是开发区各族干部职工面临的重要而又艰巨的任务。开发区必须突破传统工业化模式，走出一条有时代发展特点、符合客观规律和开发区区情的新型工业化道路，才能确保开发区经济社会可持续发展。实现工业化是开发区现代化进程中艰巨的历史性任务。必须坚持把建设资源节约型、环境友好型社会放在工业化、现代化发展战略的突出位置的重要战略方针。坚持实施生态立区战略，落实可持续发展战略，依托区位优势和资源优势，加强生态建设和环境保护，以信息化带动工业化，以工业化促进信息化，走出一条科技含量高、经济效益好、资源消耗低、环境污染少、人力资源优势得到充分发挥的具有开发区特色的新型工业化路子。

（四）实施生态立区发展战略是开发区实现资源节约型特区的战略选择

1. 实施生态立区发展战略是开发区坚持节约资源和保护环境的重要方针。伊犁的资源是有限的，霍尔果斯口岸的资源更有限。要满足开发区资源的可持续利用，就必须倡导节约资源和循环经济的理念，努力形成有利于节约资源、减少污染的生产模式、产业结构和消费方式。当前，开发区环境与发展的关系正在发生重大变化，环境保护成为特区建设的一项重大任务，环境容量成为特区布局的重要依据，环境管理成为特区结构调整的重要手段，环境标准成为特区市场准入的重要条件，环境成本成为特区产品价格形成机制的重要因素。目前，国际国内经济社会发展模式正面临着一个巨大的改变机遇。开发新的绿色技术，进行绿色生产过程，建立绿色商业和社会发展模式决定了经济发展的未来。因此，开发区从建立起就必须坚持大力发展绿色经济，从创建"清洁生产"的绿色工业园区、发展绿色交运事业、绿色建构工程，到探索绿色消费、绿色旅游、绿色营销、绿色策划等特区经济绿色化的新路径，跨入世界绿色经济的新潮流，以显著特色区别于全国其他经济开发区。

2. 实施生态立区发展战略是建立和发展开发区循环经济的有效途径。循环经济在本质上是一种生态经济，是一种与环境和谐的经济发展模式，它要求把经济社会发展与其以来的生态环境作为一个统一体，经济社会与生态发展全面协调，达到生态经济的最优目标。按照建立开发区和合作中心发展循环经济社会的基本要求，首要的就是不断完善循环系统的各个行为主体。其核心是要完善废物处理主体，规范资源开发主体、生产主体和消费主体的行为。因此，实施生态立区战略，建立开发区生态循环型社会，形成物质资源的良性循环，就要大力发展循环经济，开发和推广节约、替代、循环利用资源和治理污染的先进适用技术，发展清洁能源和再生能源；坚持预防为主、综合治理，全面推进、重点突破；坚持环境保护与发展综合决策，科学规划；坚持依法行政，严格环境执法，确保节能减排取得实效，改善重点区域和城市的环境质量。从根本上解决环境与经济发展之间的矛盾，追求口岸区域人与自然的和谐和统一，使开发区生态环境良好和经济社会发展的双赢目标得以实现。

（五）实施生态立区发展战略是促进开发区转变经济发展方式的重大举措

1. 实施生态立区发展战略有利于加快开发区经济发展方式转变。加快转变经济发展方式，是关系开发区经济发展全局紧迫而重大的战略任务。"十一五"时期以来，开发区工业化面临规模扩张与资源、环境、技术、人才和体制等方面的约束，同时也面临着对外开放等难题，迫切需要转变传统的增长方式。为此，开发区要在思想上，正确认识环境保护与经济发展的关系，坚持资源开发可持续，生态环境可持续发展的方针，从重经济发展，轻环境保护转变为保护环境与经济发展并重，从环境保护滞后于经济发展转变为环境保护优先于经济发展上来。在政策上，要从开发区发展战略的高度解决环境问题，发展布局应按照优化开发、重点开发、限制开发和禁止开发的要求确定不同领域和区域的发展模式，逐步形成开发区特色的发展格局。在措施上，要实行最严格的环境保护制度。转变经济发展方式，关系到开发区在新阶段的全面协调可持续发展。开发区发展与环境的关系，处理得好，可以相互促进，协调发展；处理不当，则会相互影响，彼此阻碍。

2. 实施生态立区发展战略是促进开发区产业结构调整的有效措施。目前开发区要优化产业结构，必须解决资源利用上存在的突出问题。口岸没有第一产业；发展第二产业要重点要解决水资源耗费过多的问题，控制和减少高能源消耗、高资源消耗、高污染排放的"三高"行业和工业企业，积极发展低能耗、低资源消耗、低污染排放的"三低"行业和工业企业，要把发展环保产业作为开发区经济增长的一个新的着力点。在开发区的新型工业化进程中，产业结构的选择既存在着其发展阶段的制约，也面临着种种现实发展的机遇。但是产业结构又与新型工业化进程密切相关，作为新型工业化水平相对落后的开发区来说，在产业选择上应吸取发达地区新型工业化发展中的经验和教训。注重利用行之有效的污染控制技术、污染防治技术和生态环境恢复技术等环境技术，把发展环保产业列入经济开发区优先发展的领域，把产品的资源消耗、能耗和对环境的影响指标作为考核企业的重要依据。严格限制能源消耗高、资源浪费大、污染严重的产业和企业的发展，注意大力发展质量效益型、科技先导型、资源节约型产业，积极促进推广应用无害技术产业的发展，逐步形成比较适合开发区经济社会发展水平、劳动密集型与技术密集型相结合的产业结构。

（六）实施生态立区发展战略是开发区构建和谐国际关系的重要保障

1. 实施生态立区发展战略是构建和谐开发区的重要手段。随着开发区居民生活水平的提高，生活环境的改善，环境意识的增强，常驻和流动人口的剧增，无论是外国客商来口岸投资经商，还是国内居民常驻口岸，对开发区生态和环境质量的要求越来越高。环境保护问题如果处理不当，口岸居民与口岸管理部门之间的矛盾就升级，口岸各部门各单位与外国客商之间的关系就会紧张，这样势必影响到开发区社会政治稳定和经济社会可持续发展。因此，构建和谐的开发区，就必须积极实施生态立区战略，大力加强环境保护，依法保障口岸各族居民群众和中外客商的切身利益，妥善化解由生态环境问题引发的社会矛盾，减少对生态环境的破坏和资源的浪费，使开发区走上经济社会可持续发展的轨道，达到社会经济系统的高效、和谐和物质的良性循环，以环境友好促进开发区社会和谐。

2. 实施生态立区发展战略是开发区化解社会矛盾和国际问题的重要途径。构建和谐开发区是生态文明建设的社会层面，主要包括加强社会事业建设和推动人们生活方式的革新。新世纪新阶段，开发区和合作中心面临的发展机遇前所未有，面对的挑战也严峻异常。近年来，霍尔果斯口岸综合经济实力大幅度提高，人民生活显著改善，社会政治保持稳定。同时，随着开发区的设立，经济体制深刻变革，社会结构深刻变动，利益格局深刻调整，思想观念深刻变化，开发区已进入改革发展的关键时期，这种空前的社会变革，给霍尔果斯口岸和伊犁河谷发展进步带来巨大活力，也必然带来这样那样的矛盾和问题。

构建和谐开发区是一个不断化解社会矛盾，密切国际关系的持续过程。首先要创造良好的社会生活环境，形成以生态文化意识为主导的开发区社会潮流，树立以文明、健康、科学、和谐生活方式为主导的社会风气。其次要不断优化人居生活环境，既要注重城市生态建设，加强经济开发区环境的绿化、美化，也要充分考虑开发区内的两个工业园区的环境保护和防止污染问题，努力创造生态工业园区。再次要实现人口良性发展和消费方式的生态化，在继续实施鼓励口岸人口增长政策的同时，一定要把提高人口素质摆在首位，使开发区的人口增长变为人力资源优势；同时，大力提倡节约型消费，逐步形成有利于开发区可持续发展的适度消费、绿色消费的生活方式。伊犁州各级党委、政府和驻口岸单位，在共建开发区各项工作中，一定要坚持实施生态立区发展战略，倡导和坚持生态文明观念。在建设资源节约型、环境友好型社会中，必须牢固树立五个新理念：一是要牢固树立经济发展、社会进步和环境保护是口岸和特区可持续发展的三大支柱的新理念；二是要牢固树立保护和建设口岸和特区绿城秀水的生态环境也是政绩的新理念；三是要牢固树立保持优美的生态环境是口岸和特区未来发展的最大优势和生命线的新理念；四是要牢固树立生态环境是口岸和特区绿色发展的生命力、生产力和竞争力的新理念；五是要牢固树立以生态文明引领特区和中外客商走绿色低碳经济之路的新理念。要科学分析未来可能影响开发区社会和谐、国际关系的矛盾和问题，更加积极主动地正视矛盾、化解矛盾，最大限度地增加和谐因素，最大限度地减少不和谐因素，切实把构建和谐开发区、构建和谐周边国际关系，作为长期历史任务和对外开放的重大现实课题抓紧抓好。

三、"三依托"融合经济发展战略

（一）"三依托"融合经济发展战略的含义

所谓"三依托"融合经济发展战略，是指通过紧紧依托合作中心、新疆兵团伊犁垦区、伊犁河谷各县市三大力量融合发展，实现开发区的跨越式发展目标的战略模式。

（二）依托合作中心发展开发区国际自由贸易区

根据新疆对外开放的总体布局，依靠向西开放的力量创新开发区的体制机制。要科学构建合作中心与开发区的关系。把合作中心作为开发区开拓中西亚国际市场的窗口和起动机，把开发区作为合作中心的大本营和动力源。充分利用合作中心的政策高地优势，吸引国际国内大企业大集团来经济开发区投资建立产业基地或出口加工基地，启动重大国际合作项目。充分利用开发区创造的对伊犁州和新疆外向型经济的拉动效应，为合作中心六大功能的发挥提供动力和物质基础。

（三）依托新疆兵团伊犁垦区建设兵地融合型开发区

根据霍尔果斯口岸自有面积很小，周边均为兵团农四师各团场的土地，离开兵团农四师各团场的土地支持，开发区就没有发展空间的实际情况，开发区的建设和发展，必须走依托新疆兵团伊犁垦区兵地融合发展道路。一是开发区的发展建设口岸城市需要得到兵团的支持。开发区的建设和发展目标之一是建立口岸城市，而目前从设立县级市所具备的土地面积、人口数量、产业结构、工农业总产值、综合发展实力等条件来看，离开兵团单位，设立霍尔果斯市的基本条件就难以具备。支持兵团发展，壮大兵团力量是党和国家的重大战略方针。如果开发区不走与兵团融合发展的道路，设立霍尔果斯市基本上是不可能的，国家不会同意将兵团62团的土地无休止地划给口岸，用削弱兵团力量的办法来发展一个口岸城市。二是开发区的经济发展和产业结构布局需要得到兵团的配合。霍尔果斯口岸管委会建立了霍尔果斯口岸工业园区，把发展工业作为经济开发区产业发展的目标之一，而兵团根据中央新疆工作座谈会关于"支持兵团大力发展加工业"的精神，已批准在62团区域内建立了兵团霍尔果斯工口岸业园区，园区建设和招商工作已经开始。在一个经济开发区的口岸区域内有两个工业园区，一定会发生激烈的招商和产业竞争。霍尔果斯口岸工业园区虽有口岸优惠政策，但兵团霍尔果斯口岸工业园区不仅按中央规定同样享受口岸优惠政策，而且有兵团和农四师集中力量办大事的系统和体制优势，有巨型的中国新疆农建集团的直接产业支撑。如果两个工业园区产业趋同，重复建设，过度无序竞争的结果将会是两败俱伤，两个工业园区的发展都会受到极大的影响。因此，开发区口岸的两个工业园区建设一定要走与兵地融合发展的道路，在发展定位和产业结构布局的设计规划中，要强调坚持互补性，避免趋同性和重复建设，形成互利合作共赢的良好格局。

（四）依托伊犁河谷各县市的合力打造"泛开发区"

伊犁州直在伊犁河谷经济区的8县1市具有丰富的水土资源、农牧产品资源、矿产资源、旅游资源，地灵人杰，适合发展外向型加工业、现代农牧业和第三产业，半湿润、冬暖夏凉的气候和生态环境又是最适宜人居的佳境。伊犁河谷经济区既是发展"泛开发区"的重要基地，也是中国向西开放的前沿战略根据地。在发展"泛开发区"中，要重点依托霍城县和伊宁市，形成以开发区为主体，以伊宁边境经济合作区工业园区、清水河经济技术开发区江苏工业园区、霍尔果斯口岸工业园区为配套区域"一区一园，多政策覆盖"的泛霍尔果斯经济区格局。使"一区一园，多政策覆盖"和整个伊犁河谷经济区能够弥补霍尔果斯口岸自身资源缺乏、规模过小的天然不足，成为开发区发挥巨大功能的坚强后盾。

四、西部国际大通道发展战略

（一）西部国际大通道发展战略的含义

所谓西部国际大通道发展战略，是指依托新亚欧大陆桥，以霍尔果斯口岸和合作中心为主通道，以开发区和伊犁州各口岸各开放县市为中国向西开放的立体战略通道的发展战略。新亚欧大陆桥也称第二欧亚大陆桥，它是一条东起太平洋西岸我国黄海之滨的连云港、日照等东部沿海港群，向西经陇海线和兰新线①，再向西经北疆铁路到达我国边境的阿拉山口，进入哈国，再经俄罗斯、白俄罗斯、波兰、德国，西止荷兰的世界第一大港鹿特丹港的铁路大动脉。这条大陆桥跨越欧亚两大洲，联结太平洋和大西洋，全长约 10 800 公里，通向中国、中亚、西亚、东欧和西欧 30 多个国家和地区，是世界上最长的一条大陆桥。已于 1992 年 12 月 1 日正式投入国际集装箱运输业务。新亚欧大陆桥的贯通不仅便利了我国东西交通与国外的联系，更重要的是对我国的经济发展产生了巨大的影响。新亚欧大陆桥是连接亚欧两大洲的经济文化和商贸物流国际大通道，新亚欧大陆桥和将要贯通的第二新亚欧大陆桥都从伊犁州境内通过，在伊犁州境内的铁路总长度约 600 公里。第二新亚欧大陆桥的精伊霍铁路预计于 2013 年与哈国的铁路接轨运营，霍尔果斯口岸将成为公路、铁路两用口岸，预计在"十三五"初期，霍尔果斯口岸年过货量将超过阿拉山口口岸，成为中国向中亚国家和亚欧大陆桥铁路沿线欧洲国家通关过货量最多的口岸。加之，全国通过伊犁州境内的都拉塔口岸、木扎尔特口岸、巴克图口岸、吉木乃口岸、阿黑土别克口岸、塔克什肯口岸、红山嘴口岸等其他 7 个口岸向中亚国家、俄罗斯和蒙古国的通关过货量，将占到全国通过新疆各口岸通关过货量的三分之二以上，真正担负起中国西部商品物流国际大通道的职能。附设在伊犁河谷的精伊霍铁路，成为新亚欧大陆桥的中段，也是中国通往中亚国家的最西段。霍尔果斯口岸和合作中心就成为新亚欧大陆桥上连接东方和西方市场的中心枢纽，包括霍尔果斯站、伊宁站、伊宁东站、布列开站、尼勒克站在内的精伊霍铁路的各火车站，都将成为新亚欧大陆桥上的通道节点和对外贸易商品物流集散地，为全国各省区开拓中亚和欧洲市场，为中亚和欧洲国家开拓中国及东方市场，发挥亚欧大陆桥连接东西方的大通

---

① 陇海线的连云港、徐州、商丘、开封、郑州、洛阳、三门峡、西安、宝鸡、天水等站；兰新线的兰州、武威、金昌、张掖、清水、酒泉、嘉峪关、玉门镇、柳园、哈密、鄯善、吐鲁番、乌鲁木齐等站。

道作用，在担负交通枢纽和中转基地服务功能中实现开发区和伊犁州的跨越式发展①。

（二）实施西部国际大通道发展战略的主要任务

开发区和伊犁州实施西部国际大通道发展战略的主要任务有五个方面：

1. 围绕亚欧大陆桥的国际铁路和中哈国际公路运输，担负国家大贸货物经霍尔果斯口岸和伊犁河谷进出口通关铁路、公路运输保障、劳务和生活服务和通道安全保卫等现代服务业务。

2. 围绕亚欧大陆桥的国际铁路和中哈国际公路运输，立足建设"国际物流大通道"的目标，担负全国各省区和企业一般贸易及地贸货物经霍尔果斯口岸和伊犁河谷进出口通关铁路、公路运输的物流仓储、接待服务、通关咨询、报关服务、仓储接纳、信息提供、组织运力、商务联络、翻译秘书、缴税退税等现代服务业务。

3. 围绕亚欧大陆桥的国际铁路和中哈国际公路运输，担负新疆本地商家和全国各省区企业设在伊犁州分支机构生产的商品，经霍尔果斯口岸与中亚国家企业和国民开展便民互市贸易，进出口通关公路运输的物流仓储、接待服务、互市贸易咨询、互市贸易服务、互市贸易仓储接纳、互市贸易信息提供、互市贸易组织运力、互市贸易商务联络、互市贸易翻译秘书服务等现代服务业务。

4. 围绕"西气东出"国际石油管道运输战略任务，担负经霍尔果斯口岸入境的新疆段输油管道运输通道长期畅通的管理、保护，为国际石油管道运输提供接待服务、生活服务、信息服务、技术服务、人力资源服务、商务联络服务等现代服务业务。

5. 围绕亚欧大陆桥的国际铁路和中哈国际公路运输，担负全国各地旅客经霍尔果斯口岸出入中亚国家、欧洲国家的国际客运的接待服务、生活服务、信息服务、旅游服务、中转服务、商务联络服务、翻译秘书服务等现代服务业务。

---

① 王友文. 西部国际大通道 [M]. 乌鲁木齐：新疆教育出版社，2007（7）：46~49.

五、向西开放根据地发展战略

(一) 向西开放根据地发展战略的含义

所谓向西开放根据地发展战略，是指以开发区和伊宁市为核心，以伊犁河谷为主要承载地，把伊犁州建成中国向西开放的前沿战略根据地，在为全国各省区各企业（集团）与中亚国际开展经贸合作当好配角中，借力拉动经济开发区和伊犁河谷经济跨越式发展的战略模式。开发区和伊犁河谷要利用区位和地缘优势，为全国各地与中亚国家开展经济贸易合作与交流，提供地主之谊"二传手"的全方位服务，审时度势，借力发力，巧妙借助全国力量在开拓中亚市场中，顺势拉动经济开发区和伊犁河谷经济的跨越式发展。实施向西开放根据地发展战略，是根据伊犁州和新疆的产业能力和产品品种质量有限，难以达到中亚国家和市场的需求，必须依靠全国市场才能满足中亚市场需要的实际提出来的。以开发区和伊宁市为核心，以伊犁河谷为承载地担负全国向西开放前沿战略根据地的服务接转职能，不仅能够使开发区和伊犁河谷很快形成人流、物流、资金流，为伊犁带来人气，而且可以通过为全国各省区和企业"走西口"服务，提高伊犁现代服务业水平，带动当地第三产业跨越式发展，依托外力加快伊犁州产业结构调整，重点调强第二、第三产业。

(二) 实施向西开放根据地发展战略的主要任务

开发区和伊犁州实施向西开放根据地发展战略的主要任务有三个方面：

1. 担负为全国各省区和企业（集团）在伊犁建立外向型产业基地功能。不当主角当配角，积极配合东部企业集团过剩产能向开发区和伊犁河谷转移，与当地企业联合发挥各自优势，在开发区和伊宁边境经济合作区建立外向型高新技术产业基地；在霍城县清水河经济技术开发区、伊宁县伊东工业园区和察布查尔县伊南工业园区建立外向型有机农产品生产和出口加工基地；在尼勒克县、特克斯县、巩留县、新源县、昭苏县伊犁河谷东五县建立外向型现代畜产品生产和出口加工基地。协助全国来伊犁合作企业办好接待服务、优惠政策、土地资源、工商税务、环境评估、进出口手续、仓储运输、中亚市场信息提供、商务联络、翻译秘书、出口退税等现代服务业务。

2. 担负全国企业开拓中亚市场在开发区和伊犁河谷的落脚和准备待发的接待服务、办文办证、外事咨询、商务代办、信息提供、基地筹建、合作加工、技术翻译等现代服务业务。

3. 担负全国各省区和企业来开发区和伊犁河谷发展外向型产业建立分支机构、办事处的住房和办公场所、来伊工作人员住宅小区建设安排，为全国来伊工作人员全面提供工作生活条件、安全保卫、社保就医、户籍管理、计生服务、子女就学等各种服务业务，使开发区和伊犁河谷成为全国来伊工作人员的第二故乡和创业舞台。

六、"一小时"经济圈发展战略

（一）"一小时经济圈"发展战略的含义

所谓"一小时经济圈"发展战略，是指以伊犁河谷的中心城市伊宁市为核心、以一小时通勤距离为半径的圈层区域经济发展战略模式。在这个一小时经济圈内，核心城市伊宁市（边境经济合作区）与卫星城霍城县城及清水河开发区、霍尔果斯口岸及合作中心、伊宁县城及伊东工业园区、察布查尔县城及伊南工业园区、都拉塔口岸紧密统一的经济圈、工作圈、生活圈，将产生明显聚集效应、规模经济，形成具有竞争优势城市群，促进圈内城市、口岸、边境经济合作区、经济技术开发区乃至整个伊犁河谷经济活力、竞争实力和运行效率大幅提升。构建起"一小时经济圈"的中心城市和经济开发区，发挥其辐射、引领、带动作用，拉动区域城市化、一体化的"大车"才有了倚重和支撑。

（二）实施"一小时经济圈"发展战略的意义和方式

"一小时经济圈"发展战略的实质，就在于构建起协调、互补、共赢、多赢的经济形态，形成圈内产业资源共享、结构合理、产业共兴、竞争有序、共同发展的格局。由此可见，实施"一小时经济圈"发展战略，是事关伊犁州乃至新疆经济科学发展支撑点和增长极意义的战略路径。一个城市对待距离的态度，从某种程度上反映了这座城市发展的潜力——一小时能走多远，经济发展的舞台就有多大。以时间换空间，圈大圈小，最终决定于"一小时通勤距离"的半径长短，即取决于道路通畅程度和通勤工具选择。"一小时"公共交通的可达性、便捷性和廉价性，是打造"一小时经济圈"的必要条件。在一般情况下，正常人的时速为4～10公里，自行车为10～20公里，摩托车为30～80公里，汽车为40～160公里，火车为80～200公里。据此推算，"一小时经济圈"前景乐观——精伊霍铁路和伊霍高速公路、伊新高等级公路的贯通，对打造包括伊宁市、霍城县、霍尔果斯口岸、伊宁县、察布查尔县县城五地在内的"一小时经济圈"的构想，不仅是符合自治区、伊犁州党委、州政府提出的构建对外开放、内引外联、东来西去、沿边协作的战略通道新的发展思路，也是完全可行的。建立伊宁市、霍城县、霍尔果斯口岸、伊宁县、察布查尔县县城五地"一小时经济圈"，对未来伊犁河谷经济区经济发展将会起到"杠杆"的巨大推动作用。伊犁河谷经济区内各县市之间的产业互补、延伸是可以更好让伊西南经济技术协作区发展变得更有活力。

第三节 开发区政策高地建设的总思路和建议

经济开发区作为改革开放实验区，在经历了三十年的探索实践后，正从局部试验阶段向普遍改革推进的时代迈进。胡锦涛总书记在2010年9月6日庆祝深圳经济开发区建立30周年大会上讲话中指出，经济开发区不仅要继续办下去，而且要办得更好，中央将一如既往地支持经济开发区大胆探索，先行先试，发挥作用。这是对老经济开发区的鼓励，也是对霍尔果斯新经济开发区的期望，对建设好开发区具有十分重要的指导意义。开发区作为一个新生的经济开发区，不需要再重复老经济开发区当初"摸着石头过河"在探索中前进的发展历程，而是应该以更高的起点加以规划设计，使新经济开发区"特"得更有新意，充分发挥出试验区、示范区的带动作用。这就需要从中央到地方的各级党委和政府要共同为开发区建立政策高地，用更加优惠的政策，更加完善的法律法规，保障和推进开发区跨越式发展，为新疆的跨越式发展做出更大的贡献。

一、开发区目前的政策框架

（一）开发区已有的优惠政策

开发区已经出台了一系列有利发展的优惠政策，其中包括在伊犁新办企业享受企业所得税"两免三减半"的政策；在确保环境安全等前提下，放宽水泥、钢铁、矿产品开发、汽车组装、平板玻璃等在伊犁具备资源优势，在本地区和周边地区有市场需求的行业准入限制；增加建设用地规模和新增建设用地占用未利用地指标，在使用戈壁荒滩开发建设产业聚集园区、引进产业项目的，免交土地出让金和土地有偿使用费；国家支持企业在喀什进行纺纱、织布、印染及服装加工，并在出疆运费上给予补贴和减免出疆棉花铁路建设基金政策；中央确定在喀什建立经济开发区，设立综合保税区，区内企业享受国家特殊海关监管区的政策。

中央新疆工作座谈会提出加快规划建设霍尔果斯、伊宁等商贸物流中心，为加快专业化市场和物流基地提供了政策保障。赋予合作中心和开发区的边贸进口贴息、适当提高边民互市进口免税额度及境外人员购物限额等优惠政策，为加快新疆特别是伊犁区域对外贸易发展提供了强有力的支持。

（二）伊犁州政府要为开发区向国家争取更多的优惠政策

霍尔果斯口岸将利用好中央赋予特区建设的政策，围绕能源资源产业开发、高新科技产业、进出口加工、农产品加工业等，引进一批具有国际影响力的企业集团入驻，形成多个进出口产业集群，实现工业产业化的跨越式发展。围绕建设旅游特区，借鉴先进的旅游发展模式，努力将其打造成为新疆旅游新的增长极。

在开发区建设和发展中，除用好国家和自治区已有优惠政策外，伊犁州人民政府还应组织专家顾问团和相关部门，在对开发区建设和发展深入调研、征求意见的基础上，向国家和自治区争取财政、税收、金融、进出口、土地、人才和对外开放等各方面的优惠政策，建立开发区政策高地。

二、开发区法律地位和法制保障的制度安排建议

遵循依法治国的基本国策，对开发区要坚持依法治区的基本方略，依法确立开发区法律地位和法制保障，依法开展开发区立法执法的制度安排。

（一）关于开发区立法权问题

创建开发区，不能完全依赖国家和外省区的支援，必须有强烈的自主创新意识；要想使经济开发区具有更大的自主创新空间，就要尽可能赋予其一些必要的权力，其中立法权尤为重要。《立法法》第74条规定："经济开发区所在地的省、市的人民代表大会及其常务委员会根据全国人民代表大会的授权决定，制定法规，在经济开发区范围内实施。"在人民代表大会制度下，立法权集中在人民代表大会，全国人民代表大会是最高权力机关，经济开发区制定特区条例必须经过"特别授权"。否则，经济开发区就难以在立法方面先行先试，大胆探索。经济开发区的法律制度经验要想推广，需要提请全国人大及其常委会批准，赋有权制定地方性法规的人大机关更多的立法权。由于体制原因，霍尔果斯口岸管委会不具备直接授权行使立法权的条件，伊犁哈萨克自治州人大常委会和伊犁哈萨克自治州人民政府虽有地方立法权，但短时间内暂不具备授权直接行使对开发区的立法权条件，难于独立解决开发区的立法权问题。什么时间怎样解决这一问题，需要全国人大常委会和国务院作出决定。建议伊犁哈萨克自治州人大常委会通过自治区人大常委会，报请全国人大常委会授权新疆维吾尔自治区人大常委会和伊犁哈萨克自治州人大常委会，按立法权限分别代行对开发区的立法权。伊犁哈萨克自治州人大常委会可以在新疆维吾尔自治区人大常委会的领导下，建立开发区法制建设的专门机构进行

前期调查论证，首先制定一批开发区运行和发展建设急需的法规，在开发区范围内实施或试行。

(二) 借鉴深圳等经济开发区地方立法经验

1. 认真学习借鉴深圳等经济开发区通过地方立法实现跨越式发展的经验。当初中央政府决定设立经济开发区，并没有给经济开发区持续不断地资金投入，而是让深圳经济开发区"杀出一条血路"；换言之，深圳经济开发区走的是一条内涵式的发展道路，而不是外延式的发展道路。当初深圳蛇口工业区的建立，完全得益于独特的特区土地法律制度。由于实行土地使用权出让制度，工业区拥有了发展资金。土地出让不仅让蛇口工业区管理者实现了原始积累，而且使得外资企业得以在蛇口工业区生根发芽。可以说，深圳经济开发区之所以能在经济发展方面取得突破，根本原因就在于他们首先在法律制度上实现了突破。

2. 解放思想，要求立法者有一种敢为天下先的勇气和魄力，要勇敢地走在时代的前面，直面困难勇于创新。开改革开放之先河的广东和深圳经济开发区，当时在经济社会发展过程中，出现过许多新情况、新问题。要解决这些新情况、新问题，迫切需要通过一些创新性的法规来调整。改革开放三十年来，广东和深圳经济开发区正是在不断地解决新情况、新问题的过程中，敢想敢做，发挥了立法试验田的作用，突出了先行性、试验性和创制性的特点。先行先试，实际上就是在现有的法律制度框架内，容许局部地区通过法律制度创新，逐步积累改革的经验。这种"先行先试"的理论，实际上是一种局部推进改革的理论，其基础是容许在一个国家现有的体制内，通过建立特区，寻找改革的突破口。加强地方立法不是各自为政，强调地方立法的作用，也不是淡化全国法律的统一性。加强地方立法就是要强调法律的科学性，在宪法基本原则的引导下，允许地方立法机关进行适当的变通。深圳特区立法的经验表明，制定地方性法规，非但不会破坏国家法律的统一性，反而会促进当地生产力的发展。譬如，在"公司法"没有修改之前，深圳经济开发区利用特区立法权，修改了"公司法"的注册资本制度，促进了深圳高科技产业的发展。在总结深圳特区经验的时候，我们不能仅仅看到其巨大的经济成就，而忽视了经济快速发展的深层次的法制原因。

3. 经济开发区初创期特别要注重地方经济立法，使之尽快配套、完善。没有经济立法，就不可能有商品经济的大发展。在改革时期，广东省人大常委会根据宪法和地方组织法的规定以及全国人大常委会关于授权广东省人大及其常委会制定该省经济开发区的各项单行经济法规的决定，把"为改革开放和经济建设服务，促进地方发展"作为立法的指导思想，始终坚持从实际出发，把立法工作同广东省改革和经济发展的重大决策结合起来；坚持以经济立法为重点，大胆探索，勇于创新，把中央赋予的在经济体制改革和对外开放中的特殊政策和灵活措施用地方性经济法规的形式确定下来，使之适应改革开放的需要。在改革开放初期，广东省根据全国人大的授权，积极探索经济开发区立法，坚持对外开放，有效吸收外资、引进科技的方针，明确以完善外商投资法律环境为特区立法的主要任务，先后制定了《广东省经济开发区条例》（1980年）、《特区入境出境人员管理暂行规定》（1981年）、《特区企业劳动工资管理暂行规定》（1981年）、《特区企业登记管理暂行规定》（1981年）、《深圳经济开发区土地管理暂行规定》（1981年）等18项特区法规，将特区实行的特殊经济政策和特殊的经济管理体制具体化、条文化、规范化，解决了经济开发区建立和发展过程中一些必须明确的问题。

（三）制定开发区地方性法规

根据广东和深圳经济开发区最初的经济开发区地方立法经验来看，制定开发区地方性法规的步骤和主要任务有以下几个方面：

1. 争取全国人大授予自治区人大常委会和伊犁州人大常委会对开发区地方立法权后，尽快制定《新疆维吾尔自治区特殊经济开发区条例》，为经济开发区制定一系列地方性法规提供法律依据。

2. 伊犁州人大和政府获得特区立法权后要对程序法定化高度重视，快速反应，尽快分别制定《伊犁哈萨克自治州人民代表大会常务委员会制定开发区法规规定》《伊犁哈萨克自治州人民政府制定开发区规章和拟定开发区法规草案规定》。

3. 坚持以经济立法为重点，大胆探索，勇于创新，把中央赋予开发区在经济体制改革和对外开放中的特殊政策和灵活措施用地方性经济法规的形式确定下来。要以完善外商投资法律环境为特区立法的主要任务之一。主要抓紧制定《开发区商事条例》，依法保护国内外来经济开发区从事经济贸易活动客商的合法权益；制定《开发区改革创新促进条例》，保护改革创新的专项法规，对经济开发区一切组织改革创新的行为和成果提供法律法规保护；制定《开发区建设项目环境保护条例》，通过立法来加强特区建设项目环境保护，控制环境污染，保护生态环境；《开发区和谐劳动关系促进条例》，通过立法来保护特区内的企业、个体经济组织、民办非企业单位等组织和与其建立劳动关系的劳动者的合法权益，维护和促进劳动关系和谐稳定；制定《开发区劳务工条例》，通过立法来保障外来员工合法权益的法规，对外来员工的用工手续办理、外来员工的有序流动和外来员工权益的保护等事项作出规范；制定《开发区工资支付条例》，对工资、正常工作时间工资和拖欠、克扣工资等概念作出明确界定，构建起了系统的规范工资支付行为的制度，加大对欠薪企业的查处力度，对解决欠薪问题起到了极大的推动作用。

4. 为适应开发区产业快速发展和人口的急剧增长，还要制定《开发区入境出境人员管理暂行规定》《开发区企业劳动工资管理暂行规定》《开发区企业登记管理暂行规定》《开发区土地管理暂行规定》《开发区环境保护条例》《开发区房地产行业管理条例》《开发区房屋租赁条例》《开发区市容和环境卫生管理条例》等产业和城市发展、环境保护等管理性法规。

三、制定开发区税收优惠政策和制度安排

总结全国经济开发区和其他特殊区域成功的经验，最重要的就是制定实施优惠的税收政策。中国5个经济开发区和各类享受特殊政策的开发区、高新区，其区别基本上是税收优惠政策措施的多寡。这种"政府扶持模式"已成为中国特色经济发展的驱动力。中央寄希望于发挥中国西部国际大通道功能，带动新疆经济跨越式发展的开发区，

应当享受比现有经济开发区更加优惠的税收政策。对制定开发区税收优惠政策的建议主要有五个方面。

(一) 制定增值税优惠政策

不论霍尔果斯特区的模式最终如何面世，特区内纳税人数量和增值税收入都不会在短时间内暴增。假设按"一区三园"模式设立，截至 2009 年年底，划入经济开发区范围内缴纳增值税的企业数量 846 户、个体户 4015 户，年均缴纳增值税 1.65 亿元；若按大特区模式设立，企业增加到 1046 户、个体户增加到 5018 户，年均缴纳增值税 2.18 亿元。增值税没有优惠措施，面对全国众多的经济开发区、准特区，霍尔果斯无论如何也形成不了吸引投资的最佳地，况且区区 2.18 亿元对于中央财政而言实在是微不足道，但为维护税法的统一，保证增值税链条的完整，又不能简单地一免了之。伊犁州人民政府可以向国家建议：一是以 2009 年增值税入库数为基数，新增加的增值税不再按照 75% 的比例上缴中央，而由特区政府统筹考虑是否用于经济开发区基础建设、民生工程或者返还纳税人，新增部分不上缴中央，不会影响"两税"返还收入，这样既保持了税法的统一完整，又不减少中央财政收入，还调动当地政府支持税收征管的积极性，符合支持条件的纳税人能得到税收返还，所谓"一举多赢"；二是扩大经济开发区内生产性纳税人数量，而不仅仅依靠招商引资，如果单凭招商引资扩大数量必然导致恶性竞争。因此，经济开发区内个体工商户的增值税起征点调高至应税劳务月销售额 1 万元，销售货物月销售额 1.5 万元，以鼓励纳税人完成资本的原始积累，防止恶性竞争发生；三是增值税出口退税全额中央负担，经济开发区之所以"特"关键是要大力发展外向型经济，产品主要面对中亚和欧洲市场。随着经济开发区的设立，必然增加地方退税数额，若按照现行的方法，经济开发区管理部门可能入不敷出；四是发挥中哈霍尔果斯国际边境合作中心境内关外的作用，凡进入合作中心的货物、劳务视为已出口，可以办理出口退税手续。

(二) 制定营业税优惠政策

参照国务院关于投资开发海南岛有关税收政策的规定，海南岛工商统一税改革为营业税后增加的税收不再征收，海南岛营业税减免由海南省政府决定。伊犁州人民政府可以向国家建议：一是特区内新办企业从事交通运输业、建筑业、文化体育业、服务业免征营业税 5 年，原有从事上述行业的老企业以 2009 年缴纳的营业税为基数，新增的营业税返还 5 年；二是特区内个体工商户营业税起征点调高至月销售额 15 000 元；三是特区内金融保险业营业税减半征收，其中：自特区成立后新入住的金融保险企业免征 5 年。

（三）制定企业所得税优惠政策

企业所得税优惠政策既是最吸引国内外企业家和客户的优惠，也是最实实在在的优惠，同时也不引起 WTO 成员国反感的优惠，世界上绝大多数发达国家特别是 OECD 成员国都是通过企业所得税国际竞争与饶让，实现经济宏观调控、开放资本市场、减小贸易障碍和市场公平交易的。因此，综合考虑特区和准特区所得税优惠政策，必须给予开发区更加优惠的政策，才能切实实现跨越式发展的目标。伊犁州人民政府可以向国家建议：一是经济开发区内非"两高一低"（高消耗、高污染、低环保）企业一律按照 15% 的税率征收企业所得税；二是经济开发区内高新技术企业在执行 15% 税率基础上减半征收；三是特区内从事国家和新疆重点支持的工业、交通运输业、金融保险业、农业、林业、牧业等"五免五减半"；四是经济开发区内新办企业从事非"两高一低"项目的"五免五减半"，原有老企业以 2009 年入库所得税为基数，其新增企业所得税"五免五减半"；五是总部设在经济开发区的企业从高税率国家或者地区取得收入，已缴纳的企业所得税全额抵免，抵免不足部分在其后五个纳税年度抵免；从低税率的国家或者地区取得的收入，已缴纳企业所得税的，不再依经济开发区税率追征。

（四）制定土地增值税、城镇土地使用税、耕地占用税优惠政策

经济开发区建设初期，土地增值税、土地使用税、耕地占用税的征免直接影响特区建设速度和质量，其中土地增值税还具有抑制房地产市场的功效，而按照笔者赞同的建议，特区面积将达到 5735 平方公里，中央明确提出新疆土地政策可以适当放宽，因此上述三税可以减免。伊犁州人民政府可以向国家建议：一是特区土地增值税免征 30 年；二是城镇土地使用税暂不开征；耕地占用税减半征收 10 年。

（五）海关代征税收优惠政策

为了解决好经济开发区建设和发展需要大量的资金投入，而经济开发区内企业享受税收优惠政策这是一个矛盾。专家提出了各种解决方案，如：依靠国家财政转移支付，或者依靠国家开发银行、商业银行贷款，或特区政府举债，或对口支援的江苏省无偿投入等，这些方案是可以解决一些问题，但最大的缺陷是这样的资金投入是短期效应，而且不能激发特区的内生动力。还有一个理由是，自 2008 年 11 月 1 日起，以边境小额贸易进口方式进口的商品照章征收进口环节税，此规定将口岸进口商品企业依 8.5% 进项税抵扣，然后销售依 17% 销项税征税的政策取消，导致口岸进口企业对口岸无任何贡献。因此，伊犁州和自治区人民政府应该向国家提出以下建议：

1. 建议国家批准将霍尔果斯海关代征的"两税"全额留给经济开发区使用，建议将霍尔果斯海关关税及代征的进口环节增值税全额返还口岸，用于口岸地区发展及基础设施建设。

2. 建议国家批准合作中心单方面立项列入国家"十二五"规划的项目资金投入计划目录，以支持自治区和伊犁州积极开展开发区的探索。并从国家层面与哈国商谈，力促签订双边协议，早日实现双边互动、中哈两国共同推进合作中心的超常规发展。

3. 建议国家批准对开发区内的生产企业进口本企业建设和生产所必需的机械设备、原材料、零配件、交通工具和其他物料、办公用品，享受免征增值税优惠政策。

4. 建议国家批准对在开发区内的生产性企业，享受按 15% 的税率征收企业所得税。其中，新办的特色农业（含农产品加工）、林业企业、环保企业，从生产之日起十年内，所得税实行"免五减五"优惠政策。

5. 建议国家批准对在开发区及其配套的伊宁边境经济合作区、清水河经济技术开发区内各类企业和个体工商户生产和销售的产品（除烟、酒产品外），享受按减半征收增值税并全额抵扣优惠政策。

6. 建议国家批准对在开发区的国家级伊宁边境经济合作区设立一个 10 平方公里的综合保税区，以支撑开发区外向型产业集群和体系的规模化发展。

总之,霍尔果斯新的经济开发区税收优惠政策既不能开倒车,也不能固守过去和现在的条条框框。要通过制定和实施更有利于新疆跨越式发展和长治久安的特殊税收优惠政策,充分发挥开发区的示范效应,才能把开发区建设成为西部拉动内需、扩大投资、转变经济结构的发动机,才能有望把开发区建成中国西部的"深圳特区"。

(六)开发区金融优惠政策和制度安排

为从体制机制上解决好经济开发区和合作中心的发展建设,需要大量的资金投入;为将来能在合作中心逐步建立中亚区域国际金融中心,建议国家和中央银行制定开发区金融优惠政策和制度安排:

1. 建议中央政府适时与哈国政府签订《中哈人民币结算与合作框架协议》,为中哈两国商业银行之间在开发区和合作中心内的具体合作提供发展空间;

2. 建议国家和中央银行批准进一步提高现金人民币出入中亚国家的额度,为全国企业通过合作中心开拓国际市场提供金融服务便利条件;

3. 建议国家和中央银行批准在开发区和合作中心内,设立的外商投资企业可以用人民币直接投资的政策和办法;

4. 建议国家和中央银行批准从法规制度层面上,放宽伊犁州各商业银行在开发区和合作中心的贷款授权和授信额度;

5. 建议国家和中央银行批准降低地方性股份制商业银行,在开发区和合作中心设立的准入门槛和条件,鼓励和引进境内外股份制商业银行在开发区和合作中心设立分支机构;

6. 建议国家和中央银行批准在开发区和合作中心开展设立个人本外币特许业务试点工作。

(七)开发区建设用地优惠政策和制度安排

1. 建议国家批准对开发区和合作中心工业园区建设用地,按照批准的开发区规划范围和工业园区面积实行一次性审批,不受地方工业项目建设用地指标限制。

2. 建议国家给予开发区和合作中心以下特殊土地政策:对属于投资高新技术、生物资源、旅游资源保护与开饭、基础设施建设项目、高创汇、高税收项目，其征用土地的各项费用均执行法定标准的下限；按照投资者、经营者的投资经营项目类别和经营年限，分地类、分用途实行地价最高限价。

3. 建议国家在"十三五"期间计划单列给予开发区和合作中心前两年每年增加 2 万亩、后两年每年增加 1.5 万亩的建设用地指标，并不挤占用国家常规性下达给伊犁州全盘建设用地计划指标。

（八）开发区产业发展优惠政策和制度安排

1. 建议国家把开发区作为我国西部现代外向型农牧业特色优势产业基地，在"十二五"期间给予前每年 100 万亩退耕还林、退耕还牧（种草）指标、50 亿元贷款信授额度，用于扶持现代外向型农牧业特色优势产业基地和龙头企业发展。

2. 建议国家把开发区作为我国西部特色旅游产业基地和旅游特区，给予建设项目和资金扶持，尽快使其成长为伊犁州乃至新疆的支柱产业。

3. 建议国家确定一个沿海经济开发区援助开发区跨越式发展；制定优惠政策，支持和鼓励东部地区向开发区转移境外进口资源性商品加工、出口机电产品、纺织品、日用品、汽车组装等工业加工企业和富余产能，扶持开发区形成新的产业体系。

第四节 开发区超常规发展的对策措施

一、充分利用上合组织机制和优惠政策，加快开发区发展

上合组织成立以来，成员国之间加强了相互信任、睦邻友好，在成员国之间互相提供了政治、经贸、科技、文化、教育等领域有效合作的优惠政策，共同维护和保障了成员国所在地区的和平、安全与稳定，推动建立了民主、公正、合理的国际政治经济新秩序。

通过上合组织这一区域合作平台，中国和中亚国家的经济合作在多个层次上展开，主要包括：经济贸易合作、鼓励和相互保护投资、银行合作、汽车和铁路运输合作、对所得税避免双重征税和防止偷漏税合作、石油领域合作等。各国还组成了政府间经贸和科技合作委员会，定期就经贸合作问题进行磋商。中国与中亚国家就共同开发一些重大项目达成了协议。中亚五国政府鼓励中国的大企业到中亚投资开发当地的资源。中国同中亚国家在轻工业和农业生产等方面也不断加强合作，纺织和日用消费品工业部门出台互惠互利的优惠政策。

中亚国家积极改善商品贸易结构，进口中国电冰箱、电视机和机械设备等，向中国出口化肥、兽皮、兽毛、棉绒、钢材、铜等金属原材料和重型机械等产品。在进一步扩大商品贸易的同时，要向高层次合作转变，要进一步扩大合作领域，要发展和加强生产、投资、科技、文化等方面的合作。同时，还要根据新的变化和发展，进一步加强对外经济合作的基础设施建设，为加深经济关系创造更加良好的条件。中亚国家积极与中国发展生产性合作，欢迎中国企业在中亚国家的交通、邮电、纺织、食品、制药、化工、农产品加工、消费品生产、机械制造等行业投资办厂。在科技合作方面，中亚国家希望与中国在农业、治理沙漠、利用太阳能、地震等方面进行合作研究。

上合组织成员国之间这些优惠政策和经贸合作的成就，对促进中国与上合组织其他成员国之间经济贸易的合作与交流将长期发挥重要作用，充分利用上合组织机制对成员国的优惠政策，加快开发区发展。

二、在实施中国—中亚经济圈发展战略中，充分发挥开发区的重要作用

（一）积极发挥新疆和开发区作为核心区域的带动作用

中国新疆不仅是中亚国家寻求东方出海口的必经之地，而且是中国开拓中亚市场乃至欧洲市场的必经之地。随着新亚欧大陆桥的开通和运营，新疆把中国内地省区与中亚、南亚乃至欧洲联系起来，已成为连接中国与中亚、南亚乃至欧洲的交通枢纽。另外，上合组织框架

内交通领域合作的顺利开展，也更加突出了中国新疆和开发区在中国（新疆）—中亚经济圈中的枢纽作用。因此，新疆要用全球化的思维和视野，把自身的发展放在中国（新疆）—中亚经济圈发展格局来考虑和把握，实施全面开放带动战略。从国家层面看，中央政府应高度重视合作中心和开发区的战略地位，制定适合合作中心和开发区开展区域经济合作的优惠政策，大力吸引中国（新疆）—中亚经济圈区域的其他经济体及中国其他省区的金融、科技等资源，加快建设合作中心和开发区的软硬件配套服务体系；在合作中心和开发区设立专门联系其他经济体的分支机构，加强与其他经济体的对话和交流；加大对合作中心和开发区基础设施的投资力度，尤其是加大对霍尔果斯口岸公路、铁路等基础设施建设的投资力度，改善合作中心和开发区与其他经济体的交通条件。通过合作中心和开发区的联通和辐射功能，营造一流的投资发展环境，吸引和促进更多的生产要素在新疆的聚集，实施以市场为导向的优势资源开发战略，加强薄弱环节的基础能力建设战略，东西互动的区域协调发展战略，面向中西亚和欧洲的扩大对外开放战略，以合作中心和开发区为核心，把新疆建设成为中国向西开放的国际大通道、区域性国际物流中心和加工制造业中心。

（二）建立开放共享的中国（新疆）—中亚经济圈信息网络

在中国（新疆）—中亚经济圈经济发展的过程中，信息化处在关键和核心位置。2001年，在中国科技部的支持下，新疆建立了面向中亚五国的科技信息中心，其中包括数据库建设、网站建设、资料交换和人员培训等。应该在此基础上建立中国（新疆）—中亚经济圈的信息网络体系，其网络数据库应广泛收集圈内各经济体的经济、科技、旅游、贸易、政策法规和统计资料等信息，实现在互联网上的发布和提供分类检索或全文检索功能。"中国（新疆）—中亚经济圈在线"网站建立后，可实现网上的信息交流和信息共享，建立起系统、完整的信息资源共享体系。

（三）建立中国（新疆）—中亚经济圈经济合作组织

要使发展中国（新疆）—中亚经济圈的构想落到实处，使圈内各经济体享受到这个经济圈发展所带来的好处。首先，建议在上合组织框架内，由各国商务部或财政部成立以经济合作与发展为宗旨的中国（新疆）—中亚经济圈联合小组，经过该小组的磋商，尽快签订发展中国（新疆）—中亚经济圈的经济合作框架，达成一些基本协议。其次，建立中国（新疆）—中亚经济圈经济合作组织及运行机制（互信机制、保障机制、合作机制），对中国（新疆）—中亚经济圈的开发建设进行统一规划和组织协调。在此基础上实现中国（新疆）—中亚经济圈的有效运行，使得资源、技术、资金等在该经济圈内有序流动，从而给各经济体带来更多的好处。最后，建议将中国（新疆）—中亚经济圈联合小组的办公和联络机构设在中哈霍尔果斯国际边境合作中心，便于各国领导人和工作人员出入境和在这一自由区会晤办公、洽谈业务。

（四）建立中国（新疆）—中亚经济圈跨国城市和口岸联盟

中国（新疆）—中亚经济圈内拥有众多的城市和口岸，它们是发展该经济圈的重要参与者。为了整合区域资源，形成发展合力，发挥后发优势，应建立具有跨国特点的中国（新疆）—中亚经济圈城市和口岸联盟，每年召开一次由中哈两国沿边城市市长和口岸官员参加的中国（新疆）—中亚经济圈城市和口岸联盟年会，共商两国沿边城市和口岸国际经贸合作具体事项。建立跨国城市和口岸联盟，实质是寻求资源配置的最佳地域范围，并在这个地域内寻求自然资源、资金、劳动力、技术、信息及产业的互补，加强城市间、口岸间、产业间的分工，使得产业链得以延长，产业设计和布置更加合理，降低发展成本，构建更大的市场，取得规模效益，实现效率最大化，实现和中国（新疆）—中亚经济圈内各城市和口岸的"多赢"。

三、充分用足用好国家和自治区的优惠政策，加快开发区发展

（一）利用国家支持新疆跨越式发展的优惠政策

中央新疆工作座谈会转变和调整了治疆思路：从"稳定压倒一

切"到稳定与发展并重,解决民生与遏制分裂并重,明确提出新疆一切问题的解决,要靠新疆的发展。出台了一系列促进新疆跨越式发展的优惠政策,其中对新疆困难地区符合条件的企业给予企业所得税"两免三减半"优惠;中央投资额继续向新疆自治区倾斜,"十二五"期间新疆全社会固定资产投资规模将比"十一五"期间翻一番多;适当增加建设用地规模和新增建设用地占用未利用地指标;适当放宽在新疆具备资源优势、在本地区和周边地区有市场需求行业的准入限制等五项政策极具招商引资吸引力。中央新疆工作座谈会提出的"加大实施沿边开放力度,努力把新疆打造成我国对外开放的重要门户和基地"的精神和批准设立开发区的决定,为新疆实施向西开放战略,大力发展外向型经济指明了基本路径。开发区是国家级的经济开发区,要把开发区的建设和发展放在国家大局的层面来运作,带动新疆乃至整个西部的改革、开放和发展。要充分利用好中央支持新疆跨越式发展的政策,加快开发区发展。

(二) 利用自治区鼓励发展外向型经济优惠政策

开发区的主要职能是依托合作中心开拓中亚市场,大力发展外向型经济。尽管伊犁河谷地区和霍尔果斯口岸对外贸易发展较快,但出口生产加工仍处于初级发展阶段,产业配套能力和精深加工转化能力较弱、自主研发创新能力和国际营销水平不足、出口商品结构尚处于较低层次,地产品出口比重明显偏低。为改变这种状况,必须充分利用好自治区鼓励发展外向型经济的优惠政策。2010 年 10 月自治区人民政府下发的《关于促进我区出口生产企业发展的税收政策的通知》提出了出口生产企业享受以下五项税收优惠政策:(1) 免征企业所得税地方分享部分;(2) 免征自用房产税;(3) 免征自用土地城镇土地使用税;(4) 在新疆困难地区新办的、属于自治区鼓励类发展产业目录范围的出口生产企业,享受企业所得税"两免三减半"政策的同时,对出口额占销售总额的比例超过 50% 的出口生产企业,在减半征收期间免征地方分享部分;(5) 对于属于国家西部大开发鼓励类产业目录、享受高新技术企业税收优惠政策的出口生产企业,对新办企业出口额占销售总额的比例超过 50%、现有企业出口额占销售总额的比例超过70%的出口生产企业，在享受企业所得税优惠税率的基础上，免征企业所得税地方分享部分。开发区和伊犁河谷地区各县市，要创造性地用足用好自治区出台的这些对出口生产企业享受的税收优惠政策，鼓励本地企业和外来企业依托霍尔果斯口岸和合作中心，大力发展出口加工业，占领中亚国际市场，实现开发区和伊犁河谷地区外向型经济的跨越式发展。

四、利用好全国东部省市援疆力量，加快开发区发展

2010年3月，在全国对口支援新疆工作会议上，确定19个省市分别结对援助新疆12个地（州）市的82个县市和新疆生产建设兵团的12个师。根据会议精神，各援疆省、市将建立起人才、技术、管理、资金等全方位的对口援疆有效机制，把保障和改善民生置于优先位置，着力帮助各族群众解决就业、教育、住房等基本民生问题，支持新疆特色优势产业发展。江苏是伊犁州的对口援疆单位，江苏的经济援疆、人才援疆和科技援疆将为伊犁州和开发区全方位发展奠定人、财、物基础。

（一）实施江苏百家企业进驻伊犁工业振兴行动计划

伊犁州直是江苏援疆地区，援疆干部在过去的援疆工作中，为伊犁州的经济社会发展作出了重大贡献。为此，建议江苏和伊犁州抓住国家支持新疆创办开发区的大好机遇，联合组织实施"江苏百家企业进驻伊犁工业振兴行动计划"。

1. 抢抓机遇，强力治本，创新工业援疆模式。伊犁州特别是开发区要解放思想，转变观念，改进援疆工作思路，抓住精伊霍铁路开通、中哈霍尔果斯国际边境合作中心全面启动和创建开发区的大好机遇，充分发挥江苏经济强省的援疆优势，重点围绕发展伊犁外向型工业经济，实施江苏援助伊犁工业振兴战略。伊犁州要通过援疆干部积极与江苏省各大市政府联合组织实施"江苏百家企业进驻伊犁工业振兴行动计划"。为组织好这项促进伊犁经济跨越式发展的大型工业振兴战略行动，必须对"江苏百家企业进驻伊犁工业振兴行动计划"的

实施加强领导，精心组织，明确责任，分步落实。

2. 加强领导，落实规划，提升工业援疆实效。"江苏百家企业进驻伊犁工业振兴行动计划"（简称行动计划）的实施，要按照政府主导，企业参加，市场运作的方式进行。一是建议成立以伊犁州委书记为组长，州长和州党委分管援疆工作副书记、江苏援疆干部总领队为副组长，相关职能部门主要领导为成员的行动计划工作领导小组，组成强有力的工作班子具体负责抓落实。二是要尽快组织制定行动计划相关的办法、政策、措施，报新疆自治区人民政府和江苏省人民政府援疆办，取得江苏和新疆两省区党委、政府的高度重视和支持。三是要在江苏和新疆两省区新闻媒体公布《行动计划实施方案》，以取得江苏省全省工业企业的响应。四是要组织动员全州各县市各部门全员参加行动计划的实施。伊犁河谷经济区各工业园区要积极做好迎接江苏工业企业入驻工业园区的前期工作及合作基础工作，使江苏工业企业入驻工业园区能站得住、建设快、投产早、效益好，取得江苏入驻伊犁工业企业和伊犁双赢的良好效果，使江苏企业界为振兴伊犁州和开发区开放型工业经济作贡献。

3. 统筹兼顾，三足鼎立，创新工业援疆格局。伊犁州要在重点组织实施好行动计划的基础上，同时做好引进外国企业和全国其他省区大型企业入驻伊犁，参加伊犁开放型工业经济振兴事业的工作。要形成以新疆本地企业、江苏入驻伊犁企业、内地其他省区和国外入驻伊犁企业为三支主力军的伊犁工业经济"三足鼎立"的新格局，为开发区跨越式发展创造坚实的工业经济基础。开发区和伊犁河谷经济区各县市及六个工业园区，都要采取特事特办的积极态度，做好外国企业和全国各地工业企业入驻本县市工业园区的各项工作。要避免出现热了江苏企业，凉了其他省区企业的现象，要使入驻伊犁河谷经济区和开发区的所有企业都感到伊犁是他们最佳投资区域，投资环境最好，市场前景最好，产出效益最好，能够赚钱最多，取得各地入驻伊犁工业企业经济效益提高和伊犁经济发展双赢的良好效果，大大推进伊犁州由农牧业大州向工业大州的转变。

（二）实施江苏省苏州市和连云港市援助霍尔果斯口岸振兴行动计划

伊犁州和霍尔果斯口岸管委会要精心组织实施江苏苏州市和连云港市援助霍尔果斯口岸振兴行动计划，借助江苏援疆力量推进开发区建设。双方需要进一步加强全方位的友好交流与合作，更好地发挥口岸的功能。连云港至霍尔果斯的连—霍高速公路，把连云港至霍尔果斯两个口岸连接在一起，也是过境货物东来西出、西进东出的主要通道。只要双方不断推进口岸部门以及物流企业的合作，将会对中国东西部对外开放产生极大的推动作用。

作为新亚欧大陆桥东西双向开放的桥头堡，连云港与霍尔果斯口岸均受到了国家以及地区的高度重视，被提上国家战略层面，特别是精河—伊宁—霍尔果斯铁路的贯通，连接陇海兰新铁路之后，霍尔果斯将成为公路、铁路都具备的现代综合运输枢纽，使霍尔果斯口岸与连云港市千里距离一线牵。因此，立足新亚欧大陆桥的国际物流，进一步加强两地合作，实现东西互动发展，对于提升两地在带动区域经济协调发展中的地位和作用意义重大。

跟踪落实好连云港市对口援助霍尔果斯口岸合作协议。双方确定充分发挥霍尔果斯与连云港口岸在陆桥区域经济发展中的战略作用，推动两地口岸功能延伸，互动发展，畅通新亚欧大陆桥国际物流运输通道，共同促进陆桥区域经济繁荣发展。根据协议，连云港口岸与霍尔果斯口岸建立友好口岸关系，围绕新亚欧大陆桥国际物流运输，充分发挥两地口岸行业管理和"大通关"协调服务职能，积极开展国际物流和对外贸易的口岸交流，优化口岸服务环境，提升口岸通关效率，及时协调和共同推进解决新亚欧大陆桥国际物流运输涉及口岸的重大问题。双方共同利用合作中心和两国签订的《关于利用连云港装卸和运输哈国过境货物的协定》等优势，研究促进合作中心和大陆桥过境运输发展的措施，共同利用合作中心、连云港出口加工区、保税物流中心等特殊优惠政策，实现两地政策互补的无缝衔接。

利用铁路和高速公路实施苏州市和连云港市与霍尔果斯口岸东西桥头堡联动战略。随着铁路通道的贯通，霍尔果斯口岸将发挥自身优势，充分利用日趋成熟的现代综合交通运输体系和中亚市场物流网络，积极与连云港开展新亚欧大陆桥铁路物流运输领域的合作。连云港连通日本、韩国，包括欧洲大量货物也从这里进入中国。把东桥头堡进口的物品，通过铁路、公路运输到霍尔果斯后，从西桥头堡出口到中亚、西亚、欧洲等国家和地区。这是一条最经济便捷的通道。反之，再把中亚各国的资源产品，如矿产、天然气、石油等通过霍尔果斯口岸进口到中国，然后再输送到中国腹地。一旦将这种区位优势转化为市场优势，必将对带动伊犁州和新疆地方经济的发展发挥巨大作用。

五、利用伊犁州全州地县市合力，加快开发区发展

开发区与深圳经济开发区等老经济开发区和喀什经济开发区相比虽有优势，但也有一定的劣势，主要是土地面积较小，人口很少，资源相对匮乏，既没有建制的城市作支撑，也没有完整的三次产业综合经济体系。因此开发区必须依托伊犁州全州的力量才能健康的发展起来。伊犁哈萨克自治州辖两个地区 24 个县市，是管辖县市最多的自治州，又是全国 30 个少数民族自治州的第一人口大州，也是全国除石油外的第一资源大州。依托伊犁州全州特别是伊犁河谷各县市的合力，支持开发区的建设与发展，开发区的发展就有了雄厚的物质基础和坚强的后援力量，才能够尽快实现跨越式发展的战略目标。依托伊犁河谷各县市的合力支持开发区的建设与发展的主要对策有两个方面。

（一）建立开发区与伊宁市和伊宁边境经济合作区的连动机制

伊宁市是国务院最早批准的新疆对外开放城市之一，是伊犁河谷地区的中心城市。现有人口 45 万人，土地面积 524.94 平方公里，具有一、二、三次产业融合发展的综合实力和较强的中心城市辐射功能。2009 年，伊宁市全市地方生产总值 96.4 亿元，地方财政收入 8.3 亿元，位居伊犁州直属县市之首，具有较强的财政经济力量，是霍尔果斯经济开发区跨越式发展的坚强后盾和后方基地。伊宁市与霍尔果斯经济开发区虽然同在"一小时经济圈"内，但中间有霍城县相隔，

伊宁市与霍尔果斯经济开发区土地不连片，难以直接构建一体化体制机制。因此，构建开发区与伊宁市和伊宁边境经济合作区经贸联合新的连动机制，是科学有效的联合与合作方式。

1. 规划联动。在全州共建大霍尔果斯经济开发区的今天，伊宁市和霍尔果斯口岸都要克服单打独干的区域本位的狭隘思想，共同谋求双方合作的最佳效益。伊宁市 2020 年的规划中要有配合霍尔果斯经济开发区发展的功能区和合作项目；霍尔果斯经济开发区 2020 年的规划中要有配合伊宁市发展的功能区和合作项目；双方的规划一定要互相征求意见，为双方长期联合奠定规划基础，形成合力。

2. 经贸联动。伊宁市和霍尔果斯经济开发区在未来开拓国际国内两大市场过程中，无论与中亚国家开展经济贸易合作与交流，还是与与东部省区或国内大企业（集团）开展经济贸易合作，都应该实施经贸联动策略。在伊宁市和霍尔果斯经济开发区之间建立经贸联动绿色通道，互通经贸合作信息，共建经贸合作平台，共同承担国际国内大型经贸合作项目，共同承办大型国际经贸合作论坛，取得经贸合作的双赢效果。

3. 招商联动。伊宁市和霍尔果斯经济开发区在未来招商引资过程中，无论吸引外国投资者来伊犁投资，还是吸引东部省区或国内大企业（集团）来伊犁投资，都应该实施招商联动策略。在伊宁市和霍尔果斯经济开发区之间建立招商联动实施办法，互通招商信息，共建招商平台，共同承担国际国内大型招商项目，共同承办大型国际招商洽谈会，取得合作招商的最佳效果。

4. 交通联动。伊宁市和霍尔果斯经济开发区同属于"一小时经济圈"内，为了使伊宁市和霍尔果斯经济开发区在共同的经济发展中实现"同城效应"，双方应充分利用高速公路实施交通联动策略。在伊宁市和霍尔果斯经济开发区之间建立交通联动实施办法，对伊宁市和霍尔果斯经济开发区所有民营车辆开通绿色通道，交通通行、交通安全实行统一管理、统一标准，提高通行效率，为霍尔果斯经济开发区特事特办，提高工作效率和办事效率当好交通先行官。

5. 通关联动。霍尔果斯经济开发区设有霍尔果斯口岸海关。伊宁市是国务院批准的对外开放城市，伊宁边境经济合作区设有二级海关。精伊霍铁路与哈国铁路接轨后，霍尔果斯口岸就成为铁路、公路两用口岸，日过货量将会超过阿拉山口口岸。凡是由伊宁市发往中亚各国的货物，都由伊宁市海关办理通关手续，口岸海关放行，减轻霍尔果斯口岸海关的工作量，减少外运货物车辆在口岸的停留时间，提高海关通关办事效率，共同创造一个良好的口岸通关软环境。

6. 金融联动。伊宁市目前是伊犁河谷的金融中心，各家银行和保险公司机构设置齐全，金融服务功能完善，金融队伍和融资力量雄厚。霍尔果斯经济开发区的设立，首先需要金融机构和发达的金融业的支撑。未来霍尔果斯经济开发区和合作中心要建成中亚金融中心，没有伊宁市金融队伍和融资力量的支持是不可能实现的。依托伊宁市强大的金融队伍和融资力量，尽快加强霍尔果斯经济开发区金融队伍和融资力量，为霍尔果斯经济开发区外经贸事业的大发展和特区投资者提供良好的金融软环境。

7. 人才联动。伊宁市是伊犁河谷人力资源最丰富的聚集地，伊犁河谷中高层次的人才主要集中在伊宁市。开发区要通过采取不求所有但求所用的方针，充分利用伊宁市的人力资源和中高级人才。在伊宁市和开发区之间建立人才联动实施办法，依托伊宁市强大的人力资源和中高级人才队伍，尽快加强开发区自身的人力资源和人才队伍建设，为开发区经济社会的大发展提供良好的人才保障和智力支持。

（二）建立开发区与霍城县和清水河开发区经贸一体化机制

1. 合作中心要以霍城县清水河经济技术开发区为开拓中亚市场的重要依托和出口加工基地。霍尔果斯口岸是合作中心所在地，但是霍尔果斯口岸毕竟面积小，难以统一为工业企业组织农村广大农牧民形成大规模的农牧产业供应机制。开发区要大发展，最佳选择就是必须以霍城县特别是要以清水河经济技术开发区为重要依托，把清水河经济技术开发区作为霍尔果斯口岸和中哈霍尔果斯国际边境合作中心发展外向型经济，开拓中亚市场的后方根据地。目前，清水河经济技术开发区已具备了建设外向型农产品进出口加工基地的条件，把清水河经济技术开发区打造成开发区的产业配套区和第二招商引资高地，建立面向中亚国家、俄罗斯市场的前店后厂似的加工基地格局。一旦市场准入和货物运输难题解决,清水河经济技术开发区外向型进出口加工基地的优势将会转化为富有区域竞争力的巨大经济发展优势。

2. 霍城县清水河经济技术开发区要以合作中心作为开拓中亚市场的前沿阵地和桥头堡。清水河经济技术开发区（镇）是自治区级开发区。清水河开发区是公路出入伊犁河谷八县一市的咽喉要道,是联接亚欧大陆路交通的结合部,是国家实施向西大开放,拓展亚欧新兴市场的对外贸易重要加工基地,是新疆重要的农副产品集散中心和商贸物流集散地。清水河经济技术开发区现控制面积 20 平方公里,道路、通信、电力、上下水等基础设施完备,实现了"六通一平",形成功能完备的服务体系,具备较强的承载能力。霍城县清水河经济技术开发区要大发展,最佳选择就是必须以合作中心作为开拓中亚市场的重要桥梁和前沿阵地,依托精伊霍铁路和伊清霍高速公路,与口岸和开发区形成联动合作,一致对外,互利双赢的新格局。

3. 要建立开发区与霍城县在联合发展商贸物流产业中的分工与合作机制。霍尔果斯口岸、清水河开发区（镇）和水定镇（霍城县城）三个主要的商贸物流中心,形成了伊犁河谷西部"商贸物流业金三角"。合作中心封关运营后,中国向西开放的力度和范围更大,中外商务交流增加、进出口客商云集,依据清水河开发区目前已具备的经济和交通条件,可充分发挥霍尔果斯口岸二传手的作用,使二者在对外开放中资源互补,双赢互利,共图发展。

4. 要把清水河开发区建成开发区的进出口商品仓储中心。随着开发区的建成和合作中心的封关运营,为全国特别是西部地区提供更大的对外开放和经贸交流窗口,也为中亚国家提供了新的商机,霍尔果斯口岸进出口贸易将会大幅度增长。这为清水河的仓储业提供了发展空间,清水河开发区可作为霍尔果斯口岸进出口商品仓储中心。

5. 清水河开发区可作为霍尔果斯口岸的进出口商品加工基地。由于清水河开发区（镇）是霍城县最大的工业和农畜产品加工基地,是经济发展的重点区域,不论是政策倾向、基础设施,还是交通条件、周边环境都比较优越。在霍尔果斯口岸发展加速的同时,清水河开发区可作为离口岸最近的进出口商品加工基地。为此，要做好舆论宣传、政策扶持、招商引资，改善环境等工作。

6. 清水河开发区可作为霍尔果斯口岸进出国游客的旅游购物中心和休闲中心。精伊霍铁路通车和合作中心的封关运营，将吸引更多的中外商人和旅游观光团队来到中国。清水河开发区要主动发挥中亚旅游购物基地的功能，规划建设一个大型"国际（中亚）旅游购物中心"，再造一个中国西部"义乌"，使中外商人、独联体国家的购物旅游团和旅游购物者不需要到乌鲁木齐和伊宁市，就可以在清水河开发区"国际（中亚）旅游购物中心"购买到他们所需要的一切商品。霍城县政府和清水河开发区管委会应该尽早统一规划，对清水河开发区作为开发区出入境游客的旅游购物中心和休闲中心做出自己的特色。

7. 要把清水河开发区和霍城县（水定镇）火车站作为霍尔果斯经济开发区的商品仓储中心和商品物资集散地。一是通过霍城火车站外运，使清水河商贸物流中心送往口岸和霍尔果斯经济开发区的农畜产品及其加工产品更加丰富。二是国内外通过铁路运输的商品在霍城火车站落地后，在清水河开发区仓储交易，再向西发往口岸和霍尔果斯经济开发区，向东发往新疆各地，将大大增加运输货物的品种范围，使清水河开发区商贸物流中心的物资更加丰富。三是清水河开发区（镇）加工的产品通过霍城火车站外运，降低运输成本，将刺激全县加工业蓬勃发展。四是霍尔果斯经济开发区和精伊霍铁路交通加快发展，使霍城县火车站周边形成新的仓储和商贸市场。五是在霍尔果斯口岸与清水河开发区之间、清水河开发区与霍城县城火车站之间，将形成短途运输的黄金通道。建立霍尔果斯经济开发区与县城火车站和清水河开发区之间相应的短途汽车运输市场和专业的货物搬运队伍。

六、利用好新疆生产建设兵团力量，加快开发区发展

开发区地处兵团农四师西线沿边团场的区划范围之内，离开兵团

团场的土地等资源支持就没有发展空间。这一实际情况决定了开发区的建设和发展,必须走兵地融合的发展道路。

(一)兵地融合发展建设口岸城市,为开发区提供城市综合功能支持

开发区的建设和发展目标之一是建立口岸城市,因而兵团提出了建可克达拉市的目标。有专家分析认为,无论将来中央批准设立霍尔果斯市还是可克达拉市,对开发区的建设和发展都有直接好处。支持兵团发展,壮大兵团力量是党和国家的重大战略方针。兵团各级党政领导和地方各级党政领导,都要有全局观念,坚持"三个有利于",树立"不求所有,但求所用"的思想,努力形成开发区走兵地融合发展道路的共识和机制,兵地共同申报设立含农四师部分西线团场在内的霍尔果斯市,依托兵团融合建设的城市来发展兵地融合型的开发区,这就叫新疆特色的经济开发区。

(二)兵地共建开发区工业园区,形成科学合理的产业结构布局

开发区内建立了霍尔果斯口岸工业园区和兵团霍尔果斯工业园区两个工业园区,园区建设和招商工作都已经开始。如果在整个经济开发区内没有统一的经济发展产业结构规划和科学布局,一定会发生激烈的招商和产业竞争。霍尔果斯口岸兵地两个工业园区都享有国家规定的口岸优惠政策,兵团又有在国家计划单列的优势和农四师集中力量办大事的体制优势,有巨型的中国新疆农建集团的直接产业支撑。在开发区建设和发展中,两个工业园区建设一定要走兵地融合发展的道路,在发展定位和产业结构布局的设计规划中,要合理分工,优势互补,不搞重复建设,吸引农四师伊犁垦区乃至全兵团各师及团场、企业的整体力量,在投资支持兵团霍尔果斯工业园区跨越式发展过程中,促进开发区的跨越式发展。

七、依托开发区的全面发展,充分发挥合作中心的功能和作用

(一)建立合作中心与开发区互为动力的良好机制

合作中心是开发区对外开放的窗口和通道,开发区是合作中心发

挥辐射功能的平台和基地。开发区的设立，为合作中心的发展储备了后劲，开发区的发展要为合作中心面向中亚五国市场的需求建立多功能的大型产业基地。

（二）以开发区为依托充分发挥合作中心的功能

合作中心封关运营的面积和范围是有限的，难以容纳大量的工业企业在中心内建设大型工厂，居住大量工人。霍尔果斯口岸火车站位于农四师 62 团部附近，与合作中心还有一段距离，国际国内商贸货物的中转集散，不可能都在合作中心进行。因此，要在开发区的兵团和地方两个工业园区建立出口加工基地，专门组织合作中心所需要的产品；要在开发区的兵团 62 团火车站附近和口岸国际商贸城区域建立两个经营业务互通的大型商贸物流中转基地，专门组织提供和接纳合作中心所需要输出和输入的产品，使合作中心成为一潭活水，有进有出，高效率地发挥外向连接功能，避免阻塞臃肿所引起的低效率的发生。

第十二章　中哈霍尔果斯国际合作中心向中哈自由贸易区发展的可行性分析

基于中国同中亚在地缘政治上的唇齿相依关系和经济上互补的紧密联系，以合作中心为起点，以开发区为基础，做好前期的试验和先行工作，经过若干阶段。首先实现商品和资金的自由流动，创造开放环境，落实合作项目，推进贸易便利化，努力实现多边贸易合作，逐步建立中国和中亚国家的中哈自由贸易区，加快我国西部地区经济社会发展和新疆跨越式发展，实现中央把新疆建设成我国未来经济增长重要支点的战略目标。

第一节　自由贸易区的含义及其在全球发展趋势

一、自由贸易区的概念

所谓自由贸易区是指两个以上的主权国家或单独关税区通过签署协定，在世贸组织最惠国待遇基础上，相互进一步开放市场，分阶段取消绝大部分货物的关税和非关税壁垒，改善服务和投资的市场准入条件，从而形成的实现贸易和投资自由化的特定区域[1]。自由贸易区

---

[1] 尤安山. 中国东盟自由贸易区建设理论·实践·前景 [M]. 上海：上海社会科学出版社，2008：26~27.

所涵盖的范围是签署自由贸易协定的所有成员的全部关税领土，而非其中的某一部分，是商品自由流动。具体说，自由贸易区就是签订有自由贸易协议的国家所组成的经济贸易集团，在成员国之间废除关税和数量限制，使区域内各成员国之间的商品可以自由流动，但各成员国间仍维持本国对非成员国的关税及贸易限制的一种国际区域经济一体化形式。

中哈自由贸易区是指中国和哈国共同组成的中哈自由贸易区，为中亚五国未来组成更大范围的中亚自由贸易区奠定基础。

二、区域经济一体化在全球的发展趋势

20世纪90年代以来，随着世界经济全球化和区域集团化的深入发展，区域经济一体化蓬勃发展。世界贸易组织（简称WTO）1995年成立时，除日本和香港以外，几乎所用WTO成员均是一个或多个区域经济组织的成员。区域经济一体化不仅有利于区域内部的国家或地区的经济发展，同时也是世界经济全球化发展的推动力。

区域经济一体化可以定义为一种状态和一个过程。经济一体化的过程包括采取种种措施消除各国经济单位之间的歧视，经济一体化的状态表现为各国间经济差别的消失[①]。也可以从生产要素配置的角度把经济一体化理解为生产要素在成员国之间的再分配，是生产配置更优的过程（维多利亚·柯森，Victoria Curson，1974）。根据生产要素的流动程度，可以把经济一体化分为六种级别递增的状态：依次是特别关税区、自由贸易区（商品自由流动）、关税同盟、共同市场、经济同盟和完全经济一体化（里查德·利普塞，Richard Lipsey，1972）。区域经济一体化是世界多边贸易自由化重要组成部分，自由贸易区是区域经济一体化的其中一种形式。现代的区域经济一体化组织是第二次世界大战以后兴起，经历了50年代和90年代的两轮发展，成为现代经济发展中的重要国际经济现象。目前，欧盟、北美自由贸

---

① Bela Balassa，The Theory of Economic Integration，Illinois：Richard D, Irwin, Inc., 1961. p. 2.

易区和亚太经合组织是世界上最具代表性的经济合作组织。早在20世纪60年代，发展中国家的区域经济一体化组织就已经产生。据世界贸易组织的统计，当今世界大约有65个各种类型的区域经济一体化组织①。

中国改革开放以后，积极参与国际区域经济一体化组织，并建立一些中国边境地区跨国经济合作项目，主要有中俄绥芬河—波格拉尼奇内贸易综合体，中哈合作中心，黑河—阿穆尔州边境经济合作区。三个边境经济合作项目是我国近年来在与周边国家区域合作中涌现出来的新生事物，毗邻边境地区，具有一定的潜在优势和合作前景、地方政府参与较多和法律制度与国际规则欠缺三个特点。

三、世界上成功的自由贸易区典范

目前，自由贸易区是一种比较基本的区域经济一体化的国际贸易合作形式。世界上值得借鉴的自由贸易区主要有北美、中国—东盟等两个自由贸易区最为典型。

（一）北美自由贸易区

北美自由贸易区的前身是美加自由贸易区，1992年墨西哥随之加入进来。1993年7月签订了建立北美自由贸易区的补充协定，决定由美国、加拿大和墨西哥三国建立北美自由贸易区。协定明确规定，从1994年1月1日起，经过十五年的过渡期，三国相互取消关税，实现商品和服务的自由流动。为防止来自第三国的转口贸易，三国详细开列原产地原则的标准。规定在多数产品中，只有全部价值62.5%的产品价值在其成员国生产时，才属于原产地产品。

北美自由贸易区的宗旨是取消贸易壁垒，创造公平的条件，增加投资机会，保护知识产权，建立执行协定和解决贸易争端的有效机制，促进三边和多边合作。它集中了自由贸易机制，在深度上不仅包

---

① 陈晓文. 区域经济一体化：贸易与环境 [M]. 北京：人民出版社，2009：18~24.

括一般商品贸易的机制问题，也包括了劳务贸易、相互投资、金融服务等领域。北美自由贸易区是发达国家与发展中国家之间组成经济一体化组织的成功范例[①]。成立十多年来，北美自由贸易区促进了地区贸易增长，增加直接投资、发达国家保持经济强势地位、发展中国家受益明显、合作范围不断扩大，对北美各国乃至世界经济都将产生重大影响。而且北美自由贸易区没有一个常设机构，只有非常设的组织机构体系，包括自由贸易委员会等多个机构。自由贸易区主要靠市场机制和经济大国凝聚力发挥作用。

（二）中国—东盟自由贸易区

中国—东盟自由贸易区是在中国与东盟10国之间构建的自由贸易区。2005年1月1日生效的《中国—东盟全面经济合作框架协议争端解决机制协议》是中国—东盟自由贸易区的法律基础，该框架协议包括16个条款，总体确定了中国—盟自由贸易区的基本架构，根据框架协议，中国—东盟自由贸易区将包括货物贸易、服务贸易、投资和经济合作等，其中货物贸易是未来自由贸易区的核心内容，争端解决机制是框架协议的重要内容。东盟的组织机构包括东盟首脑会议、东盟部长会议、东盟经济部长会议、东盟经济高官会议、东盟自由贸易区理事会和东盟秘书处应该为其提供一个较好的版本。东盟的目标是通过该区的建立深化发展同东盟国家的睦邻友好合作，推动经济一体化进程，抓住经济全球化和科技革命带来的机遇，有效应对各种风险与挑战，加强政治相互信任与支持，使中国和东盟在地区和国际事务中发挥更大作用，为维护发展中国家的正当权益而共同努力，促进亚洲和世界的和平与发展[②]。

我国已与东盟、巴基斯坦、智利、新西兰等六个国家和地区组织签署了自由贸易协定，建立起了涵盖我方和对方全部关税领土（注：我方关税领土不含香港、澳门和台湾地区）的自由贸易区。并正在同

---

① 古惠冬. 北美自由贸易区解析及其对区域经济合作的启示 [J]. 改革与战略，2001（6）：61~65.

② 张鑫炜. 东盟——中国自由贸易区前景分析 [J]. 国际经济合作，2003（6）：27~31.

海湾阿拉伯国家合作委员会、东非合作组织、印度等 12 个国家和地区组织谈判建立自由贸易区。

第二节　建立中哈自由贸易区的重要意义

建立中哈自由贸易区是上合组织的一个重要目标，合作中心仅仅是开端，不久的将来，则可能会逐步发展成跨越多国的中亚、中西亚自由贸易区。创建具有双向辐射功能的中亚自由贸易区，从全国的大局看，将有利于尽快改变我国对外开放的格局，推进我国全面进入世界经济、金融、贸易体系，构筑我国参与国际竞争的桥梁，更加积极有效地利用国际经济的互补性，加速我国经济的发展。从实施西部大开发战略和中国向西大开放战略，促进中国西部少数民族地区经济社会发展、特别是加速新疆跨越式发展看，就更具有重大的经济政治意义。

一、加强中国与周边国家之间睦邻友好关系

近年来，中亚国家作为欧亚大陆上新兴的力量，正以自身的发展和独特的地缘作用吸引着世界的目光。"上合组织"成立后，在中国、俄罗斯和中亚国家的国际事务中发挥了良好的作用，形成政治互信、国际合作、建立友好战略伙伴关系，在积极发展经贸关系、开展经济技术合作中，都发挥着建设性的积极作用。

（一）促进中国与中亚国家睦邻友好关系

一是有利于深化睦邻友好，增进政治互信。完善各领域合作机制，构筑全方位、高水平的睦邻友好和互利合作关系。二是有利于加强安全协作，维护地区稳定。不断深化安全执法合作，以有效的手段严厉打击一切危害地区和平与安全的恶势力，为本地区各国人民营造良好的生存和发展环境。三是有利于坚持互惠互利，推进务实合作。

在互利共赢的基础上，扩大相互投资，推动重大项目合作，优化商品贸易结构，支持区域多边经济合作进程，积极推行贸易投资便利化机制，提高经贸合作的整体水平。四是有利于扩大文化交流，巩固传统友谊。促进中国与中亚国家文化交流和文明对话，促进各国人民相互了解、和谐共处，解除中亚国家部分国民中存在的"中国威胁论"的疑虑。支持、鼓励双方文化、媒体、学术、旅游、社会团体等部门和各界人士增加接触、取长补短、加强合作[1]。

（二）强化中国在中亚国家中的政治地位

进入 21 世纪以来，世界开始向多极化方向发展。美国以反恐为名发动阿富汗战争和伊拉克战争，处心积虑地对独联体国家争夺与俄国的控制权，借口反恐，以经济援助为手段，千方百计在中亚国家驻军。美国近年来，除了通过国家力量直接插手和干预中亚事务，还动员国内 15 万个所谓民间组织直接或者间接参与了颜色革命，有 2 万多个所谓民间组织在独联体国家设立机构开展活动。中国通过建立中亚自由贸易区，加强与中亚国家的经济联系，形成比较紧密的经济文化关系，在这一区域就能形成经济一体化态势，促进我国和中亚国家共同繁荣和发展。有利于增强中亚国家政治上的独立自主选择权利，有利于削弱美国在中亚地区的政治经济影响，有利于中国自身的地缘政治安全。

（三）加强中亚军事领域合作

无论世界形势怎样变化，美国遏制中国发展，对中国实行军事包围的最终目标始终都不会改变。第一，是把台湾问题当作捆绑中国的一条锁链，紧紧抓住不放。第二，美国在太平洋上设立三条岛链，从军事上全面封锁中国海军的行动这既是支援亚太美军的战略后方，又是美国本土的防御前哨，对我国在太平洋方向形成"新月型包围"，牢牢控制我国的制海权，对我国海上安全和实现祖国统一构成了严重威胁。第三，美国假借阿富汗反恐，千方百计在中亚设立军事基地。

---

[1] 时殷弘. 当今中亚大国政治：出自中国视角的评估 [J]. 国际经济评论，2003 (7)：43~46.

妄图对中国形成全方位的军事战略包围。从这一国际战略格局来看，通过建立中亚自由贸易区加强中国与中亚各国的国际合作，对我国有非常重要的军事战略意义。建立中亚自由贸易区，形成中国和中亚国家的区域经济一体化，建立政治互信和睦邻友好关系，自由贸易区促进各个国家之间维护领土安全和共同繁荣发展，美国就难以在这些地区建立军事基地，常驻大量军事力量。美国的军事基地对所在国更是一个直接的军事威胁。因此，这些国家有了中国这样睦邻友好的经济政治军事合作伙伴，就会挤压美国在这一地区的军事存在，从而维护了中国和中亚国家的领土安全和军事战略安全。

（四）加强中亚国际反恐合作

解放以来新疆发生的动乱活动，每一次都有深厚的国际背景，都是国外敌对势力或"三股势力"策划支持的结果。由于民族宗教的原因，"三股势力"伪装隐藏得比较深，他们主要的生存基地就是在中西亚国家。我国同中亚国家加强合作，就可以有效遏制新疆"三股势力"的破坏活动。因此，我国倡导建立的上合组织的《元首宣言》明确指出，打击恐怖主义、分裂主义和极端主义是上合组织的主要宗旨之一。为促进反恐机构落实《打击恐怖主义、分裂主义和极端主义上海公约》，峰会期间通过的《上合组织成员国合作打击恐怖主义、分裂主义和极端主义构想》使反恐机构的活动更明确，更有针对性。上合组织成立以后，卓有成效地开展的反恐合作，建立了联合反恐机构，成员国之间每年都举行联合反恐军事演习，有力地控制了"三股势力"的活动范围，维护了成员国的安全。建立中亚自由贸易区，是为在广大范围，更深层次上实现成员国之间的反恐合作奠定经济基础，更好地维护成员国的国家安全。

二、促进西部大开发和新疆跨越式发展

（一）缩小东西部差距加速边疆经济发展

1. 改革开放以来，新疆与东部地区经济发展差距越拉越大。改革开放三十年，我国根据邓小平同志的"顾全两个大局"和"三步走"

发展战略，东部沿海地区率先改革开放，成为中国经济快速发展的主力军、领头羊。到 20 世纪末，东西部的经济发展差距已经拉开很大的距离，在城镇居民收入和农牧民纯收入方面，东西部也存在很大的差距。国家统计局监测分析显示，2007 年，从经济发展、人口素质、生活质量和农村小康的各项指标看，东部地区农村全面建设小康的实现程度为 47.6%，而西部仅为 1.3%。从结构上看，新疆与东部地区的在经济发展方面和人口素质方面，差距在 10 年以上；在生活质量方面，差距在 8 年以上。

2. 建立中哈自由贸易区有利于实现超越经济发展阶段，加速发展边疆经济。跨越式发展是社会经济发展相对落后地区在借鉴和吸收发达国家和地区成功经验基础上，通过扩大对外开放和经济技术合作与交流，实现技术和制度的模仿和创新，加快产业结构优化升级，努力提高经济运行的质量和效益，从而实现经济超常规增长，或跨越某些发展阶段，最终达到追赶发达国家和地区社会经济水平的一种发展模式。实现跨越式发展，是西部边疆地区落实科学发展观，积极促进全国区域协调发展，与全国同步实现全面建设小康社会宏伟目标的必然选择。

坚持扩大向西开放，把创办中哈自由贸易区作为新疆实现跨越式发展的主要外部动力和首选目标。新疆可以在重点领域瞄准国际技术先进水平，通过技术引进、消化、吸收和技术创新，改变技术落后局面；加大对外开放力度，通过吸收外商直接投资，获取先进技术、管理经验和资金，尤其是要充分发挥向西开放的地缘优势和民族优势，变边缘为中心；积极学习国外和国内先进的制度，完善市场经济体制，在改革方面也可以为天下先。不断探索和创新区域可持续发展创新模式，推进产业结构战略性调整。新疆实现跨越式发展，要坚持把培育壮大特色优势产业作为实现跨越式发展的重要途径；坚持把提高自主创新能力作为实现跨越式发展的中心环节；坚持把培育大企业集团作为实现跨越式发展的微观基础；坚持把提高城乡居民生活水平作为实现跨越式发展的根本任务。

(二) 利用外力实现西部大开发的重要目标

1. 中央制定了扩大对外开放、支持西部大开发的政策。国务院《关于实施西部大开发若干政策措施》中即提出了扩大对外开放的具体要求。

(1) 进一步扩大外商投资领域。鼓励外商投资西部地区的农业、水利、生态、交通、能源、市政、环保、矿产、旅游等基础设施建设和资源开发，以及建立技术研究开发中心。扩大西部地区服务贸易领域对外开放，将外商对银行、商业零售企业、外贸企业投资的试点扩大到直辖市、省会和自治区首府城市，允许西部地区外资银行逐步经营人民币业务，允许外商在西部地区依照有关规定投资电信、保险、旅游业，兴办中外合资会计师事务所、律师事务所、工程设计公司、铁路和公路货运企业、市政公用企业和其他已承诺开放领域的企业。一些领域的对外开放，允许在西部地区先行试点。

(2) 进一步拓宽利用外资渠道。在西部地区进行以 BOT 方式利用外资的试点，允许外商投资项目开展包括人民币在内的项目融资。支持符合条件的西部地区外商投资企业在境内外股票市场上市。支持西部地区属于国家鼓励和允许类产业的企业通过转让经营权、出让股权、兼并重组等方式吸引外商投资。积极探索以中外合资产业基金、风险投资基金方式引入外资。鼓励在华外商合资企业到西部地区再投资，其再投资项目外资比例超过 25% 的，享受外商投资企业待遇。对外商投资西部地区基础设施和优势产业项目，适当放宽外商投资的股比限制，适当放宽国内银行提供固定资产投资人民币贷款的比例。

(3) 大力发展对外经济贸易。进一步扩大西部地区生产企业对外贸易经营自主权，鼓励发展优势产品出口、对外工程承包和劳务合作、到境外特别是周边国家投资办厂，放宽人员出入境限制。对西部地区经济发展急需的技术设备，在进口管理上给予适当照顾。对从西部地区重要旅游城市入境的海外旅游者，根据条件实行落地签证和其他便利入境签证政策。实行更加优惠的边境贸易政策，在出口退税、进出口商品经营范围、进出口商品配额、许可证管理、人员往来等方面，放宽限制，推动我国西部地区同毗邻国家地区相互开放市场，促进与周边国家区域经济技术合作健康发展。

2. 通过建立中哈自由贸易区加快推进西部大开发。为适应西部大开发战略对外开放新形势的要求，进一步实施"引进来"和"走出去"的对外开放战略，开拓中西亚市场，开创利用外资工作的新局面，我国在2003年就开始建立中西亚自由贸易区的倡议和研究，构想建立一个全方位、开放型的贸易发展体系，积极参与国际分工，实现国内贸易与国际贸易的接轨，按照国际惯例分三步创建中哈自由贸易区、中亚自由贸易区和中西亚自由贸易区。建立上述自由贸易区对实施西部大开发战略意义重大，可以为西部企业开拓中西亚乃至欧洲市场提供了巨大的商机，为西部的引资和发展注入活力。西部地区特别是西北与中西亚各国的联系较为紧密。对新疆而言，中亚国家是其主要进出口市场。创建中亚自由贸易区是中国西部利用国外资金、了解国际惯例用以发展中国经济开发区的需要；是既要"引进来"又要"走出去"，实行两条腿走路的需要；是把中国—中亚经济圈打造成世界性或区域性的国际贸易中心的需要；是我国西部地区积极参与国际资本与国际贸易大循环的需要。建立中亚自由贸易区有利于我国西部地区同中亚国家商品贸易和资本往来的密切化；有利于冲破输出商品的贸易壁垒，扩大世界范围的市场信息，建立商业信息网络；有利于提高中国西部国际贸易管理水平；有利于尽快改变我国对外开放"东大西小，东重西轻"的格局，推进我国全面进入世界经济、金融、贸易体系，构筑我国参与国际竞争的桥梁，更加积极有效地利用国际经济的互补性，促进西部大开发战略的顺利实施，加速我国西部经济的跨越式发展。

（三）促进新疆经济跨越式发展

中国新疆是中亚国家的传统贸易伙伴。新疆与中亚诸国贸易发展，存在着以新疆为重点的国家西部大开发战略全面推进和实施、上合组织框架下贸易与投资便利的区域经济合作，中哈霍尔果斯国际边境合作中心的建成运营，中亚国家经济的持续稳定快速增长，中亚各国积极加入世贸组织，中亚各国市场更加开放等诸多有利因素。十多年来，新疆对中亚国家的经济贸易呈现以下突出特点：一是新疆对中亚国家的贸易依存度很高，不同的年份都维持在 70%～90%；二是新疆对中亚国家的贸易增长速度快，几乎每年都以 30% 以上的速度递增，一些年份成倍增长；三是新疆和中亚国家的经济技术合作领域广阔，农业合作、文化合作到生态环境保护合作等，许多领域都有开展合作的必要性和可行性。

因此，对处于我国向西开放最前沿的新疆来说，抓住建立中亚自由贸易区的发展机遇，趋利避害，大力发展与中亚各国的地边贸易和经济合作，在更大范围、更广领域和更高层次上参与该地区经济技术合作与竞争，尽快形成比其他地区和周边国家明显的竞争优势，谋求与周边国家建立高层次的、长远的经贸合作关系，是新疆经济跨越式发展的契机，是撬动新疆经济腾飞的有力杠杆。要进一步扩大新疆对中亚国家的国际贸易和深化双边的经济技术合作，各方不制定最惠国优惠政策就难以解决根本问题和长远问题，要解决中国与中亚各国经贸合作根本问题和长远问题，就是要走建立中亚自由贸易区的道路。新疆与中亚国家有尽快建立中亚自由贸易区的先天条件和后天优势，因此，通过中哈霍尔果斯国际边境合作中心的示范作用和开发区（含哈方的开发区），加强与中亚国家联合开展经济贸易问题和经济技术合作研究。逐步将合作中心区发展到中哈自由贸易区，不仅有利于促进和贯彻"外引内联、东进西出"战略，保持新疆外经外贸持续、稳定、健康发展；而且对于国家对外开放整体战略、能源战略和政局稳定都具有重要的战略意义和现实意义。

第三节　创建中哈自由贸易区的前景分析

2004 年 4 月国家主席胡锦涛在博鳌亚洲论坛年会开幕式上的讲话中，提出建立亚洲自由贸易区的伟大构想。亚洲自由贸易区的构想为亚洲各国尤其是西亚与东亚建立了一个新的经济合作平台。中亚是一个新兴的市场,也是一个最具活力的世界经济新的增长点,又是亚洲的中心区域,构成亚洲经济圈的中心位置。因此,以中哈、中亚自由贸易区为起点,打造亚洲自由贸易区,其发展前景非常宽广。

一、中亚市场前景广阔

(一) 中亚市场的宏观评估

从发展前景看,中亚五国国土面积400多万平方公里,人口6200万,如果加上上合组织其他成员国的面积和人口,这一区域的国土面积和人口都将占到全球陆地面积和总人口的四分之一强。在这一区域内,中国的经济保持了连续30多年的高速增长,并将继续保持持续稳定的增长态势。独联体国家经济自2000年开始焕发活力,持续高速增长。以哈国为例,2000年以来国民经济每年都以平均近9%左右的速度递增,2007年GDP增长率达到8.9%,人均国民生产总值6314美元。中亚地区已成为21世纪全世界经济最具活力的地区。根据上世纪以来中亚地区的人口发展趋势,预计2030年前后这一地区的总人口可能达到1亿人,2060年前后可能达到1.5亿人。最近几年,中亚各国经济进一步发展,经济增长速度均在7%~11%,被联合国欧洲经济委员会列为"世界经济发展最快的地区"之一,消费规模和水平将达到或超过独立前的水平。

(二) 中亚市场的双向延伸

20世纪90年代以来,随着亚欧第二大陆桥的全线贯通和乌鲁木齐—新西伯利亚—莫斯科、乌鲁木齐—伊斯兰堡、乌鲁木齐—第比利斯等航线的开通,中亚市场的范围正在不断扩大。中亚市场可沿着亚欧第二大陆桥向西延伸,扩大到俄罗斯、乌克兰、白俄罗斯、波兰、德国及其他欧洲国家。与中亚国家隔里海相望的阿塞拜疆、格鲁吉亚、亚美尼亚等也已经成为中亚市场西延的范围,乌鲁木齐到巴库和第比利斯等城市的旅游购物包机已经往返了数百架次。中亚市场的向东延伸,除了我国东、中部的商品经新疆进入中亚市场外,内地不少企业还在中亚地区开商店和办工厂,直接参与中亚市场的开发。中亚市场的东西双向延伸是亚欧大陆桥沿线国家加快发展的需要，也是经济全球化国际市场自然发展的过程。

（三）中亚市场环境不断改善

近几年，随着中亚各国经济的恢复和居民收入的提高，外国商品大量进口以及各国都加强了对市场的管理，中亚地区的市场环境已大为改善。10 年前曾出现过的无序和混乱状态已开始消除，人们已经从"抢购中国商品"开始变为"选购优质商品"，假冒伪劣商品已无藏身之地。经过整顿，各国海关工作人员的工作作风有了一定的转变，随意设卡，乱罚款、乱收费的现象大为减少。中亚各国相继降低了进口税率，许多国际惯例逐渐被中亚国家和越来越多的企业认可，市场行为也在进一步规范。

（四）中亚市场竞争激烈

中亚地区油气资源和其他矿产资源非常丰富。各国都宣布并实施了对外开放政策，引起国际社会的极大关注。1992 年 5 月，美国雪佛龙公司第一个进入哈国的石油市场。短短四五年时间，就有 20 多个国家的 50 多家石油公司在中亚各国进行油气勘探、开发等业务。目前中亚各国的各类外资企业（包括合资、独资等各种形式）有 15 万多家，其中仅在哈国正式注册的就有 9700 多家。中亚市场已经是名副其实的万商云集，市场竞争日趋激烈。从目前的竞争态势来看，俄罗斯和中国在地缘、人文环境等方面略占优势，而美、日、德、法、英、意等则在资金、技术、人才等方面占绝对优势。只要国内企业能抓住机遇，处置得当，可以取得局部的优势和攻势。鉴于中亚市场的广阔的发展前景和上合组织成员国政治互信、经济贸易互相互补依存的关系，上合组织把中亚地区经贸合作领域的终极目标确定为建立中亚自由贸易区。

二、综合发展前景广阔

"丝绸之路"是公元前 2 世纪以后的 1500 年间，从中国出发联系欧、亚、非三大洲唯一的陆上传统国际商道，是中国和中亚经济贸易联系的历史国际大通道。目前，中国和中亚国家的睦邻友好关系发展，有望振兴这条古"丝绸之路"，并适应现代经济发展的需要，打造成一条多层次、多渠道、全方位横贯欧亚大陆的国际大通道。让这条东起太平洋沿岸的连云港、日照、天津、上海等中国港口城市，经过东西向的铁路干线、高速公路干线、管道网线和空中大通道西行穿越新疆、中亚地区，连接欧洲，抵达荷兰的鹿特丹、比利时的安特卫普等欧洲口岸。中亚国家是这条欧亚大动脉的枢纽。建立中亚自由贸易区对于打通中国与欧洲陆路连接的国际商道具有非常重要的意义。从连云港出发经由中亚直至荷兰的阿姆斯特丹港口，走欧亚大陆桥铁路运输只需要 12 天的时间，这比走海运要快 44 天。

建立中亚自由贸易区，不仅能够实现双边在经济上的互利互惠，取得双赢的效果；能够解决我国石油天然气能源安全战略问题；使中国开拓更大的国际市场空间；能够通过经济技术合作，推进西部大开发战略，促进我国西部少数民族欠发达地区的经济社会发展，在从经济发展上获得一系列好处，且在国际文化交流和生态保护国际合作等方面也具有广阔前景。

（一）加强我国与中亚国家的文化交流与合作

新疆与中亚各国在民族、信仰和文化上有着紧密的联系，中亚国家看待中国的目光，有很大一部分是通过新疆完成的。新疆与中亚国家在宗教、文化上的关系更为密切。新疆有 9 个跨境民族，其中，哈萨克族、乌孜别克族、柯尔克孜族、塔吉克族都分别为中亚 4 个国家的主体民族，他们在语言文化、生活习惯和宗教信仰上都十分接近。中国新疆与中亚国家有着亲近的地缘关系，在文化上具有接近性，使新疆与中亚各国的交往非常密切，为双方提供了相互借鉴和学习的环境和机会。文化交流与合作要肩负传承与弘扬中华文化和介绍外来文化的责任，这就要求新疆各级政府和党政干部必须具有更广阔的世界眼光，更开阔的胸怀，不断增强自身的国际意识，进行国际化的思考，才可能做到准确的具有深度的国际新闻报道，发挥传媒传统文化的桥梁作用，促进多国文化之间的相互融合。

近年来，我们在文化交流方面已经作出了有益的尝试，取得了一定的成绩。例如 2004 年我们在哈国第一大城市阿拉木图举行新疆文化周，演唱会场场爆满；描写中国哈萨克族现代生活的影片《美丽家园》在哈国放映发行，赢得了当地观众的好评。武侠大戏《七剑下天山》主题歌就是由哈国总统纳扎尔巴耶夫谱写的。2004 年开始，中国新疆广播电影电视局与吉国国家广播电视总公司签约广播项目合作协议，中国新疆人民广播电台柯尔克孜语广播《中国之声》节目在吉国国家广播频道中落地播出，这标志着中国新疆对中亚的广播电视文化交流取得新进展。这种国际文化交流合作可以互相增进中国和中亚国家人民的互相了沟通、了解和信任。建立和依托中亚自由贸易区，可以成为大力开展各种文化交流活动，积极举办各类丝绸之路文化节、风情节、旅游节等大型国内外大型会展和文化交流活动，推动并构建中国—中亚区域文化交流的平台。依托区域性的国际合作组织，开办论坛等专业文化交流活动，形成文化搭桥经贸唱戏，互为动力的良好效果。

（二）加强中国—中亚区域的生态环境保护与合作

中亚国家和中国西北领土相连，生态环境类似。中亚生态环境问题与中国西部地区有很大的相似性与相关度，相同的问题双方均程度不同地存在，有的问题在中国更严重。中国新疆应加强与中亚国家在生态环境领域内的合作，为双方的社会发展和进步作出贡献。

我国西部特别是中国新疆和中亚国家面临最大的生态环境问题是水资源污染和短缺问题。这一区域地处欧亚大陆腹地，区内气候干燥，地貌形态以沙漠和草原为主，其中沙漠面积超过 200 万平方公里，占总面积的 1/4 以上，是一个水资源严重不足的地区。由于多年来对水资源过度开发而未实行有效的保护，出现了非常严重的危机。主要表现在：湖泊面积缩小或消失，河流水量减少，河流缩短或消失，水质下降；地下水位下降，水质变坏；盐碱化土地面积增加；沙漠扩大，绿洲缩小；沙尘暴频度上升；自然植被面积减少，植被类型退化。近几十年来这一区域生态环境有恶化的趋势，沙漠化又迅速发展。沙漠研究和治理受到国际社会的高度重视，特别是在新疆、哈国、乌国和土国等地，沙漠化带来的生态环境问题更加突出。新疆和中亚地区的一些沙漠化地区，水质恶化和土壤污染已直接威胁人类生存。

中国新疆和中亚国家生态环境的另一个主要问题是伊犁河、额尔齐斯河跨国河流水资源分配和流域生态环境保护问题。国际河流水资源的生态安全，水污染的治理和水资源的合理分配，必须在国家利益和区域目标间加以协调并达成共识，否则，最终的结果只能是区域内所有国家的根本利益遭受损失。新疆和中亚国家生态环境问题的核心是如何科学保护和合理利用水资源。生态环境保护问题已经引起中亚国家的高度重视，并把它提高到国家安全的层面。各国都在水资源、土地利用、自然保护区的设立、大气保护、动植物资源的保护等一系列生态和环境保护领域制定了法律，为生态环境的保护奠定了法律基础。同时，建立了环境监测系统，对环境变化实施全面监控。对于上面所介绍的一些环境生态问题严重的地区，中亚各国也在一些国家或国际组织的参与和帮助下制订治理计划，使危机的发展有所减缓。

生态环境的恶化不仅严重影响了人类的生产和生活，同时也威胁着大自然中的其他物种的生存环境。在一些地方，生物多样性已经受到严重威胁。如哈国的濒危动物物种几乎达到该国原有物种数量的一半，生态环境问题已十分严重。生态环境问题直接使居民生活质量下降，严重的还威胁到人们的生存，同时扩大了区域间的差异。同时还给国民经济发展造成很大负担，甚至带来不安定因素。但是治理生态环境不是哪一个国家和地区的责任和义务，任何一个国家也没有能力独立进行生态环境治理与保护。必须是同一区域的各个国家达成共识，协商一致，携手联合行动，才能完成保护生态环境的艰巨任务。建立中亚自由贸易区，实现中亚区域经济一体化，各国就能在自由贸易区的框架内、平台上共商这一区域内的生态环境保护与治理大计，把我国西部大开发战略的最终目标"努力建成一个山川秀美、经济繁荣、社会进步、民族团结、人民富裕的新西部"，放大到中亚区域，实现中亚区域的生态良好、山川秀美、经济繁荣、社会进步、民族团结、人民富裕的中亚地区。

第四节　提升合作中心为中哈自由贸易区的法律政策依据及框架设置

随着哈国经济的逐渐复苏，中哈两国强烈希望加深经贸与投资领域的合作。霍尔果斯因其特殊的区位优势，成为建设中哈霍尔果斯国际边境合作中心的切入点。合作中心的创立与建设深受中哈两国领导人的高度重视。中心建成启动后，其现行有效地法律制度如何，法律制度建设将来的发展前途如何，已成为影响和制约中心功能发挥的重要因素。

一、合作中心成立和运行的法律依据

在中哈边境建立贸易投资合作区的最初构想始于 1992 年。从开始到现在始终凝结着两国领导人的关心。他们在互访期间先后签署的多项国际条约对合作中心的建设起着至关重要的作用；合作中心在成立和运行过程中有多项国际法律起了推动性的作用，主要包括以下国际法律、法规。

（一）中国和哈国睦邻友好合作条约

2002 年 12 月 23 日签订的该项《友好合作条约》，以 1991 年 12 月 22 日的《中国政府和哈国政府经济贸易协定》和 1992 年 8 月 10 日的《中国政府和哈国政府关于鼓励和相互保护投资协定》为基础。该条约规定缔约双方将在平等互利的基础上，在经贸、科技、交通、财经、航空航天、信息通信技术及其他双方感兴趣的领域内开展合作。缔约双方一致同意在中亚地区保持和平、稳定和发展，加强双边和地区经济合作，不仅符合所有国家人民的共同意愿和根本利益，而且对维护亚洲乃至全世界的和平具有重要意义。该条约的签订为合作中心的建立奠定了初步的基础。

(二) 上合组织成员国多边经贸合作纲要

2003年9月签署的该项《纲要》，旨在长期实施业已商定的一揽子举措，支持和鼓励上合组织成员国经贸合作，发展互利经济联系，使各国经济重点领域生产和投资合作取得进展，增加相互贸易额，以提高居民生活水平。合作中心是上合组织加强经贸合作的一个重要支点。"它是一个在上合组织框架下的国家间经贸合作的先行先试区域"。"中心的建设是对上合组织阿斯塔纳峰会有关协议的具体落实。"

(三) 中国和哈国2003年至2008年合作纲要

2003年6月4日，中哈签署该项《纲要》，奠定了两国开展全方位长期合作的国际法律基础。为两国在经贸领域的发展指明了进一步发展的方向，也为2004年9月24日两国政府签署了《关于建立中哈霍尔果斯国际边境合作中心的框架协议》，打下了坚实的基础。

(四) 关于建立中哈霍尔果斯国际边境合作中心的框架协议

2004年9月24日，中哈两国签署该项《框架协议》。主要内容包括在中哈霍尔果斯边境，双方各拿出一块土地，建立中哈国际边境合作中心，该中心实行封闭式管理，享受两国共同确认的若干优惠政策，形成特区的发展优势，以此带领两国边境经济的发展，促成边境自由贸易区的建立，从而辐射带动新欧亚大陆桥经贸的整体运营。《框架协议》的签订，带动了合作中心工作的进程。

(五) 中国和哈国关于建立和发展战略伙伴关系的联合声明

2005年7月4日，中哈两国签署该项《联合声明》双方一致认为，经济、贸易、能源、交通、金融等领域的合作是双边关系的重要发展方向，双方将为进一步深化和发展上述合作创造一切有利条件。双方进一步明确，加快落实合作中心的建设并尽快投入运行。该《联合声明》进一步推动了中心的建设。

(六) 中国和哈国21世纪合作战略

2006年12月20日中哈两国签署该项《21世纪合作战略》。两国元首声明将进一步发展和深化中哈21世纪的战略伙伴关系。双方将促进边贸发展，支持扩大和深化两国边境和内陆地区的直接经济联系，提高合作中心作为吸引本地区国家开展经贸活动和发展加工工业中心的作用；两国元首以国际法的形式再次强调中心的功能作用。

二、合作中心法律框架体系及其不足

(一) 合作中心法律框架体系

中国商务部和哈国工贸部以上合组织为依托，以中哈《框架协议》为基础，签订了《中国政府和哈国政府关于霍尔果斯国际边境合作中心活动管理的协定》（以下简称《协定》）。该《协定》是目前合作中心开展合作的"宪法性"文件，对商品、自然人（人员）、保障安全和维护社会秩序的机关（治安管理部门或授权机构）、经营主体进行了概念界定，明确了合作中心的活动主体和主体活动的法律依据以及主体活动的客体范畴，为中心建设和运行设计了初步的法律框架体系。

1. 合作中心的功能与法律地位。根据协定，合作中心的基本功能是贸易洽谈、商品展示和销售、仓储运输、宾馆饭店、商业服务设施、金融服务、举办各类区域性国际经贸洽谈会。为配合合作中心的设立，2006年3月17日，我国政府下发了《国务院关于中国—哈国国际边境合作中心有关问题的批复》（国函〔2006〕15号文），对中心中方区域和配套区功能定位、优惠政策、开发建设做出明确批复。

国际或国内法律给予某个组织或个人的地位问题就是法律地位问题。从成立的主体分析，合作中心是中哈两个国家根据现行有效的国际法——《框架协议》为基础成立的。《协定》商定，合作中心由中方和哈方组成的，位于中哈两国国界线两侧的毗邻接壤区域，紧邻"霍尔果斯（中）—霍尔果斯（哈）"边境口岸。中心总面积为4.63平方公里，其中中方部分面积为3.43平方公里，哈方部分面积为1.2平方公里。中心中方部分和哈方部分位于距边界线不少于十米的距离，并由跨越两国国界的专门通道连接。合作中心实行封闭式管理，各方对其采取有效封闭措施，按照"境内关外"的模式进行管理。

合作中心定位为"经贸和投资合作中心"，双方的管辖范围以两国边境河为界一分为二，中方部分受中国司法管辖，哈方部分受哈国司法管辖。中方部分授权管理机构为中国新疆维吾尔自治区人民政府，哈方部分授权管理机构为哈国工业和贸易部，双方授权管理机构依据各方本国现行法律实施管理。中心的中方部分的直接管理权由伊犁哈萨克自治州的派出机构霍尔果斯口岸管委会行使，在与对方的经济交往中以中国新疆维吾尔自治区人民政府的名义做出决定。中心是世界第一个跨国边境合作项目，应该说这种形式也是一种以贸易为主的对外交往方式，是中哈两国经济合作首创的边境经济合作的一个合作中心，也是国际上国与国边境经贸合作的第一个范例。

2. 中心的税收与投资制度。根据《协定》，中心区域内的税收将根据两国本国法律和 2001 年 9 月 12 日签订的《中国政府与哈国政府间关于对所得避免双重征税和防止偷漏税的协定》办理（简称《税收协定》）。这样，中心内的税收法律制度实际包括国内税收法律体系和国际税收条约法律体系两部分。按照各自管辖原则，中哈界河两边各自的国土部分受本国税收法律体系的管辖，不与对方产生管辖纠纷，属于国内税收法律体系。国际税收法律体系主要解决的是双重征税问题，以中哈两国的《税收协定》为主体框架，界定了"人"的范围和"税种"范围。

根据协定，合作中心中方部分区域内适用中国法律规定的投资优惠，中心哈方部分区域内将根据哈国的法律提供投资优惠。中方部分的投资优惠政策，到目前为止已经具有了国家、自治区、自治州、管委会四级优惠法律投资体系，为吸引国内外投资奠定投资法律框架体系。

3. 合作中心的日常管理法律制度。由于合作中心采取"境内关外"的管理模式，实际上存在外部进入中心和中心内部中哈双方相互进入各自管理区域的法律管理问题。所以，合作中心的管理原则以各自国家关于口岸限定区域和入出境管理的本国法律为基础。中心中方部分和哈方部分参照口岸限定区域管理，人员、交通运输工具及货物（商品）进出中心部分参照入出境法律管理。

双方在合作中心中方部分和哈方部分各自设立一个供人员、货物

（商品）和交通运输工具入出的检查通道（站点），各方将根据各自国家本国法律在此设立边检、海关、卫生检疫、动植物检疫和其他检查机构。货物（商品）进出中心，须遵守本国法律法规和国际公约的相关规定。中国和哈国公民、在双方国家境内合法逗留的第三国公民及无国籍人员凭双方主管部门协商认可的有效证件免办签证在 30 天的期限内入出合作中心。

中方设立霍尔果斯边防检查站，哈方设立霍尔果斯检查单独站点，负责对入出合作中心的人员、交通运输工具进行检查和登记。双方在各自一侧入口处记录相关信息，以商定的方式建立入出合作中心人员和交通运输工具信息共享的统一数据库。中方交通运输工具凭中国边检部门颁发的有效机读卡入出中心。进入合作中心的人员在丢失或损毁身份证件的情况下，应向其进入一方国家主管部门或授权机构求助，该方根据需要与另一方国家主管部门或授权机构配合，及时确认其身份和合法进入中心的事实。

合作中心对于日常劳动用工管理问题，采取属地管辖或协商原则，一方国家公民在中心本方区域内的劳动活动按照本国的法律法规办理。一方国家公民在合作中心对方国家区域内的劳动活动应按照对方国家的法律法规及双边政府间相关协议的规定办理。

4. 合作中心安全运营的法律保障。合作中心的社会治安实行属地管辖原则，双方在合作中心各自一侧区域设立治安管理部门或授权机构，中方为霍尔果斯口岸公安边防派出所，哈方为安全保障、维护社会秩序和边防地区分队。合作中心区域内的治安管理部门或授权机构职能，依据本国现行法律及有关国际条约、中哈协议的规定，维护中心区域内安全和法律秩序，防范和打击各类违法犯罪活动。进入合作中心区域的人员，应根据所在一方国家法律到治安管理部门或授权机构进行登记注册。合作中心区域内发生的违法和犯罪，实行犯罪发生地原则，由发生地主管部门依据本国法律进行司法管辖。当然也可以根据双方协商，按商定程序将其移交对方主管部门管辖。双方主管部门应协作配合，交换有关情报信息。在处理中心区域内的违法犯罪案件时，相互提供必要的力所能及的协助，包括提供信息、证据、协助调查、抓捕罪犯等。

为实施有效监管，双方沿合作中心区域四周设立专用隔离设施，安装监控系统和照明设备。由中方治安管理部门和哈方授权机构负责中心各自一侧的监管、巡视。为保障中心区域安全和法律秩序，中方治安管理部门与哈方授权机构将签署必要协议并建立会晤和联系制度。在一方区域内发生紧急情况时，另一方根据请求提供必要协助。中方治安管理部门与哈方授权机构为应对合作中心区域内可能发生的紧急情况进行联合演练，以期达到最有效地治安效果。

5. 合作中心的海关监管法律制度。海关监管以属地管辖为原则，双方国家的海关机构根据各方本国的法律和规定对进出中心区域的货物（商品）、交通运输工具、自然人、携带的物品（手提行李）实行海关监管，在合作中心入出口处对其办理海关手续。双方国家的海关机构根据本国的法律法规，每月交换各自进出中心区域的交通运输工具和所载货物（商品）的海关统计信息及其权限范围内的其他必要信息。违反海关法律的人员根据违法行为发生地一方国家的国内法律承担责任。

6. 合作中心的金融法律制度。合作中心的金融法律主要以外汇和银行法律为主，中心中方部分和哈方部分区域内根据各方本国法律进行外汇监管。中心区域内的货物（商品）及服务贸易项下的资金支付和转移，遵循经常项目可自由兑换的原则办理，经常项目根据各方本国法律予以确定。自然人携带现金入出合作中心区域中方部分或哈方部分应符合中国法律或哈国法律的规定。在中心中方部分和哈方部分区域内设立的银行或其他机构根据各方本国法律提供现钞兑换服务。在合作中心中方部分设立银行或其分支机构及从事业务按照中国法律规定的方式进行调控和监管。在合作中心哈方部分设立银行或其分支机构及从事活动按照哈国法律规定的方式进行调控和监管。

7. 合作中心的纠纷解决体制。合作中心是建立在双方合作的基础之上的经贸合作组织，存在纠纷和贸易摩擦是在所难免的。合作中心区域内经营主体可从事双方国家法律均不禁止的活动，如就与中心区域内从事活动有关的问题出现分歧，双方将进行相互磋商，进行解决。对于中心的税收与投资问题、日常管理、安全运营、海关监管、金融法律、动植物安检等问题，双方管理机构间应建立经常和有效的工作会晤和协调机制。合作中心区域内的交通运输由中哈双方共同确定的交通运输工具承担。双方边检部门之间的工作联系通过会谈会晤渠道进行。

（二）合作中心法律框架体系的不足

鉴于上述合作中心的现行法律制度，在现有的基础上能有多大的发展，人们并不敢寄予太多的厚望。如果期望中心能够提升为自由贸易区，在法律框架体系的层面上中心至少存在三大不足。

1. 中心法律地位的界定不明确。虽然协定将中心定位为中哈两国"经贸和投资合作中心"，明确双方的司法管辖范围，确立双方的管理机构，按照"境内关外"的模式进行管理。中心的法律地位看似明确，但却无法与现行有效的国际经济合作模式接轨。通过下述分析可以看出这种法律地位的界定是很值得人们深思的。

（1）中心的非国际性自由贸易区属性。首先表现在它缺乏成员国之间自愿签订的自由贸易协定作为合作的国际法律依据。其次表现在它没有相对独立的组织管理机构。中心从国际范围来看，最多只能算作是中哈两国进行边境经贸合作的一种特别形式。

（2）中心的国内自由贸易区属性。首先，中心以界河一分为二，分别属于中、哈两国根据本国自己的法律进行管理，表面一体的中心，实质上是分别属于中、哈两国各自的国内自由贸易区；表面上的中、哈合作，实质上的一国主权主导。其次，世界上所有的国内自由贸易区均设有严格的区域边界封闭隔离措施，这成为国际国内两种贸易区在外观上的一种形式区别。再次，中心的优惠制度不是中、哈双方谈判的结果，而是各自国家根据各自国家的法律进行主权"主动"减让的结果。中心的优惠政策，虽然能够覆盖进入中心的所有投资者，但中、哈两国的优惠政策仅在各自的辖区内适用，从而形成国内自由贸易区的优惠特征。最后，商品或服务进入中心，站在各国的立场看，都是出境的标志，从而形成中心区域内商品的"关外"流动模式看，这与取消贸易壁垒的商品跨国境流动，有着本质的区别。中心整体上成为中、哈两国国内自由贸易区的对接与联合，实质上仍然只有国内自由贸易区的法律性质。

（3）中心具有一定的国际创新属性。首先，国内自由贸易区是一国政府在国内法律的框架下进行的完全主权管辖，国际自由贸易区是成员国政府在自由贸易协定框架下进行的主权让渡性管辖。中心虽然在实质上是一国政府的完全主权管辖，但以《协定》为基础的国际法律，却使中、哈两国取得对中心进行合作共管的法律性质。其次，国内自由贸易区融合了国际自由贸易区的运作因素，如果将两区域划定在一起，便使得该区域具有国际法的地位。"境内关外"的商品流动模式，使得区域成为国际自由贸易区的缩小模型，假设将区域的范围扩大到两国的全部国土，中心将成为典型的中哈两国的国际性自由贸易区。

2. 合作力度不到位，中哈之间至今没有自由贸易协定。自由贸易协定是指两个或两个以上的国家（包括独立关税地区）根据 WTO 相关规则，为实现相互之间的贸易自由化所进行的地区性贸易安排。只有由自由贸易协定的缔约方所形成的区域才能称为自由贸易区。自由贸易协定一般要涉及货物贸易、原产地规则及操作程序、海关程序与合作、贸易救济、技术性贸易壁垒、争端解决机制等重要内容。由于哈国至今不是 WTO 的成员国，导致中哈建立中心时将该项目更名为中哈霍尔果斯国际边境合作中心。WTO 成员国身份是签订自由贸易协定的必要条件吗？如果答案是肯定的，要将中心提升为中哈自由贸易区，就必须等到哈国参加 WTO 之后才能完成；如果答案是否定的，中哈没有签订自由贸易协定，只是说明中哈合作的力度还不到位，有待进一步加强两国之间的经贸合作。

3. 争端纠纷解决机制不健全。中心的争端纠纷解决机制主要是以相互磋商、工作会晤和协调机制为主，不能充分发挥中心的功能作用，进一步把中心发展为符合中国长远国家战略考虑的自由贸易区，构建完善的争端解决机制是必不可少的。首先，中心争端解决机制可以保障中心在组织化、法治化的法律制度中进行，以实现中哈经贸合作的目标，有助于保障中哈自由贸易协定的顺利实施，为中心营造一个良好的法律秩序，从而使中心得以顺利地开展和实现。其次，中心争端解决机制有助于高效、公正的解决合作中心的争端。中哈之间经济在许多方面具有同构性，这种经济同构性导致同类优势产品的竞争激烈，必然会引发双方贸易之间的争端。可以假设，如果一个完善的争端解决机制的形成，争端各方就可以将这些贸易争端置于法律的框架内得到解决，能够有效避免争端事态的扩大和激化。再次，中心争端解决机制有助于解决国家间因政治、民族和意识形态等因素产生的争端。最后，世界贸易组织（简称 WTO）的争端处理机制目前还不能适用于不是 WTO 成员国的哈国。如果中、哈之间发生贸易争端，就不能适用 WTO 争端解决机制解决。因而，为解决中心内成员国之间争端，有必要建立一个属于两国自己的争端处理机制①。

三、为建设中哈自由贸易区创设良好的法律框架体系

中哈霍尔果斯国际边境合作中心的发展，仅是中哈两国经贸领域加强合作的第一步，中心的功能是贸易洽谈、商品展示和销售、仓储运输、宾馆饭店、商业服务设施、金融服务、举办各类区域性国际经贸洽谈会，确切地说它只是中哈两国进行经贸合作的一个"茶楼"，并没有涉及两国贸易投资优惠与合作等实质性问题，与我们所期望的区域经济合作的任何一种形式都相差甚远。如果要进一步加强两国之间的经贸合作，必须将中心的合作地位进行提升。鉴于自由贸易区的功能特殊性，远比关税同盟、共同市场和经济同盟等区域经济合作形式更容易实现，也远比优惠贸易安排更深一步。因此，将中心提升为自由贸易区是中哈两国进行区域经济合作的最佳选择。为了能更好地建设中哈自由贸易区，对其法律框架体系进行前瞻性设计，让法律设计走在经济合作的前列，将更进一步深化两国之间的合作。

（一）设计中哈自由贸易区的法律框架体系的原则

设计中哈自由贸易区（不排除将来自由贸易区扩大到南部的吉国、塔国和乌国等国家。因此，本文中所提及的自由贸易区的成员

---

① 刘国胜. 中哈霍尔果斯国际边境合作中心争端解决机制的法律制度设计 [J]. 新疆职业大学学报，2008（5）：76~80.

国，不单指中哈两国，体系也预设其他国家的参与）的法律框架体系，必须坚持如下几个原则。

1. 坚持中哈两国互惠互利的原则。互惠互利原则，又称对等原则。自由贸易区要求成员之间相互给予对方贸易上的优惠待遇，强调权利与义务的综合平衡。在自由贸易区的实践中，只有遵循平等、互惠互利的减让安排，才能在成员间达成协议，维护成员方之间的利益平衡，谋求全球贸易自由化。

2. 坚持在上合组织法律框架下进行的原则。上合组织的宗旨是加强成员国之间的相互信任与睦邻友好，发展成员国在经济、能源、交通等领域的有效合作。中哈自由贸易区在上合组织的法律框架下进行，对内遵循"互信、互利、平等、协商、尊重文明多样性、谋求共同发展"的"上海精神"，完全符合两国政治、经济和文化的需要。

3. 坚持在WTO法律框架下进行的原则。自由贸易一体化在促进全球贸易和投资自由化方面的积极效应，得到WTO的相关法律制度的积极支持。哈国至今不是WTO的成员国，但这并不妨碍哈国遵循WTO的法律要求，按照WTO的法律规则进行自由贸易区建设。

4. 坚持和平共处五项原则。和平共处五项原则高度概括了国际社会相互依存的状况和发展方向，对于建立国际政治经济新秩序有重大的指导意义。中哈两国进行自由贸易区，推动中亚区域经济一体化的快速进行，遵循和平共处是两国进行经济贸易合作的政治基础。

5. 坚持有利于双方生态建设和环境保护的原则。中亚地域广袤，自然资源丰富。但由于生态环境脆弱，自由贸易区的合作建设首先要考虑生态环境保护问题。双方应该积极磋商，加大双方的合作力度，努力保护中亚的生态环境。

6. 坚持中哈双方国家安全原则。中亚地处亚欧腹地，贫困人口较多，毒品等各类国际犯罪在中亚地区极为猖獗。特别政治、经济、宗教等领域的斗争极为激烈。因此，自由贸易区建立的前提和基础，就是要加强两国在经济、政治领域的密切合作，完善引渡条约，加强两国之间的战略对话，共同保护国家安全。

(二) 中哈自由贸易区法律框架体系的设计

中心提升为自由贸易区,在法律框架体系设计层面上至少必须完成两个问题。一是必须确定中心的法律性质,明确中心的法律定位,确定中心的发展方向,如果仍以"茶楼"的发展思维,人们所期望的自由贸易区的法律框架体系并没有预设的必要。二是加大中哈两国的合作力度,力争在可期望的时间内签订中哈两国自由贸易协定,以此奠定中心提升为自由贸易区的国际法律基础。只有解决这两个问题,才能在此基础上进行自由贸易区各领域、贸易组织架构、运行机制和争端解决机制的法律框架体系安排。

1. 中哈自由贸易区各领域的法律框架体系。中哈自由贸易区各领域的法律制度直接推动着中哈两国合作的进程。一般而言,中哈自由贸易区各具体领域的法律制度包括下述几个方面的内容。

(1) 取消关税及贸易限制方面的法律规范。这是自由贸易区调整其成员方之间关系的主要法律规范,主要涉及货物贸易法律制度、服务贸易法律制度、知识产权保护法律制度、投资措施或法律制度、原产地法律制度等。

(2) 生产要素自由流动的法律规范。在自由贸易区内成员方间不仅要实现商品的自由流通,而且要实现人员、资本、服务等生产要素的自由流动。

2. 中哈自由贸易区组织和运行机制的法律框架体系。由于中哈自由贸易区的宗旨、任务和目标的要求,其组织架构和运行机制的法律制度是贸易区能否顺利进行的关键。

(1) 中哈自由贸易区组织机构的建立。组织机构对于自由贸易区的进程具有举足轻重的作用。在这方面,中哈自由贸易区可以借鉴北美自由贸易区的组织机构体系,该区域包括了自由贸易委员会、秘书处、专门委员会、工作组、专家组、环境合作委员、劳工合作委员会、各国行政办事处、北美发展银行和边境环境委员会。

(2) 中哈自由贸易区组织机构制定的规范性文件的效力。主要涉及三种法律关系:首先,与中哈各国的法律制定的规范性文件的关系,以何者优先?应确定中哈自由贸易区各组织机构制定的规范性文件具有优先于各成员国国内法制定的规范性文件的效力。其次，与WTO规则及区内各WTO成员方的关系，以何者优先？只要中哈自由贸易区的规范性文件符合WTO规则的要求，即使没有规定效力优先也要优先适用，同时区内WTO成员方与非成员方之间的权利和义务也要依据中哈自由贸易区的规范性文件来调整。最后，是直接适用于成员国的个人还是通过成员国国内法的转化才适用于个人，应规定中哈自由贸易区的规范性文件可以直接适用于成员国的个人。

（3）中哈自由贸易区组织机构的表决制度。表决制度是组织决策程序的核心。目前国际组织的表决方式通常可分为一国一票制、集团表决制、加权表决制和协商一致四种形式，各种表决方式都有其优势和劣势。但是中哈自由贸易区目前仅有中哈两国参与，表决制度可以考虑这样三种方式：一是轮流坐庄制，等中亚其他国家参与进来，成员国数目达到三个以上时，再考虑采用目前的表决方式；二是引入第三国与中哈两国没有任何利益关系的组织或成员参与进来，采取类似公司法中的独立董事；三是两国进行友好协商，建立磋商和会晤机制进行友好决策，这种机制应该是中哈自由贸易区的最佳选择。

3. 中哈自由贸易区争端解决机制的法律框架体系。设立争端解决机制，用法律方法解决区内国家的争端，是建立自由贸易区所必不可少的法律制度。就目前而言，各种区域经济合作组织的争端解决机制不尽相同，基本上可以分为司法性、政治性和二者兼容性三大类。具体而言，北美自由贸易区融合了司法性和政治性争端解决机制的特点，要求在出现争端时先由当事方进行磋商，当磋商未果时便由一固定的机构依照法定的程序和实体的规则进行裁决。欧盟则是司法性争端解决机制的代表，欧洲法院是司法机构。东盟是政治性争端解决机制的代表。东盟到目前为止还没有设立专门负责审议和处理法律问题和通过司法手段解决成员国争端的司法机构，其争端机制建立在完全自愿的基础上，以协商对话的方式解决分歧。

就中哈自由贸易区而言，应当建立一个独立性、权威性和司法性的争端解决机制。在处理区内WTO成员方之间的争端时，允许当事方协议选择WTO争端解决程序或是中哈自由贸易区的争端解决程序，当事国未作选择或协议不成时则适用中哈自由贸易区的争端解决程序。对于中国和中哈自由贸易区之间的争端、WTO 成员方与非 WTO 成员方的争端以及非 WTO 成员方之间的争端则一律适用中哈自由贸易区的争端解决程序。

此外，可以考虑在中哈自由贸易区建立争端解决预警机制，充分运用政治和外交手段，加强各方之间的沟通与协商，避免中哈自由贸易区成员间的争端发展成为严重的危机。

总之，在中心设立和运作的过程中，法律制度在促进交往、保障合作、维护秩序等方面已经发挥了不可替代的作用。中心提升自由贸易区的期望能否实现，自由贸易区成立后能否高效运转，真正实现中哈双方启动自由贸易区进程的初衷，有无完善、成熟的法律制度将是一个至关重要的制约因素。

第五节　创建中哈自由贸易区可参照借鉴的国际国内法律及运作模式

一、国际自由贸易协定

所谓自由贸易协定，是贸易伙伴国为了绕开 WTO 多边协议的困难，同时也为了另外开辟途径推动贸易自由化，各国逐渐从实践中探索出的一套贸易规则——自由贸易协定（英文简称 FTA）。它是独立关税主体之间以自愿结合方式，就贸易自由化及其相关问题达成的协定。在 WTO 文件中，FTA 与优惠贸易协定（PTA）、关税同盟协定（CUA）一道，都纳入区域贸易协定（RTA）的范围。由此我们知道，自由贸易协定是两国或多国间具有法律约束力的契约，目的在于促进经济一体化，其目标之一是消除贸易壁垒，允许产品与服务在国家间自由流动。依据自由贸易协定，来自协议伙伴国的货物可以获得进口税和关税减免优惠，无论在进口还是出口国，自由贸易协定都有助于简化海关手续。当协议国间存在不公平贸易惯列时,自由贸易协定还可以协助贸易商进行补救。概括地讲,自由贸易协定的积极作用和意义在于:一是推进双边货物贸易自由化;二是推进双边服务贸易的自由化;三是改善成员国投资环境;四是设立双边争端解决机制,维护各国经济利益。

自由贸易区的成员国还可以单独和其他国家开展双边自由贸易协定,如美韩自由贸易协定、美智自由贸易协定、中国新西兰自由贸易协定等。当今世界,最大的也是最成熟的自由贸易区主要有三个,即欧盟(欧洲共同体)、北美自由贸易区和东盟自由贸易区。

(一)欧盟关于自由贸易的政策措施

在全球的经济自由贸易区的区域经济一体化进程中,欧盟是走在最前列的,它不但实现了区域经济一体化,还在不同层次上实现了政治一体化、金融一体化(统一货币政策)和统一海关政策。

欧洲联盟(European Union),简称欧盟(EU),是由欧洲共同体(European Communities,又称欧洲共同市场)。是一个集政治实体和经济实体于一身,在世界上具有重要影响的区域一体化组织。1991年12月,欧洲共同体马斯特里赫特首脑会议通过《欧洲联盟条约》,通称《马斯特里赫特条约》(简称《马约》)。1993年11月1日,《马约》正式生效,欧盟正式诞生。现有27个成员国,总面积432.2万平方公里。近5亿人口,欧盟的宗旨是"通过建立无内部边界的空间,加强经济、社会的协调发展和建立最终实行统一货币的经济货币联盟,促进成员国经济和社会的均衡发展","通过实行共同外交和安全政策,在国际舞台上弘扬联盟的个性"[1]。

1. 在内部建设方面,欧共体实行一系列共同政策和措施。

(1)实现关税同盟和共同外贸政策。1967年起欧共体对外实行统一的关税率,1968年7月1日起成员国之间取消商品的关税和限额,建立关税同盟。1973年,欧共体实现了统一的外贸政策。马约生

---

[1] 余劲松、吴志攀. 国际经济法 [M]. 北京:北京大学出版社、高等教育出版社,2000(3):34~41.

效后，为进一步确立欧洲联盟单一市场的共同贸易制度，欧共体各国外长于 1994 年 2 月 8 日一致同意取消此前由各国实行的 6400 多种进口配额，而代之以一些旨在保护高科技产业的措施。

（2）实行共同的农业政策。1962 年 7 月 1 日欧共体开始实行共同农业政策。1968 年 8 月开始实行农产品统一价格；1969 年取消农产品内部关税；1971 年起对农产品贸易实施货币补贴制度。

（3）建立政治合作制度。1970 年 10 月建立。1986 年签署，1987 年生效的《欧洲单一文件》，把在外交领域进行政治合作正式列入欧共体条约。为此，部长理事会设立了政治合作秘书处，定期召开成员国外交部长参加的政治合作会议，讨论并决定欧共体对各种国际事务的立场。

（4）基本建成内部统一大市场。1985 年 6 月欧共体首脑会议批准了建设内部统一大市场的白皮书，1986 年 2 月各成员国正式签署为建成大市场而对《罗马条约》进行修改的《欧洲单一文件》。统一大市场的目标是逐步取消各种非关税壁垒，包括有形障碍（海关关卡、过境手续、卫生检疫标准等）、技术障碍（法规、技术标准）和财政障碍（税别、税率差别），于 1993 年 1 月 1 日起实现商品、人员、资本和劳务自由流通。1993 年 1 月 1 日，欧共体宣布其统一大市场基本建成，并正式投入运行。[①]

（5）建立政治联盟。1990 年 4 月，法国总统密特朗和联邦德国总理科尔联合倡议于当年底召开关于政治联盟问题的政府间会议。同年 10 月，欧共体罗马特别首脑会议进一步明确了政治联盟的基本方向。同年 12 月，欧共体有关建立政治联盟问题的政府间会议开始举行。经过 1 年的谈判，12 国在 1991 年 12 月召开的马斯特里赫特首脑会议上通过了政治联盟条约。其主要内容是 12 国将实行共同的外交和安全政策，并将最终实行共同的防务政策。此外还实行共同的渔业政策，建立欧洲货币体系、建设经济货币联盟等措施。

2. 在对外关系方面，欧共体同世界上许多国家和地区建立和发展

---

① 彼得·罗布森. 国际一体化经济学 [M]. 上海：上海译文出版社，2001：61~62.

了关系。

至 1993 年，已有 157 个国家向欧共体派驻外交使团，欧共体委员会也已在 107 个国家及国际组织所在地派驻代表团。欧共体同其中的绝大多数国家缔结了贸易协定、经贸合作协定或其他协定，并与一些地区性组织建立了比较密切的关系。欧共体于 1975 年 5 月与中国建立正式关系。

3. 欧盟的统一货币：欧元。

1999 年 1 月 1 日正式启用。除英国、希腊、瑞典和丹麦外的 11 个国家于 1998 年首批成为欧元国。2000 年 6 月，欧盟在葡萄牙北部城市费拉举行的首脑会议批准希腊加入欧元区。这次会议还决定在 2003 年以前组建一支 5000 人的联合警察部队，参与处理发生在欧洲的危机和冲突。2002 年 1 月 1 日零时，欧元正式流通。2006 年 7 月 11 日，欧盟财政部长理事会正式批准斯洛文尼亚在 2007 年 1 月 1 日加入欧元区，这将是欧元区的首次扩大。同时该国将成为新加入欧盟的 10 个中东欧国家中第一个加入欧元区的国家，也是第 16 个使用欧元的欧盟成员国。

4. 签署《申根协定》。

1985 年 6 月 24 日，法国、德国、荷兰、比利时和卢森堡五国在卢森堡边境小镇申根（SCHENGEN）签订申根协定。该协定规定，其成员国对短期逗留者颁发统一格式的签证，即申根签证，申请人一旦获得某个国家的签证，便可在签证有效期和停留期内在所有申根成员国内自由旅行。

（二）北美自由贸易区关于自由贸易的政策措施

北美自由贸易区的前身是美加自由贸易区。1989 年，美国和加拿大两国签署了《美加自由贸易协定》。1991 年 2 月 5 日，美、加、墨三国总统同时宣布，三国政府代表从同年 6 月开始就一项三边自由贸易协定正式展开谈判。经过 14 个月的谈判，1992 年 8 月 12 日，美国、加拿大及墨西哥三国签署了一项三边自由贸易协定—北美自由贸易协定。1994 年 1 月 1 日，该协定正式生效。协定决定自生效之日起在 15 年内逐步消除贸易壁垒、实施商品和劳务的自由流通，以形成一个拥有3.6亿消费者，每年国民生产总值超过6万亿美元的世界最大的自由贸易集团。

该协定的总则规定，除墨西哥的石油业、加拿大的文化产业以及美国的航空与无线电通讯外，取消绝大多数产业部门的投资限制。对白领工人的流动将予放宽，但移民仍将受到限制。协定还允许接纳附加成员国。总则还规定各成员国政府的采购将在10年内实现全面开放，由于墨西哥为本国的公司保留了一些合同，因此，该协定将对墨西哥产生主要影响。此外，协定还规定由执行协定而产生的争执，将交付由独立仲裁员组成的专门小组解决；如果大量进口损害一国国内的工业，将允许该国重新征收一定的关税。在产业方面，该协定规定，美墨之间大部分农产品的关税将立即取消，其余6%的产品包括玉米、糖、某些水果和蔬菜的关税，将在15年后全部取消，进口配额在10年内消除。对于加拿大，现有的与美国签定的协议全部适用，汽车工业10年后将取消关税，美加在1998年之前取消相互间的全部关税。

在能源方面，墨西哥方面对私营部门进行勘探的限制继续有效，但国营石油公司的采购将向美国与加拿大开放。在金融服务方面，墨西哥将逐步对美国与加拿大投资开放其金融部门，最终到2007年取消壁垒。关于纺织品，协定将用10年时间取消美、墨、加之间的关税，在北美地区的纺织品制成的服装可免于征税。到2000年，北美地区的卡车可行驶到三个国家中的任何地区。该协定还对环境、劳工等问题制定了附加协定。根据协定，美国与墨西哥将建立一个北美开发银行以帮助美国边境的财务税收获利。同时，美国将需要在协定生效后最初的18个月中花费9000万美元重新培训因协议而失业的工人。简单归纳内容如下：（1）关税相互减免；（2）取消进口限制；（3）坚持产地规定；（4）政府采购协定；（5）鼓励投资；（6）扩大相互金融服务；（7）发展相互自由运输；（8）鼓励保护知识产权；（9）协商争端解决机制等。

（三）东盟自由贸易区关于自由贸易的政策措施

东盟是东南亚国家联盟的简称，其前身是由马来西亚、菲律宾和泰国3国于1961年7月31日在曼谷成立的东南亚联盟。1967年8月8日，马来西亚、菲律宾、泰国、新加坡和印度尼西亚5国在曼谷举行会议，发表《东南亚国家联盟成立宣言》，正式宣告东盟成立。1984年至1999年，文莱、越南、缅甸、老挝和柬埔寨相继加入东盟，使这一组织涵盖整个东南亚地区，形成十国联盟。40年来，东盟不仅在经济实力和影响力方面不断得到加强，而且在地区和国际事务中也发挥着越来越重要的作用。东盟在促进成员国经济增长、推进一体化进程、提升整体实力方面取得一系列成就，为本地区和平稳定、发展繁荣作出重要贡献。

20世纪90年代初，东盟率先发起区域合作进程，逐步形成以东盟为中心的一系列区域合作机制。其中，东盟与中日韩（10+3）合作机制和东盟分别与中日韩（10+1）合作机制，已经发展成为东亚合作的主要渠道。此外，东盟还与美国、日本、澳大利亚、新西兰、加拿大、欧盟、韩国、中国、俄罗斯和印度10个国家形成对话伙伴关系。2003年，中国与东盟的关系发展到战略协作伙伴关系，中国成为首个加入《东南亚友好合作条约》的非东盟国家。

东盟的发展宗旨主要包括七个方面：一是本着平等与合作精神，共同努力促进本地区的经济增长、社会进步和文化发展；二是遵循正义、国家关系准则和《联合国宪章》，促进本地区的和平与稳定；三是促进经济、社会、文化、技术和科学等问题的合作与相互支援；四是在教育、职业和技术及行政训练和研究设施方面互相支援；五是在充分利用农业和工业、扩大贸易、改善交通运输、提高人民生活水平方面进行更有效的合作；六是促进对东南亚问题的研究；七是同具有相似宗旨和目标的国际和地区组织保持紧密和互利的合作，探寻与其更紧密的合作途径。

2007年11月20日，第13届东盟首脑会议签署具有划时代意义的《东盟宪章》，成为东盟成立以来首份对所有成员国具有普遍法律约束力的法律文件。该文件的签署是东盟在机制化和法制化建设上的重要举措，具有东盟发展里程碑的重要意义。宪章首次明确写入建立东盟共同体的战略目标，就东盟发展的目标、原则、地位以及框架等作出明确规定。

东盟发展的目标：维护并加强本地区和平、安全与稳定；保持本地区无核武化，支持民主、法制和宪政，为东盟居民提供公正、民主与和谐的和平环境；致力于经济一体化建设，构建稳定、繁荣和统一的东盟市场和生产基地，实现商品、服务和投资自由流动，促进商界人士、技术人才和劳动力的自由往来；增强合作互助，在本地区消除贫困，缩小贫富差距；加强开发人力资源，鼓励社会各部门参与，增强东盟大家庭意识。

东盟发展的原则：继续坚持不干涉内政的基本原则；尊重各成员国的独立、主权、平等、领土完整和民族特性；坚持以和平手段解决纷争；不干涉成员国内政；就涉及关系东盟共同利益事宜加强磋商机制，依照东盟条约和国际惯例解决纷争，棘手问题将交由东盟首脑会议协商决定。

明确东盟的地位：东盟宪章对各成员国具有约束力，赋予东盟法人地位。

东盟的法律架构：东盟首脑会议为东盟最高决策机构，每年举行两次会议；东盟成员国领导人在峰会上决定有关东盟一体化的关键问题，决定发生紧急事态时东盟应采取的措施，任命东盟秘书长；设立4个理事会，其中一个由外长组成，负责协调东盟重要事务，另外3个分别负责政治安全、经济一体化和社会文化事务；每个理事会各由一名副秘书长负责；成立一个人权机构，致力于改进本地区人权状况。

设立例会制度：首脑会议主要就东盟发展的重大问题和发展方向做出决策。每年召开一次首脑会议；外长会议是制定东盟基本政策的机构，每年轮流在成员国举行。东盟外长还定期举行非正式会议；常务委员会由当年主持外长会议的东道国外长任主席，其他成员国驻该国大使（或高级专员）任当然委员，不定期举行会议，负责处理东盟日常事务和筹备召开外长会议，执行外长会议的决议，并有权代表东盟发表声明；经济部长会议是东盟经济合作的决策机构，在区域经济合作方面发挥主导作用，每年不定期地召开一二次会议；其他部长会议包括财政、农林、劳工、能源、旅游等部长会议，不定期地在东盟各国轮流举行，讨论相关领域的问题；秘书处是东盟的行政总部，并负责协调各成员国国家秘书处，向部长会议和常务委员会负责；专门委员会包括 9 个由高级官员组成的委员会①；民间和半官方机构包括东盟议会联盟、工商联合会、石油理事会、新闻工作者联合会、承运商理事会联合会、船主协会联合会、旅游联合会和博物馆联合会等。

中国加入东盟后，签署了中国—东盟成员国自由贸易区货物贸易协定和一系列关税减让表，包括中国—东盟六国关税减让表；《中国—东盟全面经济合作框架协议货物贸易协议》《中国—东盟全面经济合作框架协议服务贸易协议》《中国—东盟全面经济合作框架协议争端解决机制协议》。列入正常类税目的关税削减和取消模式表；列入敏感类税目的关税削减和取消模式表等一系列协议的关税减让表。

（四）上合组织成员国多边经贸合作纲要

2006 年 6 月 15 日，上合组织元首第六次峰会在上海召开，这是一次增强互信、深化合作的会议，标志着上合组织进入了新的发展时期。峰会期间，中国国家主席胡锦涛同其他成员国元首围绕弘扬互信、互利、平等、协商，尊重多样文明，谋求共同发展的"上海精神"、深化务实合作、促进和平发展的主题，提出上合组织发展的远景规划，签署了《上合组织五周年宣言》《上合组织成员国长期睦邻友好合作条约》《上合组织成员国多边经贸合作纲要》《上合组织银行联合体成员行关于支持区域经济合作的行动纲要》等重要文件，为上合组织的下一步发展确定了方向和任务。

本次峰会的一个重要政治成果，就是各国元首一致确认，上合组织将继续致力于建立互信、互利、平等、协作的新型全球安全架构，主张基于公认的国际法准则，在互谅基础上通过谈判解决争端。尊重各国维护国家统一和保障民族利益的权利，尊重各国独立自主选择发

---

① 包括工业、矿业和能源委员会，贸易和旅游委员会，粮食、农业和林业委员会，内政和银行委员会，交通运输委员会，预算委员会，文化和宣传委员会，科学技术委员会，社会发展委员会。

展道路和制定内外政策的权利，尊重各国平等参与国际事务的权利，尊重和保护世界文明及发展道路的多样性。世代友好，永不为敌，是所有成员国人民的共同愿望。各成员国元首已将协商缔结本组织框架内的长期睦邻友好合作和积极发展成员国之间的多边贸易合作等法律文件列入议事日程。其中最令人瞩目的是三个文件，即《上合组织五周年宣言》《上合组织成员国长期睦邻友好合作条约》《上合组织成员国多边经贸合作纲要》。

1. 《上合组织五周年宣言》。宣言总结肯定上合组织成立5年取得的成绩，确立上合组织发展的"互信、互利、平等、协商，尊重多样文明，谋求共同发展"的"上海精神"；政治互信，互相尊重主权，维护领土安全；反恐合作等原则。在积极发展经济贸易关系，开展经济技术合作方面提出："为进一步扩大经济合作，需协调成员国通过实施区域经济合作重大优先项目而落实《上合组织成员国多边经贸合作纲要》所作的努力，协调各方推进贸易和投资便利化，逐步实现商品、资本、服务和技术的自由流动"，"本组织欢迎有关伙伴参与能源、交通运输、信息通信、农业等优先领域的具体项目。本组织将尽己所能，积极参与防治传染病的国际行动，为环境保护和合理利用自然资源作出贡献"，"巩固和扩大成员国友好和相互理解的社会基础，是确保本组织持久生命力的重要手段。为此，需要将文化艺术、教育、体育、旅游、传媒等领域双边和多边合作机制化。鉴于成员国拥有独特、丰富的文化遗产，本组织在促进文明对话、建立和谐世界方面，完全可以发挥促进和示范作用"。

2. 《上合组织成员国长期睦邻友好合作条约》。条约是规范成员国相互关系准则的重要政治、法律文件。它把成员国人民"世代友好、永保和平"的思想以法律形式确定下来，对促进成员国睦邻互信和互利合作，构建和谐地区具有重要意义。

条约指出，坚信巩固和深化本组织成员国之间的睦邻、友好、合作关系符合成员国人民的根本利益，有利于本组织所在地区乃至全世界的和平与发展。认为全球化进程加深了国家间的相互依赖，使各国的安全与繁荣紧密相连。认为新的安全挑战与威胁具有全球性质，只有共同努力，遵循协商一致的合作原则与机制才能有效应对。认识到必须尊重当今世界文化文明的多样性，重申为促进建立公正合理的国际秩序，为本组织成员国持续发展创造良好条件，愿意扩大本组织内部及与所有相关国家和国际组织间的互利合作。致力于使本组织所在地区成为和平、合作、繁荣、和谐的地区。愿促进国际关系民主化，在平等、相互尊重、互信互利、不以集团和意识形态划线的基础上建立新的全球安全架构。决心巩固本组织成员国的友好关系，使成员国人民的友谊世代相传。缔约各方相互承认并保护缔约一方位于缔约另一方境内的财产的合法权益。

在积极发展经济贸易关系，开展经济技术合作方面规定：缔约各方在平等互利的基础上加强经济合作，为在本组织框架内发展贸易、促进投资和技术交流创造便利条件。缔约各方在本国境内为其它缔约方的自然人和法人进行合法经济活动提供协助，包括为其创造法律条件，保护这些自然人和法人在其境内的合法权益。缔约各方在其加入的国际金融机构、经济组织和论坛内开展合作，并根据这些机构、组织和论坛的章程规定，对其他缔约方加入予以协助。缔约各方在工业、农业、金融、能源、交通、科技、新技术、信息、电信、航空航天及其他共同感兴趣的领域开展合作，促进实施各类区域性项目。缔约各方在保护环境、维护生态安全、合理利用自然资源方面开展合作，采取必要措施制定和实施上述领域的专门计划和项目。缔约各方在预防自然灾害和人为造成的重大事故及消除其后果方面相互合作和提供援助。缔约各方促进彼此间在文化、艺术、教育、科学、技术、卫生、旅游、体育及其他社会和人文领域的交流与合作。相互鼓励和支持文化、教育、科研机构建立直接联系，开展共同科研计划与项目，合作培养人才，互换留学生、学者和专家。缔约各方为学习和研究其它缔约方语言、文化积极提供便利条件。

3.《上合组织成员国多边经贸合作纲要》。上合组织各成员国签署《上合组织成员国多边经贸合作纲要》和落实该纲要的措施计划。《纲要》详细确定开展经济技术合作的 11 大领域：贸易和投资领域的合作；海关领域合作；在采用技术规程、标准和合格评定程序方面的合作；在金融、税收和创新领域的合作；交通领域的合作；能源领域合作；农业领域合作；科学和新技术领域的合作；信息、电信和高技术领域的合作；利用自然和环境保护领域的合作；在卫生、教育和旅游领域的合作。并进一步确定127个各方将共同完成的项目，成立质检、海关、电子商务、投资促进、交通运输、能源、电信7个专业工作组，负责研究和协调相关领域合作。

《纲要》的基本目标和任务是：支持和鼓励成员国开展经贸合作，发展互利经济联系，使各国经济重点领域生产和投资合作取得进展，并在此基础上增加互相贸易额，以提高居民生活水平；致力于在互利基础上最大效益地利用区域资源，为贸易投资创造有利条件，以逐步实现货物、资本、服务和技术的自由流动。为实现上述目标，要完成10项任务：（1）协商共同立场，确定互利的经济和科技合作途径；（2）在世界贸易组织框架内互相协作，支持正在加入世界贸易组织过程中的成员国；（3）根据各方本国法律，为保证经营主体生产活动的平等机会和保障而创造条件；（4）制定经济合作的共同专项规划和投资项目，促进建立良好的投资环境；（5）提高贸易和投资政策的透明度，就该领域的法律法规进行信息交流；（6）发展本地区各国银行间合作和金融信贷关系；（7）就利用和进一步发展交通运输和通讯领域现有基础设施进行合作；（8）以公认的国际标准和规则为基础，在商品标准和合格评定方面开展合作；（9）完善海关程序；（10）在各方国际义务框架内逐步消除互相贸易中的关税个非关税壁垒。

《纲要》确立的优先合作方向是：能源、交通运输、电信、农业、旅游、银行信贷领域、水利和环境保护领域，以及促进中小企业实体间的直接交流。具体提出10个方面：（1）开展在燃料和能源领域的合作，提高现有能源生产能力和能源网络的效益；（2）在开展石油和天然气新产地及其加工方面扩大互利合作；（3）加深成员国在地质勘探研究领域的合作，开发矿产和原料资源；（4）在使用现有运输基础领域开展合作，并对成员国境内运输和服务市场体系进行现代化改造；（5）共同利用成员国的过境运输潜力；（6）在采用高级信息和电信技术、完善相应基础设施方面开展合作；（7）实施发展本地区农业及农产品加工业的共同项目；（8）就引导居民存款流向投资领域交流经验；（9）建立开展技术创新的法律基础和机制；（10）积极在保护区域内自然生态环境方面加强协作。同时还要积极开展卫生领域的合作；科学和高新技术领域的合作；教育领域的合作等。

二、国内涉外法律法规

我国涉及对外经济贸易、经济技术合作和对外开放的法律法规很多。改革开放以来出台的有关扩大对外开放、吸引外资和外国先进技术等方面的法律法规有几百部。从大的方面讲，有针对经济开发区的法律法规；有针对边境贸易的法律法规；有针对国外投资，实施"走出去"战略的法律法规；有针对吸引外商到内地投资的法律法规；有实施西部大开发战略制定的优惠法律法规等。从法律法规的行业分类看，有涉外行业管理法律法规、有投资导向法律法规、有涉外综合法律法规、有涉外工商管理法律法规、有涉外税收外汇法律法规等等。从涉外法律法规的层次讲，有国家的优惠法律法规；有各省区市制定的优惠法规和政策；有各州、地、县（市）制定的优惠政策和条例。甚至连乡村也制定有吸引外资的优惠措施。例如，仅仅从国家层面颁发的涉外法律法规就有：关于外国投资者并购境内企业的规定、关于外商投资的公司审批登记管理法律适用若干问题的执行意见、中国外商投资企业和外国企业所得税法及其实施细则、外商投资企业投资者股权变更的若干规定、鼓励外商投资高新技术产品目录、中西部地区外商投资优势产业目录、关于中外合资经营企业注册资本与投资总额比例的暂行规定、外商投资企业投资者股权变更的若干规定、关于中外合资经营企业注册资本与投资总额比例的暂行规定、关于外国投资者并购境内企业的规定、商务部关于外商投资非商业企业增加分销经营范围有关问题的通知、外国投资者并购境内企业暂行规定、关于设立外商投资股份有限公司若干问题的暂行规定、关于外商投资企业合并与分立的规定、外经贸部外贸司关于外商投资企业再投资设立企业申请进出口经营权问题的规定、关于完善外资并购外汇管理有关问题的通知、中西部地区外商投资优势产业目录（2008年修订）、外商投资矿产勘查企业管理办法、外商投资广告企业管理规定、商务部关于下放外商投资商业企业审批事项的通知、财政部关于外商投资企业场地使用费征收问题的意见、商务部关于下放外商投资股份公司、企业变更、审批事项的通知、财政部关于中外合作经营企业外方合作者先行回收投资有关问题的通知、国家发展改革委关于进一步加强和规范外商投资项目管理的通知、财政部、国家税务总局关于贯彻落实国务院关于实施企业所得税过渡优惠政策的意见等。

最重要的有《中国外资企业法》《中国中外合作经营企业法》《中国中外合资经营企业法》和西部大开发优惠政策。

（一）中国外资企业法

《中国外资企业法》共24条。申明本法是为扩大对外经济合作和技术交流，促进中国国民经济的发展，保护外资企业的合法权益而设立。要求设立外资企业，必须有利于中国国民经济的发展。国家鼓励举办产品出口或者技术先进的外资企业。申明外国投资者在中国境内的投资、获得的利润和其他合法权益，受中国法律保护。外资企业符合中国法律关于法人条件的规定的，依法取得中国法人资格。外资企业依照经批准的章程进行经营管理活动，不受干涉。外资企业在批准的经营范围内所需的原材料、燃料等物资，按照公平、合理的原则，可在国内市场或者在国际市场购买。外资企业依照国家有关税收的规定纳税并可以享受减税、免税的优惠待遇。外资企业将缴纳所得税后的利润在中国境内再投资的，可以依照国家规定申请退还再投资部分已缴纳的部分所得税税款。外资企业的外汇事宜，依照国家外汇管理规定办理。外国投资者从外资企业获得的合法利润、其他合法收入和清算后的资金，可以汇往国外。外资企业的外籍职工工资收入和其他正当收入，依法缴纳个人所得税后，可以汇往国外等。

（二）中国中外合作经营企业法

《中国中外合作经营企业法》共28条。为扩大对外经济合作和技术交流，促进外国的企业和其他经济组织或者个人按照平等互利的原则，同中国的企业或者其他经济组织在中国境内共同举办中外合作经营企业而制定本法。国家依法保护合作企业和中外合作者的合法权益。国家鼓励举办产品出口的或者技术先进的生产型合作企业。合作企业依照经批准的合作企业合同、章程进行经营管理活动。合作企业的经营管理自主权不受干涉。合作企业应当凭营业执照在国家外汇管理机关允许经营外汇业务的银行或者其他金融机构开立外汇帐户。合作企业的外汇事宜,依照国家有关外汇管理的规定办理。合作企业应当自行解决外汇收支平衡。合作企业不能自行解决外汇收支平衡的,可以依照国家规定申请有关机关给予协助。合作企业依照国家有关税收的规定缴纳税款并可以享受减税、免税的优惠待遇。外国合作者在履行法律规定和合作企业合同约定的义务后分得的利润、其他合法收入和合作企业终止时分得的资金,可以依法汇往国外。合作企业的外籍职工的工资收入和其他合法收入,依法缴纳个人所得税后,可以汇往国外。

(三) 中国中外合资经营企业法

《中国中外合资经营企业法》共 16 条。为扩大国际经济合作和技术交流,允许外国公司、企业和其它经济组织或个人,按照平等互利的原则,经中国政府批准,在中国境内,同中国的公司、企业或其它经济组织共同举办合营企业。中国政府依法保护外国合营者按照经中国政府批准的协议、合同、章程在合营企业的投资、应分得的利润和其它合法权益。国家对合营企业不实行国有化和征收;在特殊情况下,根据社会公共利益的需要,对合营企业可以依照法律程序实行征收,并给予相应的补偿。合资经营企业实行董事会领导,董事会的职权是按合营企业章程规定,讨论决定合营企业的下述一切重大问题:企业发展规划、生产经营活动方案、收支预算、利润分配、劳动工资计划、停业,以及总经理、副总经理、总工程师、总会计师、审计师的任命或聘请及其职权和待遇等。合营企业依照国家有关税收的法律和行政法规的规定,可以享受减税、免税的优惠待遇。外国合营者将分得的净利润用于在中国境内再投资时,可申请退还已缴纳的部分所得税。合营企业在其经营活动中,可直接向外国银行筹措资金。合营企业在批准的经营范围内所需的原材料、燃料等物资,按照公平、合理的原则，可以在国内市场或者在国际市场购买。鼓励合营企业向中国境外销售产品。出口产品可由合营企业直接或与其有关的委托机构向国外市场出售，也可通过中国的外贸机构出售。合营企业产品也可在中国市场销售。合营企业需要时可在中国境外设立分支机构。外国合营者在履行法律和协议、合同规定的义务后分得的净利润，在合营企业期满或者中止时所分得的资金以及其他资金，可按合营企业合同规定的货币，按外汇管理条例汇往国外。鼓励外国合营者将可汇出的外汇存入中国银行。合营企业的外籍职工的工资收入和其他正当收入，按中国税法缴纳个人所得税后，可按外汇管理条例汇往国外。

（四）西部大开发的优惠政策

国家出台的西部大开发优惠政策主要集中在外商投资优惠政策、外商税收优惠政策、信贷倾斜政策、投资倾斜政策四个方面。

外商投资优惠政策。加大力度鼓励外商向中西部地区投资，鼓励措施包括，对限制类和限定外商股权比例项目的设立条件和市场开放程度，可比东部地区适当放宽；鼓励东部地区的外商投资企业到中西部地区再投资；外商投资比例超过 25% 的项目即视同外商投资企业，享受相应待遇。

外商税收优惠政策。从 2000 年 1 月 1 日起，国家税务总局对设在中国中西部地区的国家鼓励类外商投资企业，在现行税收优惠政策执行期满后的 3 年内，按减 15% 的税率征收企业所得税。

信贷倾斜政策。支持西部大开发将成为国家开发银行在今后一段时间信贷工作的重点。国家开发银行专门制定计划，直接服务西部开发，加大对西部大开发信贷资金政策力度。

投资倾斜政策。国家为此启动了西气东输、西电东送、南水北调、青藏铁路四大世纪工程。交通部一方面继续加快西部地区国道主干线的建设，另一方面将重点实施西部开发通道工程，重点计划建设 8 条公路总规模 1.5 万公里的大通道，约需投资 1200 亿元。铁路建设投资数千亿元，实现里程 1.8 万公里。据悉，"十三五"期间，铁路建设的重点将从东部地区转向西部地区，从内陆转向边疆。这给中西部，特别是西部边疆地区的群众带来福音①。届时新疆境内将启动南疆至境外的铁路建设以及北疆到阿勒泰等三条铁路。三大重点投资领域敲定。国家计委将对西部地区的基础设施建设、生态建设以及优势产业开发和结构调整进行规划，将这三个方面确定为西部开发的重点领域。首先是水利设施建设，包括公路、铁路、机场在内的交通建设以及城市基础设施建设。更多地将国际金融组织贷款用于西部地区的建设项目；国家还准备在下一个五年计划和当前发行的国债中，用较大的投入强度支持西部的基础设施建设。

重视西部生态环境建设。到 2010 年，中国用于林业和生态建设的投资将达到 2000 多亿元人民币。林业和生态建设的重点是天然林保护，重中之重是黄河流域和西北三北防护林、生态林和原始天然林保护。

从各省区市出台的西部大开发优惠政策看，主要集中在 11 个方面：降低企业申请对外贸易经营权和经济技术合作经营权标准，放宽限制，简化手续，在边境区实行优惠的边贸政策，除国家统一规定的收费外，取消口岸其他行政性收费；鼓励以 BOT、TOT、特许权转让等融资方式利用外资工作。鼓励投资公用基础设施，允许转让设施资产权益和建设受益权，转让期限最长可达 30 年；允许垫资修路、让利引资修路和以"热线"带"冷线"修路，公路建设用地免征耕地占用税；对投资国家鼓励类产业项目的企业，2010 年以前，减按 15% 税率征收企业所得税；对投资自治区鼓励类产业项目的企业，实行"减二免三"的税收优惠，即自生产经营之日起，第一年至第二年免征企业所得税，第三年至第五年减半征收企业所得税；对投资国家鼓励类产业项目的企业，在投资总额内进口的自用设备，免征关税和进口环节增值税（国家规定不予免税的除外）；利用荒山、荒地进行生态建设，可以出让方式取得土地使用权，50 年不变，并减免土地出让金。土地使用权可依法转让、出租、抵押，期限届满后，可申请续期；探矿权人投资勘查矿产资源的，可优先依法获得采矿权。矿业权

---

① 冯根新. "十三五"铁路成为西部发展的新引擎. 人民网，2015 年 3 月 31 日访问.

人可依法转让矿业权，也可以依法出租、抵押矿业权；对国家鼓励勘查、开发的矿产资源项目，符合条件的，可申请减缴或免缴探矿权、采矿权使用费。从勘查或投产年度算起，探矿权与采矿权使用费第一年免缴，第二年至第三年减缴50%，第四年至第七年减缴25%；外商从事《外商投资产业指导目录》中鼓励类非油气矿产资源开采的，免缴矿产资源补偿费5年；实行"一厅式审批、一站式服务"，努力创造"亲商、安商、富商"的良好投资环境。

三、建议制定《中哈自由贸易区双边条约》

建立一个投资自由、贸易自由、人员出入自由、高度开放的中亚自由贸易区，是未来中国和中亚区域国家共同努力的方向和目标。实现中亚区域经济一体化，实现这一区域政治互信，安全稳定，睦邻友好，团结协作，经济繁荣，人民富裕，是中亚各国的必然选择。但是建立中亚自由贸易区，实现中亚区域经济一体化，是一项非常巨大、非常复杂的系统工程，需要中国和中亚各国精诚合作，充分发挥各国领导人的智慧，吸取当今世界各个自由贸易区的成功经验。为此制定一部有利于促进中国和中亚国家全面发展，为中亚各国人民接受，为中亚各国人民造福的《中哈自由贸易区双边条约》。

中哈自由贸易区的构架和制度建设，工程复杂浩繁。需要制定在工业、农牧业、货物贸易、服务贸易、金融、科学技术领域、卫生、文化体育、生态环境保护等一系列的规范合作文件，这些文件少则几十部，多则成百上千部。如欧盟从建立到如今，形成的法规性文件已有几百部；但是制定一部科学的、适合中国和哈国的、能够为两国人民愉快接受的《中哈自由贸易区双边条约》则是完全必要的。这部宪章要明确规定中哈自由贸易区的发展宗旨、发展目标、发展原则、议事构架、组织机构、贸易争端调解机制、内部制度与政策、对外政策等。

（一）中哈自由贸易区发展宗旨

中哈自由贸易区发展宗旨：在尊重各国主权和民族利益，尊重和保护世界文明及发展道路的多样性的基础上，根据中亚区域形势发展的客观需要，从维护成员国人民根本利益出发，中亚各国全面深化和拓展政治、安全、经济、人文等各领域的务实合作，本着平等与合作精神，共同努力促进本地区的经济增长、社会进步和文化发展；遵循正义、国家关系准则和《联合国宪章》，促进本地区的和平与稳定；加强协商与协作，促进经济、社会、文化、技术和科学等问题的合作与相互支援；在教育、职业和技术及行政训练和研究设施方面互相支援；在充分利用农业和工业、扩大贸易、改善交通运输、提高人民生活水平方面进行更有效的合作；在民族宗教文化领域开展研究与合作。各成员国要积极致力于中西亚区域建设，把中亚建设成一个持久和平、共同繁荣的和谐地区。

（二）中哈自由贸易区发展的目标

1. 按照成员国人民的共同发展、共同富裕、睦邻友好愿望，根据本地区形势发展的客观需要，从维护成员国人民根本利益出发，中哈自由贸易区成员国要全面深化和拓展政治、安全、经济、人文等各领域的务实合作，将积极致力于将本地区建设成一个持久和平、共同繁荣的和谐地区。实现成员国之间世代友好，永不为敌，永保和平，共同维护并加强中亚区域的安全与稳定。

2. 成员国坚持执行在联合国框架下的国际《不扩散核武器条约》《全面禁止核试验条约》和《禁止生物武器公约》。这些条约都经历了时间考验，在抑制核武器扩散方面和抑制大规模杀伤性武器方面发挥了重要作用，为各国走上裁军的道路创造了条件，为开展和平利用原子能方面的国际合作提供了保障。成员国要把和平核设施置于国际原子能机构的国际保障之下，并在和平使用核能方面提供技术合作，保障成员国和平利用核能的权利。

3. 积极支持成员国开展民主、法制和宪政制度建设，为中国和中亚各国居民提供公正、民主与和谐的和平环境。

4. 致力于经济一体化建设，构建稳定、繁荣和统一的中亚市场和生产基地，实现商品、服务和投资自由流动，促进商界人士、技术人才和劳动力的自由往来；增强合作互助，在本地区消除贫困，缩小贫富差距。

5. 加强开发人力资源，鼓励社会各部门参与，增强中亚大家庭意识。

（三）中哈自由贸易区发展的原则

1. 坚持政治互信，政治合作，互相尊重主权，互不干涉内政的基本原则。

2. 尊重各成员国的独立、平等和民族特性。坚持以和平手段解决纷争，就涉及关系中亚区域共同利益的事宜加强磋商机制，依照中亚自由贸易区宪章和国际惯例解决纷争，棘手问题交由中亚首脑会议协商决定。

3. 坚持弘扬互信、互利、平等、协商，尊重多样文明，谋求共同发展的原则，深化务实合作、促进和平发展的原则。

4. 成员国要加强反恐合作，建立统一的中亚区域联合反恐组织机构，维护成员国的国家安全和领土完整。

5. 全面开展经济领域、社会领域、文化体育领域、卫生防疫领域、生态环境保护领域里的合作，促进中亚区域经济社会良性发展、持续稳定发展。

（四）中哈自由贸易区的议事构架

1. 设立中哈两国和观察员国首脑会议。首脑会议是中亚区域最高决策机构，每年举行一次例会。遇有紧急情况和需要作出重大决策的问题，首脑会议可以经成员国磋商临时召开。首脑会议决定有关中亚一体化的重大和关键问题，决定发生紧急事态时中亚应采取的措施，首脑会议下设常务办事机构，任命中哈自由贸易区秘书长，负责日常协调工作。

2. 根据需要和协商，设立若干个理事会；其中一个由外长组成，负责协调中亚区域的重要事务，另外的分别负责政治安全、经济一体化、社会文化事务、自然生态保护和人权保护与改进等；每个理事会各由一名副秘书长负责。

3. 建立例会制度。如首脑会议每年召开一次。外长会议每年召开一次，轮流在成员国举行。也可以还定期举行非正式会议。常务委员会由当年主持外长会议的东道国外长任主席,其他成员国驻该国大使（或高级专员）任当然委员,不定期举行会议,负责处理中亚区域日常事务和筹备召开外长会议,执行外长会议的决议,并有权代表东盟发表声明。经济部长会议每年不定期地召开一二次会议。其他部长会议包括财政、农林、劳工、能源、旅游等,不定期地在中亚各国轮流举行,讨论相关领域的问题。

4. 设立中亚自由贸易区秘书处和专门委员会。秘书处为中哈自由贸易区的的行政总部,负责协调各成员国国家秘书处,向部长会议和常务委员会负责。专门委员会根据中哈自由贸易区发展的需要和客观要求,在成员国协商一致的基础上,设立若干个有两国高级官员组成的委员会。如工业、矿业和能源委员会,贸易和旅游委员会,粮食、农业和林业委员会,交通运输委员会,金融银行委员会,科学技术委员会,社会发展委员会等。

5. 根据实际需要和成员国协商一致的原则,设立中哈民间和半官方组织机构。例如中亚议会联盟、工商联合会、石油理事会、新闻工作者联合会、承运商理事会联合会、船主协会联合会、旅游联合会和博物馆联合会等。

（五）中哈自由贸易区贸易争端调解机构和机制

在包罗万象,无以计数的货物贸易、服务贸易中,成员国不可避免地要产生贸易分歧、摩擦和纠纷。中亚自由贸易区要致力于建立互信、互利、平等、协作的新型经济贸易和经济技术合作关系;对于贸易纠纷问题,要建立一个快速有效地解决国际贸易争议的调解机构和一套科学的调解机制。主张基于公认的国际法准则,在互谅基础上通过谈判解决争端。例如,强制性的双边协商调解制度和机制,选择性的调停、调解、斡旋和仲裁制度和机制,公正独立的专家小组调解仲裁制度和机制,规范的贸易争端成员国上诉审查程序机制,受监控和管制的制裁程序,设立最高权威终裁机构等。

贸易争端调解机构为常设中亚自由贸易区的常设机构。它的任务除了担负成员国的贸易纠纷的调解和仲裁,还有及时发现中哈自由贸易区其他贸易条约、协约、协定和规章制度不完善的地方,需要更新的地方，及时提请专业委员会进行修改和完善。

（六）中哈自由贸易区的对内对外制度与政策

一是中亚自由贸易区关税同盟政策和共同外贸政策。在中亚自由贸易区区域内，各成员国实行统一的海关税率。取消成员国之间的商品关税和进口配额、限额，建立关税同盟。确立中亚自由贸易区单一市场的共同贸易制度，代之以一些旨在保护高科技产业的措施。二是实行共同的农业保护和发展政策。例如实行农产品统一价格，取消农产品内部关税和统一的农产品贸易货币补贴保护制度。三是建立政治联盟和政治合作制度。例如在外交领域进行政治合作，一个声音对世界说话，协调统一的国际事务立场。建立中亚自由贸易区区域内的永久战略伙伴关系。实行共同的外交和安全政策，并将最终实行共同的防务政策。建立内部统一大市场，逐步取消各种非关税壁垒，实现商品、人员、资本和劳务自由流通等。

（七）中哈自由贸易区的优先合作领域和方向

中亚自由贸易区未来优先合作的方向和领域主要包括：能源、交通运输、电信、农业、旅游、银行信贷领域、水利和环境保护领域，以及促进中小企业实体间的直接交流等。以上领域关乎中亚自由贸易区成员国的共同发展问题，也是各成员国经济贸易发展的基础领域和关键领域。具体有：开展石油天然气能源领域的勘探、开发和生产加工合作，开展煤炭的勘探、开采和煤化工生产的合作，提高现有能源生产能力和能源网络的效益；加深成员国在地质勘探研究领域的合作，开发矿产和原料资源；在使用现有运输基础领域开展合作，开展铁路、高速公路、机场、管道等交通运输基础设施建设的合作，并对成员国境内运输和服务市场体系进行现代化改造；在采用高级信息和电信技术、完善相应基础设施方面开展合作；开展本地区农牧业生产开发合作，重点在农牧业科学育种、防病防疫、运用现代先进科学技术等方面的合作，促进区域内成员国农牧业生产精细化、精准化和农业产业化的发展；金融运作、金融管理、金融创新等方面的合作；积极开展中亚区域的自然生态环境保护、治理方面的经验交流与协作等。

(八) 中哈自由贸易区发展路径和步骤

建立中亚自由贸易区，是一项庞大、复杂的系统工程，不能期望一朝一夕在短时间内完成。当今世界最瞩目的欧洲经济共同体（欧盟）从酝酿、提出组建、开始建立到今天，已经60多年，仍然还在不断完善之中。东盟自由贸易区从宣布成立到今天也已经40年，还没有真正全面运行，还有大量需要建设和完善的制度和机制。北美自由贸易区建立到今天，也20多年，同样还在吸收新成员，还在不断完善。建立中亚自由贸易区，同样需要这一区域的6个国家的领导人和贸易、安全等方面的专家进行积极深入的研究和酝酿，深入做好前期的论证和大量准备工作。根据先期小范围试验，取得经验和共识，逐步扩大试验范围，分期分批，分阶段稳步推进，最终建立中哈自由贸易区。其发展路径和步骤是：

第一步，中哈两国集中力量办好合作中心，充分发挥其示范效应。同时两国要加快建立中哈自由贸易区的前期准备和可行性研究工作。并以合作中心为样板，在阿拉山口口岸、巴克图口岸、吉木乃口岸即其他贸易条件好的口岸建立跨国国际边境合作中心，在合作中心内推行自由贸易的政策措施，扩大示范效应。

第二步，在积极帮助哈国加入世贸组织的基础上，中哈两国共同建立中哈自由贸易区，范围涵盖中国新疆伊犁州全境和哈国的阿拉木图州全境。

第三步，扩大中哈自由贸易区范围，使中哈自由贸易区在上合组织的框架内发挥更大的作用。在中哈自由贸易区发展到一定时期，对周边国家产生更大吸引力的时候，审时度势地将中哈自由贸易区扩展成为中亚自由贸易区，范围覆盖整个中亚区域各国。

参考文献

[1] 余劲松,吴志攀. 国际经济法[M]. 北京:北京大学出版社、高等教育出版社,2000.3.

[2] 李双元. 国际私法[M]. 北京:北京大学出版社,2000.4.

[3] 彼得·罗布森. 国际一体化经济学[M]. 上海:上海译文出版社,2001.

[4] 梁淑英. 国际法[M]. 北京:中央广播电视大学出版社,2002.1.

[5] 默里·L. 丰登鲍姆. 全球市场中的企业与政府[M]. 上海:上海三联书店、上海人民出版社,2002.

[6] 马卫华. WTO与中国金融监管法律制度研究[M]. 北京:中国人民大学出版社,2002.10.

[7] 王海燕. 经济合作与发展——中亚五国与中国新疆[M]. 乌鲁木齐:新疆人民出版社,2003.9.

[8] 潘志平. 中亚的地缘政治文化[M]. 乌鲁木齐:新疆人民出版社,2003.10.

[9] Brian J. Arnold. 国际税收基础[M]. 张志勇,译. 北京:中国税务出版社,2005.

[10] 胡毅编. 中国新疆与中亚区域经济贸易[M]. 乌鲁木齐:新疆人民出版社,2006.4.

[11] 秦放鸣. 中亚市场新视角[M]. 北京:中国社会科学出版社,2006.

[12] 周震虹. 中国农业产业化之路[M]. 北京:人民出版社,2006.

[13] 王胜今、于潇. 图们江地区跨国经济合作研究[M]. 长春:吉林人民出版社,2006.5.

[14] 谢如鹤. 物流系统优化[M]. 北京:中国物资出版社,2007.

[15] 彭扬. 物流系统优化与仿真[M]. 北京:中国物资出版社,2007.

[16] 王友文. 西部国际大通道[M]. 乌鲁木齐:新疆教育出版社,2007.7.

［17］独联体国家统计委员会．独联体国家简明统计手册（2007）（俄文）．莫斯科，2008.5.
［18］刘晏良．新疆利用外资研究［M］．北京：中国经济出版社，2008.8.
［19］梁雪松．出口实务难点新解［M］．北京：机械工业出版社，2008.9.
［20］首都空港自由贸易区发展战略研究课题组．空港自由贸易区理论与实践探索［M］．北京：中国经济出版社，2008.11.
［21］尤安山．中国—东盟自由贸易区建设理论·实践·前景［M］．上海：上海社会科学院出版社，2008.12.
［22］陈晓文．区域经济一体化：贸易与环境［M］．北京：人民出版社，2009.2.
［23］肖德．上合组织区域经济合作问题研究［M］．北京：人民出版社，2009.6.
［24］邢广程．俄罗斯中亚东欧国家发展报告（2009）［M］．北京：社会科学文献出版社，2009.
［25］张宁．中亚能源与大国博弈［M］．长春：长春出版社，2009年版.
［26］毛海军、张永．物流系统规划与设计［M］．南京：东南大学出版社，2009.2.
［27］王友文．聚焦中亚与霍城开放型经济［M］．乌鲁木齐：新疆电子音像出版社，2008.11.
［28］刘英杰．中国新疆与中亚国家农业合作及农产品贸易研究［M］．北京：中国农业出版社，2009.
［29］于向东．中国旅游海外客源市场概况［M］．大连：东北财经大学出版社，1999.
［30］卢铁城．中国西部旅游经济［M］．成都：四川辞书出版社，2000.
［31］刘峰著．中国西部旅游发展战略研究［M］．北京：中国旅游出版社，2001.
［32］钟海生．中国旅游市场需求与开发［M］．广州：广东旅游出版社，2001.
［33］谢彦君．基础旅游学［M］．北京：中国旅游出版社，2004.
［34］殷少明．新疆旅游业发展研究原理·方法·实践［M］．乌鲁木齐：新疆人民出版社，2004.4.
［35］徐剑明．外向型企业竞争力研究——基于国际贸易视角［M］．北京：经济科学出版社，2008.9.
［36］张耀麟．银行进出口贸易融资［M］．北京：中国金融出版社，2005.
［37］薛波．国际金融中心的理论研究［M］．上海：上海财经大学出版社，2009.
［38］冯菊平．支付体系与国际金融中心［M］．上海：上海人民出版社，2009.

[39] 张家寿. 中国东盟区域金融合作与壮民族地区中小企业融资发展研究 [M]. 南宁：广西人民出版社，2007.

[40] 颜忠民. 新疆兵团与地方经济融合问题研究 [M]. 乌鲁木齐：新疆人民出版社，2004.10.

[41] 古惠冬. 北美自由贸易区的解析及其对区域经济合作的启示 [J]. 改革与战略，2001 (6).

[42] 鲍敦全. 新疆在中国与中亚五国经贸合作中的地位 [J]. 东欧中亚市场研究，2002 (2).

[43] 牛慧恩，陈憬. 国外物流中心建设的一些经验和做法 [J]. 城市规划汇刊，2000 (2).

[44] 新疆社科院伊犁州经济社会发展研究所中亚研究课题组. 中亚五国市场与伊犁州向西开放问题研究 [J]. 伊犁州委党校学报，2002 (1).

[45] 王海燕. 中亚五国与中国新疆经济合作的互补性分析 [J]. 东欧中亚市场研究，2002 (2).

[46] 唐玉华. 上合组织与中国的石油战略 [J]. 东南亚研究，2002 (3).

[47] 陈文. 东盟自由贸易区和东盟——中国自由贸易区 [J]. 东南亚纵横，2003 (3).

[48] 侯松岭. 东南亚与中亚：中国在新世纪的地缘战略选择 [J]. 当代亚太，2003 (4).

[49] 张鑫炜. 东盟—中国自由贸易区前景分析 [J]. 国际经济合作，2003 (6).

[50] 时殷弘. 当今中亚大国政治：出自中国视角的评估 [J]. 国际经济评论，2003 (7).

[51] 李玉民. 物流园区规划建设规模确定方法 [J]. 交通运输工程学报，2004 (2).

[52] 师博. 中亚市场潜力分析 [J]. 俄罗斯中亚东欧市场，2004 (9).

[53] 胡毅. 中国新疆与哈国各产业间比较优势分析 [J]. 俄罗斯中亚东欧市场，2005 (4).

[54] 吴福环. 2006 年新疆周边国家大事记 [M]. 新疆社会科学院，2007.

[55] 段秀芳. 中亚国家市场潜力分析——以我国新疆为例 [J]. 国际贸易问题，2007 (8).

[56] 闫亚娟. 中国与新疆毗邻国家陆路口岸跨境合作分析与评价 [J]. 新疆财经，2008 (2).

[57] 何黎明. 我国口岸物流发展现状与趋势 [J]. 中国物流与采购, 2006 (8).

[58] 刘琼. 新疆口岸经济: 在危机中复苏 [J]. 今日中国, 2009 (1).

[59] 保建云. 中亚五国的经济增长——国家贸易发展及与中国的经济贸易合作前景分析 [J]. 俄罗斯中亚东欧市场, 2009 (6).

[60] 段秀芳. 哈国投资政策特点及外商直接投资现状 [J]. 俄罗斯中亚东欧市场, 2010 (1).

[61] 赵常庆. 国际社会普遍关注的中亚几个问题的看法 [J]. 俄罗斯中亚东欧研究, 2010 (1).

[62] 谢霖. 金融危机影响下中国与中亚经济合作新思路 [J]. 齐齐哈尔大学学报, 2010 (1).

[63] 胡红萍. 中亚国家金融危机局势及对中国新疆的影响 [J]. 俄罗斯中亚东欧研究, 2010.

[64] 阿不都斯力木. 哈国对外贸易投资环境分析 [J]. 俄罗斯中亚东欧研究, 2010 (6).

[65] 赵鸣文. 逆境中的中国同中亚国家关系 [J]. 俄罗斯中亚东欧研究, 2010 (8).

[66] 于树一. 中国与中亚国家经贸合作的特征 [J]. 俄罗斯中亚东欧研究, 2010 (9).

[67] 李新英. 后金融危机背景下影响中国新疆与中亚经贸的外部因素变化 [J]. 俄罗斯中亚东欧市场, 2011 (5).

[68] 法尔哈提·法·萨伊布拉托夫, 张银山. 哈国产业结构变动及对中哈贸易合作的启示 [J]. 俄罗斯中亚东欧市场, 2011 (5).

[69] 俞水香. 新疆在中国与中亚国家经济合作中的战略定位 [J]. 俄罗斯中亚东欧市场, 2007 (4).

[70] 崔玉斌. 我国边境贸易研究热点述评 [J]. 国际贸易问题, 2007 (5).

[71] 段秀芳. 中亚国家市场潜力分析——以我国新疆为例 [J]. 国际贸易问题, 2007 (8).

[72] 沈玉良、孙楚仁、凌学岭. 中国国际加工贸易模式研究 [M]. 北京: 人民出版社, 2007.9.

[73] 保建云. 中国与中亚五国进出口贸易特点及存在的问题分析 [J]. 国际贸易问题, 2008 (7).

[74] 黄佛君, 张永明. 中亚五国农业资源开发和农业改革 [J]. 俄罗斯中亚东

欧市场，2008（7）．

[75] 毕燕茹．中国与中亚国家贸易潜力分析——贸易互补性指数与引力模型研究［J］．亚太经济，2010（3）．

[76] 扶玉枝．中国新疆与中亚五国农业合作点评［J］．俄罗斯中亚东欧市场 2008（01）．

[77] 布娲鹣·阿布拉．中亚五国农业及与中国农业的互补性分析［J］．农业经济问题，2008（3）．

[78] 黄佛君，张永明．中亚五国农业资源开发和农业改革［J］．俄罗斯中亚东欧市场，2008（7）．

[79] 王钊英，郭文超．中国新疆与中亚五国发展农业经济合作潜力分析［J］．世界农业，2009（3）．

[80] 马惠兰，王志强．新疆特色林果产品出口中亚市场前景分析［J］．新疆林业，2010（3）．

[81] 马惠兰、贾改凤、曹守峰．中国新疆与中亚国家主要农产品贸易研究［J］．俄罗斯中亚东欧市场，2010（11）．

[82] 王海燕．中国企业进入中亚市场的机遇与前景［J］．俄罗斯中亚东欧市场，2009（3）．

[83] 程志玲．金融及外汇管理政策支持新疆陆路口岸外贸发展问题研究［J］．新疆金融，2008（12）．

[84] 人民银行伊犁州中心支行课题组．金融支持霍尔果斯边境口岸经济发展的现实思考［J］．新疆金融，2007（1）．

[85] 曹刚．中哈霍尔果斯国际边境合作中心建设现状及金融支持问题［J］．西部金融，2008（12）．

[86] 尚福林．充分发挥资本市场服务新疆经济作用［D］．中国证监会和新疆维吾尔自治区政府召开的"资本市场支持新疆经济社会跨越式发展报告会"论文，2010.8.27．

[87] 李寿龙．金融支持新疆跨越式发展的几点认识［J］．中国金融，2010（16）．

[88] 刘婵．西部大开发加速公共文化服务体系建设［J］．中国文化传媒网，2010-8-30．

[89] 张晓明．"十二五"公共文化服务与文化产业［J］．人民网，2011-3-14．

[90] 乔申颖．共同建设多层次公共文化服务体系［N］．经济日报，2011-3-14．

[91] 张庆萍．中国对哈国通关便利化建设——基于霍尔果斯、都拉塔、巴克图

口岸的调查［J］.俄罗斯中亚东欧市场，2013（4）.

［92］何元超.兵团农业产业化经营的创新之路［J］.建设论坛，2007（3）.

［93］国家统计局.中国统计年鉴（2009～2010年）［M］.北京：中国统计出版社，2009～2010年版.

［94］新疆维吾尔自治区统计局.新疆统计年鉴（2008～2010年）［M］.北京：中国统计出版社，2008～2010年版.

［95］伊犁哈萨克自治州统计局.伊犁哈萨克自治州统计年鉴（2007～2010年）［M］.2007～2010年版.

［96］中国驻哈、吉、塔、乌、土、吉等国大使馆经济商务参赞年网站.

后　记

　　实施向西开放战略，依托中亚和俄罗斯市场发展外向型经济，是新疆有别于中国东部地区改革开放模式的鲜明特点。在中哈霍尔果斯国际边境合作中心成立、建设和封关运营期间为为探索这一领域的新理念、新规律、新战略、新思路、新对策，为新疆向西开放，发展外向型经济开展科学研究，为自治区各级党委、政府领导实施向西开放战略，开拓中亚和俄罗斯市场，发展外向型经济提供科技支撑和决策服务，由伊犁师范学院中国新疆与周边国家合作发展研究中心兼职教授、伊犁学研究中心副主任王友文和法政学院副院长刘国胜副教授，代表伊犁师范学院中国新疆与周边国家合作发展研究中心主持完成的新疆维吾尔自治区社会科学基金资助项目《中哈霍尔果斯国际边境合作中心在开拓中亚市场中的功能及前景预测研究》（项目批准号07GJBD058），属国际问题研究学科类别。在课题研究成果基础上经过精深修改加工和提升，形成《国际经济合作与地方经济发展研究——中哈霍尔果斯国际合作中心功能及前景预测分析》一书。

　　书中各章主要撰稿人为：导论（刘国胜、王友文）；第一章（竹效民、王友文）；第二章（王友文、赖玉萍）；第三章（竹效民、王友文）；第四章（王友文、王峻蓉）；第五章（王友文、竹效民）；第六章（竹效民、王友文）；第七章（王友文、刘国胜）；第八章（刘国胜、竹效民、王友文）；第九章（李敏、王友文）；第十章（李凤霞、张丽梅、王友文）；第十一章（王友文、刘国胜）；第十二章（刘国胜、王友文）。在书稿研究撰写过程中，王秀兰、王海燕、高晓华、冲锋等同志完成了部分专题报告，因书稿版面有限，专题报告的一些内容只能有选择地融入其他各章中。王友文提出课题撰写提纲、组织调查研究、负责全书统稿和定稿，刘国胜和李敏担任了初稿的统稿工作，刘国胜负责完成书稿出版前的编辑和定稿。

在该书研究撰写和成书过程中，伊犁州党委、政府和伊犁师范学院领导给予了高度重视和帮助指导。新疆社科院院长吴福环教授，自治区党史研究室副主任郭武斌研究员，新疆社科院经济研究所所长王宁研究员，新疆大学经管学院秦放鸣教授，新疆社科院副研究馆员、伊犁师范学院中亚研究所特聘教授蒲开夫，伊犁州政府发展研究中心主任、州专家顾问团区域经济专业组组长吴晓勇等专家领导对课题全文进行认真审读，给予具体指导，并提出许多宝贵修改意见，对提高书稿质量起了重要作用。新疆社科规划办公室、伊犁州党校、伊犁州科技局、伊犁州专家顾问团办公室、霍尔果斯口岸管委会、伊犁师范学院科研处、法学院自始至终给予高度的重视和指导，对课题研究和出版工作亦倾力支持。伊犁师范学院法学院、伊犁师范学中国新疆与周边国家合作发展研究中心、新疆社科院伊犁经济社会发展研究所、伊犁西部生态科学研究中心、西部经济文化研究所、兵团四师党校选派专家自始至终参加课题研究和书稿撰写工作。知识产权出版社的领导和编辑为本书出版给予大力支持和指导，保证了本书的出版质量。在此谨向课题组成员和所有帮助指导该书研究、撰写、出版的各位领导和专家表示衷心感谢。

本书作为作者同伊犁州、新疆自治区部分专家学者对中哈国际合作中心的功能、前景预测及未来向中哈自由贸易区发展的初步构想的研究成果，若能达到抛砖引玉的效果，则心愿足矣；书中观点、构想、预测、结论等方面，尚有许多不妥之处，恳请各位专家同人给予批评指正。

王友文

2015年6月20日